平湖历史文献整理丛书

近代报刊中的平湖文献选辑

董建波　陆保林　主编

董建波　编

上海辭書出版社

近代报刊中的平湖文献选辑

近代报刊中的平湖文献选辑

目 录

导言 / 1

整理说明 / 1

1 1875年
2 1888年
3 1902年
4 1903年
5 1904年
6 1905年
7 1906年
8 1907年
14 1908年
23 1909年
26 1910年
28 1911年
31 1912年
34 1913年
38 1914年
44 1915年
56 1916年
61 1917年
69 1918年
72 1919年
76 1920年
82 1921年
91 1922年
98 1923年
104 1924年
118 1925年
125 1926年
141 1927年
152 1928年
161 1929年

185 1930年
193 1931年
198 1932年
202 1933年
206 1934年
228 1935年
242 1936年
273 1937年
286 1938年
292 1939年
303 1940年
309 1941年
310 1942年
313 1943年
316 1944年
319 1945年
322 1946年
325 1947年
331 1948年
338 1949年

篇目索引 / 342
后记 / 351

近代报刊中的平湖文献选辑

导　言

平湖建县始于明宣德五年(1430年),在杭嘉湖地区并不算早。但在之后数百年间,它发展了稻米、棉花、蚕桑、西瓜、草子种植,利用濒海优势发展渔业、盐业,还兴起了缫丝、织布等手工业。农作物产量的增加,手工业生产规模的扩大,以及农业、手工业产品市场化程度的提高,推动了内河及海洋贸易的发展。物产富饶,百业丰阜,人口繁聚,市镇勃兴,使她获得"金平湖"的美誉。19世纪中叶,上海开埠,并很快崛起成为经济中心城市,对其腹地各县产生强烈的辐射效应。平湖因其农村经济专业化和市场化发展的传统优势,也与上海产生紧密的经济联系。

近代平湖不仅向上海供给居民生活所需的稻米、西瓜、酒酱等产品,还向位于上海的缫丝、棉纺工厂销售蚕茧、棉花等生产原料。经济的联系推动了人员的往来,也带动了平湖与上海之间内河航运、公路交通的发展。除了赴沪经商、求学,还有一些平湖人士常住上海。他们不仅关注上海与平湖两地的商品盈缺、物价差异,还关注平湖的政局变化、人事更迭。这些时人关注的诸多方面,大多反映在上海编辑、出版、发行的报刊中。一方面,平湖与上海之间的社会经济联系紧密,上海商界十分注重了解平湖的地方社会经济动态;另一方面,旅居上海的平湖人士也非常关心家乡,关注平湖的地方治安、自然灾害、农业收成、商业状况等。当然,上海以外的社会各界人士,也对平湖的社会、经济、文教发展多所关注。反映在报刊中,就是当时上海的各大报纸所辟地方新闻之类的专栏,常常登载有关平湖的各种消息;而有关平湖农业、工业、教育、风俗、旅游、政情等的调查报告,也屡屡见诸一些期刊。当然,除了上海,杭州、南京、北京、天津等地出版的报刊,也对平湖的社会经济状况，尤其是奇闻轶事有所报道。

这些报刊文献的内容涉及平湖社会的各个方面。《时报》《新闻报》《时事新报》《神州日报》等的新闻报道特别关注平湖地方政治状况。它们记录了平湖县知事、县长更迭的消息，还对此类人事更迭的原因做了说明。此外，县政府财政、教育、民政等主要官吏的任免，也往往作为平湖地方新闻而加以报道。对平湖地方事务具有一定影响的县议会、教育会、农会、商会、参议会的人事更迭，也是这些报纸报道的内容。与此相关，从这些报纸的报道中，可以看到这些机构酝酿、产生、变更的经过。在机构变化、人事更迭过程中，有时还会伴随着政治和社会风潮，这些发生在平湖的政潮、学潮、工潮等，也受到各家报纸的广泛关注。

平湖地方经济也是各家报刊重点报道的方面。举凡工业、农业、手工业、商业、旅游业、餐饮业等均有所述。以农业为例。由于平湖为蚕茧产地，每年茧汛之时，平湖蚕茧的开秤日期、价格、质量、上市数量等，都是地方新闻关注的焦点。平湖西瓜为地方名产，也是上海夏季市场上颇受欢迎的消暑名品，因而，平湖西瓜的产量、价格及运销情况，也是各家报纸关注的新闻。还有一些报刊对平湖西瓜做了更加深入的报道，记述了平湖西瓜的生产区域、种植技术、运输渠道、销售方式、商业利润等。再以工业和手工业为例。关注平湖经济的调查都注意到其富有地方特色的织袜业，不仅记录了各家袜厂的资金数额、织机数量、职工人数、年均产量，还对个别袜厂的经营状况有详细描述。此外，乍浦的旅游业特别受到关注。近代乍浦作为海洋贸易重镇的地位下降，但却以靠山滨海的天然优势成为旅游胜地。尤其是沪杭公路通车后，乍浦旅游业发展迅速，吸引以上海游客为主的各方游人前往游览。对此，当年的报纸也有较多的报道。

平湖濒临杭州湾，有多个海港，因而在海防上具有重要的战略地位。近代中国饱受内忧外患之困扰，而每一次重大的军事变局，几乎都影响到平湖的海防布局。这些军事部署或战事虽然发生在平湖海滨一隅，但往往牵涉整个战局，甚至决定着之后战争的态势，因而具有重大的意义。北洋政府时期发生的江浙战争、国民革命军的北伐战争，以及中国军民的抗日战争，平湖都曾经是主要战场，因而受到了报纸的特别关注。对于这里的军队调动、军事活动、战争动态，以及平湖各地所受影响，相关新闻多有报道。正因为地处海隅，再加上内忧外患的影响，近代平湖一直饱受治安问题的困扰，沿海一带时常有海盗出没，内河沿岸市镇村落则不时受到“匪患”之害，因而抢劫、绑票等新闻时常见诸报端。这些报道显示出制约近代平湖发展的社会动荡的一个侧面，也显示出近代平湖面临的地方治理困境。

这些报刊资料是研究平湖地方史的重要文献。与保存在平湖等地的档案不同，报刊文献提供了“它者”视角的观察和描述。而且，与“残缺不全”的档案相比，报刊文献涵盖的地方历史过程时间更长、更具连续性。新闻报道对个别社会生活描述也更加细致，因而描绘出一幅幅堪称具体生动的地方历史场景，蕴含了地方档案等官方文书所缺载的“内幕”信息。因此，对于扩展平湖地方文化研究的视野，开拓平湖地方历史研究的新领域具有不可或缺的文献价值。

近代报刊中的平湖文献选辑

整理说明

一、本书辑录整理近代报刊中的平湖文献，时间下限为1949年6月。因《申报》中的平湖文献已有专辑出版，本书不包括《申报》中有关平湖的各类报道。

二、所收文献以报纸及期刊所登载的新闻、通讯报道、调查等为主。主要为平湖之外的报刊，平湖当地报刊未予收录。

三、所有收录文献均按照时间顺序排列。若为同一日期的报纸，则按照版次顺序排列。若为同一份报纸、同一日期、同一版次的新闻报道，则按照原报道顺序排列。个别期刊仅载明出版月份，均列于各月月末；仅列出年份的期刊，则均列于当年年末。

四、每篇文献末尾，注明报刊名称、年份、日期，为方便查看，年份均以公元纪年记之。书后附篇目索引，方便检索。

五、辑录的文献一般采用原标题。如原标题有肩题、主标题、副标题构成的复合标题，则在正文中予以保留。在目录和索引部分，仅保留主标题。对个别文献的标题如有调整，原标题在脚注中列出。

六、为保留文献的原貌，对文献内容一般不作改动（包括计量单位、标点符号等），但原文为繁体字的，统一改为简体字；原文中明显的错别字，予以订正，并置于“[ ]”中；原文中的衍生字，予以删去，并置于“〈 〉”中；原文中脱漏的文字，予以补齐，并置于“〔 〕”中。因漫污不清而难以辨识的文字，以“□”代替。

七、个别文献内容有删节。凡是有删节的篇目，均在标题次行注明“（节选）”。

八、个别篇目中原有插图，因大部分插图模糊不清而未收录，仅录入文字部分。

九、限于编者的学识与水平，本选辑在资料搜集、整理工作方面可能存在不当之处，敬请读者批评指正。

1875年

陈愚泉传

李善兰

陈愚泉，名文藻，平湖之乍浦人也。祖父世为人栉发，愚泉亦以栉工为业。顾善作诗，能饮酒。醉则歌呼呜呜。业栉工者，皆塌丛，不知书，争揶揄之。愚泉则怒骂其侪辈，侪辈群起而骂之，则不顾，复歌呼呜呜。武康徐孝廉熊飞，词坛老手，主观海书院。见愚泉诗，大惊，引为弟子。平湖令某素重愚泉诗，甫下车，即具舆从往拜之，于是愚泉名藉甚。有某公者，延之幕府，甫三日，其友往谓之曰：子诗名从此日亡矣。愚泉曰：何故？曰：世之重子者，非重子之能诗也，重子之栉工而能诗也。今子为幕客，天下岂少能诗之幕客耶？愚泉曰：善。即日辞主人归，业栉工如故。醉则歌呼呜呜，骂其侪辈亦如故。久之，侪辈不能容，于是愚泉舍栉为童子师。岁余，忽患恶疮，徒尽散。其妻寒饿甚，请去。则听之去。其子寒饿甚，请随商人求食海外，则听之求食海外。于是，愚泉孑然一身，无聊甚。来游我里，居阮秋山家。阮亦栉工，能画梅，雅重愚泉。而愚泉复怒骂其侪辈，侪辈复不能容，遂去。去客其故人某，无何病。故人恐累已。送诸郊外，委之海上而去。次日，海上诸友或出游，望见之，曰：僵卧者陈愚泉耶？近之，果愚泉。亟舁归。愚泉既病，浃日寒饿，遂死。死后，宋子醒山、沈子浪仙，为集资刻其诗。今所传《镜池楼集》是也。

李子曰：我尝访愚泉于市肆，见其方握刀为人修发。已而握管成诗，丰神独绝。奇已！或谓愚泉不能诗，或不至穷饿以死。我谓愚泉虽饿死，以视世之栉工，庸庸老寿者，为何如耶？视士大夫之庸庸老寿，并不能雕章镂句者，又何如耶？呜呼！可胜感哉。

——《中西闻见录》1875年第33号

1888年

平湖灯市

例届四月，平湖城中有灯棚之举。今年四月十七至二十二等日，争妍斗丽，踵事增华，较往年为尤盛。所挂诸灯，皆以纱为之，五光十色，极巧穷工。厕足其中，昂头四望，但见红珠竞溜，赤舌争烧。既珊树之撑天，复银花之烛地。如入常明之殿，台尽琉璃；恍游不夜之城，窗皆金玉。且于日间雇名班演戏，清歌妙舞，观者移情。惟乐事既浓，匪徒溷杂，或设赌局以诱人，或向人中以攫物，不免为地方之害云。

——《益闻录》第770号，1888年6月13日

1902 年

平 湖 设 学

平湖除陈侯延请朱伯慈明经为算学教习、襄办官学堂外，尚有葛词蔚主政捐资独创稚川学塾，课程极严，早已开塾。其所造当不在官学堂下。

——《浙江新政交儆报》1902 年壬寅春季智集

1903年

平湖获匪

浙江平湖县滨临沿海，所属之乍浦为浙西海口紧要门户，与日本隔一洋面对峙，派有雄师驻守，兵力甚厚。惟内地防营因饷项支绌，已渐裁汰，未免稍疏。兹忽由县主吴绍春大令世钦密禀到省，称有匪徒集匿滋事，当奉诚果泉中丞立委候补县陈大令宗元与颜都戎开寿率军驰往，严行查办。刻已擒获匪首四名，因恐或有匪党劫夺肇衅之虞，当即星夜护解劝到省，暂行发监收禁，听候研讯。闻该匪并非濮党，系巢湖帮广蛋之流亚，即前由防军往剿而遁之德清大麻村，赌匪党类甚多，且极枭悍云。

——《新闻报》1903年1月8日

1904年

开化县调署平湖

开化县徐紫若大令元绶现奉省宪调署平湖县，盖以平湖县境枭匪蠢动，必得干练之员前往理，故有是命也。

——《时报》1904年8月8日

1905年

平湖县设立迁善局

平湖县徐大令会绅捐廉集款设立迁善局，专收游民，予以期限，延聘教习教授各项工艺，如织毛巾等类，兼授浅近课本，其工作所得，余利为之按名积存，俟限满释放时，给作营生资本，以期勉为良善，并须推广工艺，招生学习云。

——《时报》1905年2月10日

平湖洋广货业同人上曾观察书

抵制美约事关公德，敝同业于七月二十二日邀集同业，签允共计八家。美约未改以前，一律不办美货，藉伸公愤。惟各种商标，即祈惠寄。

——《新闻报》1905年8月27日

1906 年

平湖设厂施粥

平湖县各乡田禾均被风雨淹浸受伤，米价陡涨，人心惶惶。现经邑尊杜大令于城内及东郭外设厂二所，购米煮粥，赈济贫民。所有经费，由杜邑尊捐廉，并劝殷富捐助。

——《新闻报》1906 年 10 月 13 日

1907 年

平湖县学董上浙抚张禀（为书吏蚀款阻学事）

具禀平湖县平湖官立两等小学堂堂长举人金赓清、乍浦公立两等小学堂堂长举人汪蓉第、新溪公立两等小学堂堂长职贡高清锷、新仓公立两等小学堂堂长附生张秉钧为书吏财势豪横，藐抗宪令，通禀两月未奉钧批，恐被中阻，情急具禀催求并粘原禀，环请速赐札饬查办事。窃举人等以平邑各学堂经费支绌，谨遵大宪通饬，酌提串票捐以资挹注，奈平邑漕库书沈葆义、严文昭，库账书卢彬泉，自恃其财力威势，苦劝半年，抗不遵缴，不得已，曾由举人等于十月二十一、二十二等日将该库书等藐抗宪饬并平日舞弊营私，经人控告行贿寝搁各情通禀各大宪察核查办在案。其时道路传言谓该库书等狡计百出，兼之财可通神，区区新造各小学堂漫欲提其中饱，是自蹈祸机也。讵知该库书等早于十月二十左右，挟资往申运动各报馆，登报诬蔑，并有每报馆酬洋四百元之说。幸有上海来信通知，即由赓清驰函《时报》馆，先行登报。此十月三十日《时报》封面"平湖县学堂广告一则"所由来也。该库书等见事已败露，即潜行回里，不数日间，谣言又起，有谓该库书密谋赴省，复施其行贿寝搁之故智。有谓该库书愿出巨金买名诬控县学堂以截其筹捐之路。举人等初未之信，旋知该库书等果于十一月中旬，潜行来省，其踪迹诡秘，显有不可告人之阴谋。然行贿诬控之说，犹谓其未必实行。岂意本月初四日，《杭州白话报》竟载有学署批平湖合邑绅耆士民控告县学堂禀，一时舆论哗然，谓何来此匿名禀帖，群啧啧焉，疑该库书等所为。若辈鬼蜮伎俩，固无所不至，信如人言，亦终有水落石出之一日，此时可不必论。惟举人等公禀曾于十月二十一、二等日由大清邮政局寄呈，执有保险凭单，亮［谅］无遗失。迄今两月，一无影响。难保非该库书等暗行贿赂，被其中阻。此非举人等逆亿之见，以大帅大人明烛万里，彼奸邪之徒，自应不敢逞其朦蔽手段，而以该库书等素为不法，煌煌上谕，刊刻誊黄，尚敢匿帖，则搁禀匿批等弊，不可谓该库书等必无其事也。若不禀求彻究，势必凶横愈甚，恐宪饬之串票捐终成画饼，而学堂经费依然无着。为此情急具禀催求，并抄举人等十月间公禀，并所粘各件及邮局执据二纸，一并粘呈，环求大帅大人电鉴，迅赐札府檄县，克日查办，一面即行严查举人等前次公禀有无递呈，抑已批示，被人中阻，务期彻底清查，尽法惩治，以伸国典而除民害，不胜迫切待命之至。举人等均以学堂学年考试，将放年假，未克遵章来辕亲递，谨从邮局寄呈，合并声明，沾德上具。计粘原禀一件，邮局执据二纸。

抚宪张批

禀帖均悉。据称该漕库书沈葆义、严文昭，库账书卢彬泉藐法侵蚀各节，是否属实，亟应彻查严究。仰按察司会同提学司，遴派妥员驰往平湖，将所控各节逐细密查详复核办，毋稍徇延，切切。禀粘发仍缴。

——《时报》1907年3月18日

平湖师范学堂之革命谣

平湖县学堂被控革命之原由，先以张某求为监起居，不遂所欲后，以该堂长办事一味矜张，张某因唆其同事、留香学堂教员郭某等赴省控告。嗣由提学使将该堂长严词斥退后，张某之胞兄绰号“张麻刁”者（麻刁自以平湖人，曾为青田、天台两县教官，故自号“平天王”，又号“张青天”），见乃弟之得计也，亦以革命恐吓师范堂长崔君，要求为该堂监学官。崔某鉴于县学堂之覆辙，又惧学界之清议，历久未敢决。闻近来已由陆某（绰号“骆驼”）调停，属延麻刁为国文教员，每月脩金十二元，始得了事云。

——《时报》1907年4月17日

平湖购米预备平粜

平湖县杜令钟骏现会同绅董购米五十石，每石六元，即将提回积谷存款八千元，内先付米商二成，计洋六千三百元。一俟开厂，随时将米支取平粜。所有发给赈款银□□□余两，又绅商捐助二千元，即作为将来弥补官本蚀耗之用。

——《新闻报》1907年5月6日

平湖县纳妾被控

平湖县缺前于夏初奉委杜子良大令往代，及于接篆后，设法运动，因得改为署理，官声甚形平常。兹忽有士民多人，来省联名上控，列指杜大令贪酷梨[利]污，价买民女二口为妾，并招蚁媒牵引贫家之女入署，选择留宿等因。语皆不堪，并涉及账房蒋悦臬与书契人等。已奉张筱帅严密访查云。

——《盛京时报》1907年7月27日

平湖官吏之恐慌

去年湖属虽因水成灾，但嘉府各县并不歉收。平湖县杜子良大令，竟乘机报三成水灾。平湖钱粮向来照原额减为八分八厘六毫，除去三成荒灾，只有五分八厘六毫，而杜令则仍照九成以外征收，敛钱颇多。漕库书亦有分肥。今年湖州事发，库书等连夜督同清书改起征册，以冀瞒过上宪云。

——《神州日报》1907年7月31日

电请杭道饬平湖县遵办

日商荫山又吉前控平湖陈二观所开陈源兴花生号不交定货一案，曾经日本总领事函致英廨经关太守，移请平湖县饬提该号主陈二观解沪追还定银在案。兹因迄今日久，仍未提解来沪，以致日本总领事以平湖县令有意庇护陈二观，是以抗不遵办，刻下日商荫山又吉于蚀折息甚巨，须由该县令赔偿等情，函请英廨核办，故由关太守立即禀经沪道瑞观察转电杭嘉湖道，饬令平湖县迅即遵办矣。

——《时报》1907年8月6日

沪道催平湖县速解要犯

杭函云：杭嘉湖道接到沪道电称，平湖陈裕兴花行主陈二观移请饬提未到，现日领称该县有意庇护，照会抚宪核办，乞饬催速解等由。现悉启观察已严饬平湖县将陈二观赶速解沪讯办云云。

——《时报》1907年8月25日

平湖县一月之历史

平湖县知事年已七十，烟瘾甚深。自六月初十到任后，以贪黩之性，济以淫虐,倒行逆施,演成种种恶剧。今略举十条,以供众览。

（一）邓令到平时,杜前任尚未出署,暂寓于便民仓。见旧厫数间,拆其木作桌椅数十具,搬入衙内。

（二）农民陆三观耕牛被人牵去,禀请追还。邓令谓该民以牵牛细故,胆收健讼,立责六百板。

（三）县东伯英伞店偶晒皮衣一件,邓令适过其处,不仅收进,回署后立出火签拿店主施金全到堂,罚洋十元,又断出堂费洋六元九角。

（四）差役陈某犯奸被控,邓令释而不办。

（五）门丁禀费早经杜前任裁去。自邓令到任,无论公事、讼事,每禀向代书处索费洋一元,挂号钱二百文。又各坊地保每人纳洋三元,方许接充。

（六）警兵获得嘉兴盗犯,嘉令沈赏洋五十元,邓令将四十元干没,唤该盗之妻入署为女佣。又诬东门外丝行受买赃丝,拿行主、行伙二人,管押索贿洋一千元。丝行为之一律罢市,联名禀府。杨太守已委员查办。

（七）大通桥有匪船数艘,使郭千总带兵数名驱逐出境。适该匪等已远飏。邓令即捏造郭千总禀词,谓开仗获胜,通详上宪,饰词邀功。

（八）强加茶捐、肉捐,将店主毛老和等管押。因此平湖茶馆、新埭肉店已于十六日一律罢市。

（九）工艺局、警察局、劝学所前任各每月捐廉洋数十元,均通详立案。自邓令到任,一切赖去,皆有停办之势。

（十）学堂经费因烟捐将停,杜前任筹办票捐,以补其缺。自邓令到任,欲将此款与胥吏分肥,不肯拨入学堂。各学经费无着,不日亦将停办。

——《时报》1907年9月7日

公共公廨禀沪道

为日商控平湖县花行事

敬禀者。窃照日商荫山又吉探平湖县陈源兴花行陈二观不交定花一案,业经禀蒙宪台批示,已电请杭嘉湖道饬催等因,嗣准日本总领事永泷一再函催,节经专差移提去后,兹据该差同廨禀称,正在协同县差鲁正下乡往提间,忽奉传谕县差进署,将信票吊销不行。役因案关交涉,带同原告所派之华人项姓至收发处,一再声请。县宪坚不签差给役复函销差等情禀复关来。卑府伏查来函,平湖县邓令适值来文交卸，致将差票吊销。但此案日领函催甚急，势难延缓。当此前后交涉，诚恐平移罔应，除再函致日本总领事查照并再移催外，理合据实禀明，仰祈审核俯赐移请杭嘉湖道宪扎饬平湖县迅速将人卷解沪会讯，以免藉口云云。

——《时报》1907年9月22日

日商拟控平湖县包庇花行

日商荫山又吉控平湖陈源兴花行不交定花一案，兹悉日领永泷君以平湖县始终包庇并不查封，提解案卷亦未移廨，殊堪痛恨。业已函请公廨派差赴平湖县发封陈二观家产，提沪讯办，并转禀道台详□浙抚，饬县迅办速办理。否则，惟有将该县延搁要案，徇情纵庇情形呈请本国驻燕钦使，径向外部交涉云。

——《时报》1907年11月10日

江浙两省会剿平湖枭匪

昨纪苏省派飞划营徐溥臣统领出剿枭匪各情，兹悉陈伯帅接奉浙电，知江浙接界之平湖县属及海盐沈塘镇地方近有大帮枭首陈补钉仔、余孟亭、夏竹林等率众滋闹，连次抢劫拒捕，声势甚大。浙抚冯星帅已派嘉防水师前往兜拿。恐该匪分窜苏境，故请苏抚迅派师船开往各口驻扎，以断众匪出路。现陈伯帅已派飞划水师徐溥臣统领率同前旗管带何嘉禄、全军总查方寿山分带炮舰四十艘，星驰前往，会同浙帅相机剿办矣。

——《时报》1907年12月9日

书办解送平湖

公廨书办毕端甫将陈源兴发票捏填定花，经嘉定商务分会呈请沪道核办在案。兹悉梁观察以毕不法已极，札行公廨将毕解送平湖县归案讯办。

——《新闻报》1907年12月21日

厅丞将调署平湖县

浙江大吏近因平湖一带枭匪横行，拟调定海厅高司马到平署理县事，相机剿办。

——《新闻报》1907年12月28日

1908年

平湖县请增灾歉分数

浙江平湖县以奉定灾歉分数，该邑独短，委实不敷分派。现在民情异常惶急，临漕恐滋事端。已电禀省宪，请加增分数。并闻该县令尚须到省面禀云。

——《新闻报》1908年1月1日

平湖乍浦又有枭匪滋扰

浙江平湖县初二日有大帮枭匪由海盐窜至县属庙桥镇，拔人勒赎，肆意滋扰。该处民团单薄，势不能敌。当经该县电请嘉兴府雷统领派兵防剿，并电禀抚、臬两宪请示矣。又乍浦县庙桥地方团董盛光忠日前被枭匪掳去，并抢去民团局枪械殆尽。现经该县东乡民团罗鼎熙等电禀抚、藩两厅，迅速派兵队来县救援，以安闾阎矣。

——《新闻报》1908年1月10日

平湖县准加灾歉

浙江平湖县张令前因县境荒歉，电禀抚、藩两厅，请加荒歉。现经浙藩喻方伯电复，该县灾准加一厘五，歉准加二厘五，连前核定之数，共九厘云。

——《新闻报》1908年1月12日

平湖海盐因枭患请兵要电

平湖绅耆电禀，匪愈逼民愈恐，请饬雷游击常驻平湖，以安民心。海盐县电禀，枭匪扰乱，城乡危险，教堂吃紧，屡请嘉防驻守不到，谅难周转，请速派省防连夜飞至保护。

——《新闻报》1908年1月15日

平湖电告枭警

杭州函载平湖县张大令电禀省宪云，抚、臬宪钧鉴：本月初二，匪扰卑平邑庙桥，电禀在案。时团防初设，不能战，鸣锣惊逐。初三，窜苏境。兵至匪已去。顷被掳盛姓，自奉贤法华桥逃回。据称匪至苏境，沿途收子药甚多，不知何来。匪党湖南人杨绍元，年三十余，面凹，赴沪购军火，仍窜浙。请电苏抚宪转电沪道查拿，并饬各营□严断接济，以杀匪势。再卑邑开漕，民情安谧。怀信，叩元。

——《神州日报》1908年1月22日

平湖县永弭枭患之计画

浙江平湖县张大令因枭匪屡在平邑恣意骚扰，现经邀集城乡绅董，限以时日，自城乡以至乡僻村落，一律购械设团。城厢分东、南、西、北、中五段，各设团局一处。每局每夜轮派团丁二十名，更由商铺集款合募壮丁四十名彻夜分班，互相梭巡。各乡亦按坊设团，团丁自五六十名至百余名不等，皆由就地经董筹款连合接办，器械统皆齐备，惟以平邑与苏省接壤，若交界各县未能合力通筹，一经遇匪兜拿，仍不免有此拿彼窜之虞。因禀请浙抚冯中丞咨明苏抚，分札通饬苏、浙两省交界各县，一律认真筹办民团。凡遇匪警，逐团鸣锣为号，不分畛域，与随处防兵警军奋往截击，一面仍实行清乡事宜，务使匪无可窜，村不窝匪，以期净绝根株云。

闻张大令又劝谕各团防筹款设局，遇有团丁捕匪受伤者，由局医养；殒命者，每名由局筹给抚恤洋一百元，其有拿获著名巨匪及捆送本地匪犯，由县捐廉酌赏。如此团有警彼团闻锣不赴援者，公议科罚以期鼓励人心，隐寒匪胆云。

——《新闻报》1908年1月26日

平湖清乡办法

浙江平湖县张令怀信近捐廉刊刷清查户口门牌，加立存根，以便稽察，一面照会台帮董事札饬乍浦巡检就近择立客长，责令分别编查户口，并酌定清乡单程八则：一，严禁窝家赌场。二，约束游手好闲。三，烟灯茶馆宜禁。四，禁绝土娼流妓。五，遣散各项游丐。六，查察寄居客民。七，察办各埠船只。八，注意庵观寺院。业已呈请上台察核矣。

——《新闻报》1908年3月23日

平湖缴股踊跃

去年拒款问题起后，嘉府平湖一县曾认三十万元，按年分缴。每年应缴六万元。现闻陆续缴公司者，已四万有余。其必能满额可知。闻风而起，是所望四各府县之认股者。

——《神州日报》1908年4月3日

平湖商会禀沪道饬英廨解送串日商图诈之毕姓

日商荫山又吉前控平湖陈源兴号主陈汝增不交定花一案，曾由沪道移请杭嘉湖道札行平湖县查提陈汝增，解归上海英廨讯追在案。兹由平湖商会禀陈沪道，略谓：此事系由上海英廨书吏毕端甫在路拾得空白陈源兴发票一纸，捏填定花，勾串日商诬控，希图讹诈。实无日商荫山又吉定花之事。请饬英廨迅将毕端甫解送平湖县讯究等情。昨由梁观察札行英公堂宝明府核明办理矣。

——《时报》1908年4月4日

平湖缴股踊跃

嘉兴平湖一县于去年拒款问题起后，曾认三十万元，按年分缴。每年应缴六万元，现陆续缴公司者已四万余元。

——《新闻报》1908年4月4日

平湖浙路众股东公启

自外部与中英公司之订约既发表，众情骇然，众口哗然，纷乱而莫定，有过于愤激者，曰不拒则股不缴；有因而灰心者，曰虽缴无益，不如勿缴；有利于解散者，曰外款入则可以托辞而不缴。果如是，全浙大局将何以救？此我浙路保存会所由继拒款会而起也。

诘之者曰：前日诸公开会演说，大言炎炎，莫不曰拒款拒款，其结果乃如是。今日诸公又开会演说，大方炎炎，莫不曰保存保存。其与前事将毋同。作此说者自为所见高、所知远，而笑热心苦者为多事似也。然于保存之说，果否可行，果否有效，则实未之思。

夫拒款为保存前茅，保存为拒款后盾。拒款而款不能拒，草约之要，银公司之胁我也。验资之说，外务部之疑我也。保存而存自可保，集款自办昭信于外务部；免动存款，拒绝夫银公司也。然必民款可筹，斯外款可不动。外款不动，斯拒款为真拒。故无论为拒款会，为保存会，皆以勉力集股为第一要义。

三月五日，省垣大会群主是语，筹款踊跃倍于前。宁郡倡之，杭郡、湖郡继之。大声一呼，而数万资咄嗟可集。云天高义，神人共鉴，且闻绍郡各县，又将继起矣。如我平湖区区一小邑，乌得与诸大郡比数？虽扩股较先而藐，兹涓滴岂足为江海助，是所望于我嘉郡之有以助全浙也。

揆夫嘉郡财力，固不及湖、宁诸郡，而客岁郡城集股得数之巨冠七邑。我方为我郡祝，我且为浙路幸。乃近闻有“前会作罢再议改招”之说，我等始闻而疑之，谓财力不足欤？何以拒款一会力任巨万。其谓外款既借、民款无用欤？何以“赶速集股免动存款”一说，我郡独未之闻？抑谓有政府担任，而不愿与闻欤？何以“认款不缴是为民借”之说，诸郡皆不敢认，而我郡独乐于任受。我可决其必不出此也。

况嘉郡为七邑领袖，全郡所属[瞩]目焉。罢会改招之说，胡为乎来哉？郡之人岂有愤激者欤？灰心者欤？抑有利于解散者欤？我不敢知。然郡人一动作，其影响将及于诸邑。虽我平湖由葛、陆两君与公司直接，其平日甚有信用，故股款已缴之十之八九，而此外六邑则维郡人是视。倘皆观望而款不集，不几以一言误一郡，不且以一郡累全浙乎？

窃敢以忠告献郡中诸君子曰：我浙人民自办新政以今铁路始，他日地方自治诸大事，皆将次第而举行。倘于此始基先自失信于全浙，继此而起者，人谁信我。外人之议我曰：“中国人无信，中国人不蹈实”。呜呼！以此信、实二字之不足而为外人轻国民之耻，何自雪乎？嘉郡集股之报告曰三十四万，曰五六十万，信乎？我知其可信也。实乎？我知其为实也。言信款实夫何间然，而谓外人犹敢轻我乎。而再议改招之说，我不能无疑。

虽然我何敢疑我郡人，我郡人之见地若何？用心若何？我固未能概知，而高君子辛、张君右企、祝君心梅诸志士，则我阖属大众所耳闻而心识者也。

有诸志士在，其热忱毅力必有以斡旋众议而挽回大局矣。前此犹为我郡疑，今而后为我郡望□，敬告曰勉旃诸志士，福我嘉郡，福我浙江。

——《时报》1908年5月17日

乍浦学务情形

平湖函云，日前杭州省视学范耀夔君，至乍浦调查学务。先莅启明私立两等学堂，已下午三时。范君遍历各课堂，指示各生演讲国文、历史、地理等科学。约一时许毕，乃至汪孝廉所办之官立两等学堂。适是日学生只十有一人，已先放假矣。范君返舟次，即泊于城外南沙滩夜宿。后启明校长蔡伯华君，诣舟谒谈。范君云及启明初等甲班生，颇有心得。蔡君答以启明两等，尚未禀报立案。商及如何入手办理，范君云，可选择初等举行毕业，升作高等。庶高等生稍多，禀报学宪，似觉易于邀准。现闻启明拟于暑假前先办初等四班毕业，定期六月初旬。一切事务均由蔡君及诸教习尽力措置。但启明经费全无着落。蔡君勉力维持，非若官立之有款可支。未识有地方兴学责任者，能拨款维持否？

——《神州日报》1908年6月27日

乍浦启明学堂毕业补志

平湖函云，乍浦启明学堂，系朱念慈、陈厚斋两君创办，已历数载。今年暑假，适值初等甲级诸生修业期满，故于本月初五日举行毕业礼。兼开游艺会。是日来宾共有四百余人，颇极一时之盛云。兹将其开会秩序录后。（一）谒圣。（二）开会。（三）奏军乐。（四）校长（朱念慈君）布告开会词。（五）唱欢迎来宾歌（全体）。（六）报告毕业生历年修业成绩（教员张馥哉君）。（七）给凭。（八）官长训勉（乍浦同知薛司马演说历一时之久，并给奖品）。（九）来宾训勉（首商会总理徐鹿芝君宣读颂词，次平湖县学堂及王氏贻穀学堂校长顾子明读颂词，次新仓芦川两等学堂全体学生全体唱欢祝歌，次乍浦两等学堂学生全体唱欢祝歌并举代表训勉）。（十）本校职员勉励（以时间局促，公推教员洪景平君代表）。（十一）本校同学唱欢祝歌。（十二）毕业生答谢。（十三）毕业生游艺：(A) 国文（朱冠英），(B) 图画（沈承伟），(C) 地理（戈廷墀），(D) 历史（汪承墉），(E) 理化（林钟英），(F) 算术(盛钟琪),(G) 乐歌(许福诞),(H) 手工(王培森),(I) 体操(毕业生全体)。(十四) 校长布告下学期办法。(十五) 校歌(全体)。(十六) 奏军乐。(十七) 写真。至此已钟鸣六下矣。遂鸣铃散会。

——《神州日报》1908 年 7 月 20 日

平湖又因铜元闹事

平湖自六月朔起铜元作九行使,虽有学界中人禀县禁阻,而前任张大令俯顺商情,一月来颇称安谧。六月二十一日,乍浦木商发用脚力当十,激动风潮。新任苏大令亦因乍浦商会总理之言,主用当十,示禁减折,并邀集绅商公议。七月朔起,本城须复当十行用。各商号及肩挑小贩以铜元仍见充斥,不肯复改。初一日午后,忽有地匪六七十人,横行毁店,白日抢劫烟纸、南货、茶叶、酱园等店,五六家商民惶急。初一夜,又有小贩三四百人轰闹,通宵谣言纷起,致初二日城厢内外行业店铺,一律闭门罢市。苏令立提滋事匪徒二三人严办,各业仍未开市,不知如何了结也。

——《盛京时报》1908 年 8 月 12 日

平湖洋土药之调查

平湖每年销洋土各药奉宪颁发表式饬令照填。兹据苏锦霞大令调查确数,分别照式填报,爰照录如下。

洋药项下:

光绪三十一年份,销大土七千二百七十六只;三十二年份,销大土八千九百九十五只;三十三年份,销大土七千四百九只。

本产本销项下:

查平邑农民种植五谷、栽桑育蚕,向不栽植莺粟,故无本产本销。

本产外销项下:

同上。

外产本销项下:

光绪三十一年份,销川土六千八百四十八饼,销云土二百七十五包,销砀土九十八包、徐土十包。三十二年份,销川土六千一百四十二饼、川浆十二担,云土二百六十七包，砀土九十八包。三十三年份，销川土四千六百四十饼、川浆十担，云土二百五十七包，砀土五十四包。

——《神州日报》1908年8月30日

平湖保路协会纪念会

平湖保路协会自成立以来，迄今已及一载。爰于十月二十二日，假县校开纪念会。到会者男女宾约三百余人，均系股东。其秩序如下：（一）开会。县校及诒穀学堂学生合奏军乐。（二）新仓保路协会会长张君、赵君赠祝词。县校全体送花圈。诒穀学堂全体赠花圈及祝词。（三）劝学所总董周君定甫赠祝词。（四）会长葛君词蔚、陆君岑庄倩崔君梅圃宣读答词致谢。（五）县校及诒穀学堂，合唱纪念歌。（六）邑尊苏运卿大令演说，称颂平湖去年认股踊跃，能知大义，并提议谘议局调查事宜，嘱在会诸君热心担任。纪君绍林演说，以纪念二字劝诸股东，保护路权，终始如一。闻者咸为感动。（七）两会长以一年任满，当众告退。经全体挽留，乃欢颜连任一年。惟陆君岑庄推为正会长，葛君词蔚为副会长。会中办事单程，一如曩昔。（八）投票公举新董事，并酌留旧董三分之一。添派干事员四人。（九）乍浦徐君耀庭，登坛陈述意见。谓目前保路协会，兼经理处，五年后即须消灭，宜将本会另定一名，使永久成立。则股东团体，方不解散。由会长宣言此事，甚有关系。须股东全体议决，即向时优先股东，亦应在内。日前到会只城中一部分。四镇亦未来，且待异日解决。（十）鸣铃散会。按是日因未闻国丧凶耗，故歌颂和雅，花球缤纷，场中秩序井然。颇极一时之盛云。

——《神州日报》1908年11月26日

浙抚冯附奏平湖县监生黄河清捐助学费请奖同知衔片

再据提学使支恒荣详据署平湖县知县张怀信详称，本邑新埭镇前有高绅清锷创设新溪初等小学堂一所，开办以来，实事求是，课程完备。现因膏捐停收，经费难继，无力支持，行将中止。幸有监生黄河清情关桑梓，不忍坐视，慨捐田二十八亩七分三厘二毫，每亩值时价洋四十元，又捐英洋四百元，收取租息，以充该学堂常年经费，藉资久远。缴到庄票、产单已由该学堂具领，由县通详立案，经司核明，详请奏奖前来。臣查前准部咨，捐助学费，准照赈捐之案，按例定银数以五成实银奖给虚衔封典等因，今该监生黄河清捐助之款计共洋一千五百四十余元，按一五计合银一千二十六两零，核与定例由监生捐同知衔例银二千两五成，实银一千两之数，有盈无绌，自应查照成案，量为奖叙，合无仰恳大恩俯念该监生黄河清捐款兴学，热忱可嘉，准予奖给同知衔，以昭激劝。除咨部查照外，理合附片具陈。伏乞圣鉴。谨奏。

——《浙江教育官报》1908年第1期

本司支批平湖县附生陆昌煊请给咨东渡游学禀

学部新章嗣后咨送学生出洋游学，必先在中国中学堂毕业。到外国后，能入其高等专门学校直接听讲者，方为合格。该生未东渡以前，在何处中学堂毕业，未据呈验文凭。程度合格与否不可知，未便率准详请咨送。中国高专以上学校虽未完备，然中国课程完备者尚多，正不必舍近图远也。此批。

——《浙江教育官报》1908年第3期

本司支批平湖县禀请仍以王积澄充劝学总董文

居禀该县劝学所总董自王积澄辞退后，迄未举定。现经各学堂会议，仍请以该绅接充。既据称确能胜任，即如禀札委，以专责成。嗣后如有刁生劣棍，冒名诬蔑，有意阻挠，准即由县查明禀办。至劝学所钤记，由司颁发式样一纸，仰即照刊给领启用。此缴。

——《浙江教育官报》1908年第3期

平湖淫祠恐难封禁

平湖有姑娘总庙，又称佛继妈庙。自钱某充庙主后，捏造种种诞语，又置女巫疗疾，专以惑众渔利。近有秀才朱锦荣等，以为地痞哄诱愚民，于人心风俗有大关系。禀请封禁，大令准许，已饬封在案。不料钱某贿通劣书赵某，串使私人，妄控朱君为诬栽。闻朱君日将禀请大宪切实查究云。

——《竞业旬报》1908年第16期

平湖铜币作九已酿巨祸

平湖奸商将铜元折扣作九，已志前报。虽屡由地方学界请禁，奈苏令置之脑后，并不谕禁，以致农工二界愤激陡起，将作九之商店击毁。苏令闻之，立命亲兵拿获不服作九之农工二人，各鞭二千收禁。闻二民现已四日夜不得勺水粒米，已奄三息。而商家仍恃强用九，并设法以盗劫诬此二民，并期治以死罪，致合城日夜喧议云。

——《竞业旬报》1908年第24期

1909年

验兑平湖漕米[①]

浙江海运沪局总办兼京局会办李时泉观察前日由杭到局，昨晨牌示验兑平湖、嘉善、乌程、归安、长兴等县解米船户十四艘，共兑漕米五千余石。

——《神州日报》1909年1月13日

税司覆道平湖县运漕无须给发专照

浙江粮道李观察，以平湖县上年冬漕用小轮拖运，特请沪道转致新关好税司核给免验专照等因。兹由好税司查得浙省各属漕粮均用轮拖，不独平湖一县。现拟以后凡有小轮拖运浙省漕粮，驶过本关南卡，须报明此系漕粮即可立刻放行。所请核给专照一节，似可无须给发。昨已函复沪道查核云。

——《时报》1909年1月31日

平湖警官之威福

平湖巡警官郭二尹平日审判琐事必令人民下跪，故愚民畏之如神圣。日前有吴某仆之某甲，因向警局伙夫某乙索取债项，彼此互殴，当即互扭至局。郭升座，略讯数语，遽将某甲看管，吴某闻之，当令其子持片至局请保。郭将吴片当面撕碎，并饬吴子下跪，意欲严讯。旁观大抱不平，群起而哗，几欲施以野蛮手段。郭知事不妙，遂即躲避。嗣经群警竭力弹压，始各星散，然亦幸矣。

——《神州日报》1909年8月29日

---

① 标题为编者所拟，原文标题《南市》。

平湖通信

乍浦初小学堂办有三处，颇著成效。兹绅董徐应良、许文照、盛在庆、杨锡鳌四君发起，创办乍浦公立女学校，有林道佩、潘应瑜、林亦翀、许境宏各女士担任教科，禀请平湖县张大令判详立案。蒙邑尊批示，赞成并捐廉提倡，现已于本月二十日开学。将来女学发达，造福地方，洵非浅鲜也。

——《时报》1909年9月7日

平湖警察现形记

巡警开办迄今，成效毫无，弊端迭出。日前，巡官郭炳麟偶患微恙，竟致罢岗。嗣为巡长查悉，禀知督办，张令乃予斥革。不数日，又有三十六号巡士梅子章，与人斗殴，巡官提讯，反遭辱詈。又有某号巡士，受贿败露，私犯烟禁。种种腐败，笔难尽述。斥革之条遍贴局门，几于无日无之。实则其内容多所迁就，乃由于经费支绌，故站岗者衣破衣、戴破帽，状类乞丐。踯躅街头巷尾，蓬首垢面，烟容毕露。稍稍修饰者，则油松大辫，口烟而手棍，三五成群，往来于酒寮、茶肆而已。噫！可叹也。巡官某氏素有阿芙蓉癖。近因烟禁严厉，深恐外间传播，遂向某处购得林十八丸若干，以备抵瘾之用。每日清晨服之，人有见而询之者，则对以大补丸。某日丸撒地上，为某巡士所见。巡士亦个中人，俯首代拾，吃吃笑不置。某知为所窥破，遂引该巡士为同志，共守此秘密主义。故该巡士视某直如无物，甚至当面辱詈之。是亦一大笑柄也。

——《神州日报》1909年11月13日

平湖天时病民记

浙属平湖县九月下旬雨多晴少，东门外立兴轮局码头水竟没踝，旅客上下颇形困苦。近虽放晴，尚未见十分可靠，而气候雨暖晴冷，隔日如隔季。穷苦小民偶不经意，即患肚痛，继以痢疾。遭此伤生者，日有所闻。而秋收之稻，尤为可虑。若再阴晴不时，为患正不堪设想矣。

——《神州日报》1909年11月14日

本司支批平湖县请援案抽收契捐充观学所经费禀

据禀援照永嘉等县成案，于契税项下带收学捐，作为劝学所经费。如果地方士绅公认别无窒碍，自可照准。永嘉等县契捐系每两收钱二十文，该县增至三十文，未免过多，似宜量为核减，俾乡民便于输将，仍候藩司衙门批示缴。

——《浙江教育官报》1909 年第 7 期

本司支批平湖县详拨用登瀛局款文（三月二十八日）

查该局每年租米一千二百余石，合洋不下四五千元。现在科举已停，而又办学中辍，巨款虚悬，无怪众目睽睽，争思染指，争端之起，厥有由来。前奉部饬，京师游学概止津贴，外省可知。各属宾兴儒租，亦经本司通饬提拨办学在案。顷又奉部电，九年立宪教育筹备，势尤亟亟，与其以大宗巨款津贴少数之游学生，何如多办学堂，谋一方之普及。仰该县会同劝学所妥筹办法，将该局款筹办初等小学暨工艺传习所数处，禀夺立案。庶学界能望起色，士林能受实惠，即该游学生等果系有志之士，亦断不屑争此区区也。所请分成拨用之处，应毋庸议。仰即知照缴折发还。

——《浙江教育官报》1909 年第 11 期

1910年

平湖四十二浜地方有淫祠程三姑娘者曾经前任张令封闭

平湖四十二浜地方有淫祠程三姑娘者，曾经前任张令封闭，乃近来牛香跪门之愚妇，竟又络绎不绝。地方绅士恐祸患再萌，乃送土偶至县。苏令升堂讯之，观者甚众。苏令曰：土偶耳无闻，目无见，手足无措，其灵安在？随押入皂班。翌日荷校于市，市人快之。从此乡村愚妇，亦可稍破其迷信矣。

——《时报》1910年11月23日

本署司袁批平湖县详送新埭新溪公立初等小学简章请立案由（七月十一日）

据详该校成立，今阅四年，自应准予立案。查初等小学变通新章，分设完全、简易两科。简易科又有四年、三年两类。该校学生所历学期已过半数，自难中途更易，致碍进行。惟此班毕业，后续招新生，应即按照完全科目教授，不得仍沿旧制，以昭划一。仰转饬知照。缴简章存。

——《浙江教育官报》1910年第27期

本署司袁批平湖县详廪贡程庆垕等创设阅报社由（七月廿三日）

据详该县廪贡程庆垕等创设东林阅报社以开民智，复经该县捐助报纸六份，自是美意。准予如详立案，简章亦妥洽。此批缴折存。

——《浙江教育官报》1910年第32期

本署司袁批平湖县详蒋鬲奎等开办阅报社由（八月念四日）

据详该县附贡蒋鬲奎等创设西城阅报社，以期开发民智，用意甚善。简单亦妥，准予如详立案。此批。缴折存。

——《浙江教育官报》1910年第35期

本署司批平湖县详送本年筹设城关简易识字学塾表由（十月十六日）

详表均悉简易学塾关系宪政，该令到任后，即于城关内外续设五所，合之张前令所设，已符议案规定，所数具征，办事认真，深堪嘉许。仰即督同劝学总董，随时考察，务收实效。乡镇人民识字尤少，仍赶速推广为要。此缴表存。

——《浙江教育官报》1910年第48期

本司署批平湖县详报本寺住持僧秉空等组织佛教小学堂一所请立案由（十月十八日）

据详该邑报本寺僧秉空等联合僧界集款组织佛教小学一所，热心可嘉，察阅章程亦尚妥洽，应即准予立案，仰转饬认真办理，毋致有初鲜终，是所至望，缴章程存。

——《浙江教育官报》1910年第48期

1911年

平湖牛瘟之复炽

平湖去岁牛瘟甚行，豢牛之家，十室九空，乃近日年客贩到之牛，又起疫症。各乡牛只被所传染致毙者枕藉。乡民将瘟牛卖与皮坊，以图微利，不顾贻害皮坊，将皮剥下，余肉倾弃河中，随流飘逐。居民饮不洁水，将必致病。虽经城自治公所移知警局，传谕皮坊，不准收买。未知果能遵谕否也。

——《神州日报》1911年6月17日

平湖令关心路政

平湖城内坑厕充斥。前经自治会议决除去。嗣以种种障碍，迄未实行。兹由苏大令亲自查悉，即令地保将各处坑厕，随时除绝。一面拨轻犯八名，交警务长郭炳麟，派二巡士督令分头洒扫。日来街道略见清洁矣。

——《时事新报》1911年7月9日

记平湖谷价

平湖今年天气温和，所饲头蚕、二蚕收成极佳，菜子亦异常丰稔。因此，油价逐渐低跌，惟米谷比去年尤贵。去岁每石六元，今年则涨至七元四角。

——《时事新报》1911年7月22日

平湖民军助饷会启

粤自武汉起义，四方响应，十五行省，次第光复，斯虽天命，抑人力也。惟车书混一，尚需干戈，鞞鼓进行，全资饷糈。是以赤帝仗剑，赖酂侯之转输。白水秉旄，资寇公之馈遗。前事可师，匹夫有责。况一战告捷，拯四百兆之生灵；众志成城，扫五千载之专制。凡我同胞，获享幸福，在此时矣。东南为财赋之区，海陆属交通之会，事机或失，风鹤易惊。虽大局之安危，在前锋之进取，指囷相赠，箪食往迎，保身家，全国土，利己利人，亦识时务者之事也。否则，黔突不救，恐酿燎原。纵虎入林，或贻反噬。纵陶白之富，易倾铜山。将冠带之俦，永沦左衽。可不惧哉！可不惧哉！同人等志在秣马，力无缚鸡。鉴利害之迫身，岂容袖手？唤睡梦而同醒，用救燃眉。彼舍身家，忘躯命，效用疆场，挽回祖国，固同人等所愧汗交，并愿学而未能者也。顾轸念同胞，宁忍坐视，虽舆薪杯水，无裨于千钧，而捧土太行，期成于一篑。但愿一唱百和，螘聚乃可成山。倘教二德三心，鹿死未知谁手。兴亡机局，在此须臾。慨惔关头，自间平旦。伏望诸父老见义勇为，当仁不让，勿悭囊括，致召瓜分，用保子孙免沦奴隶。此同人之心，亦诸父老之心也。泣告秦庭，幸毋越视。谨启。

——《神州日报》1911年12月5日

平湖助饷会简章

一、本会以劝募饷款助充浙军政府北伐为宗旨。

二、募款区域概指本邑城镇乡而言，故定名为平湖募饷会。

三、本会发起人已禀准浙军政府立案，并推举朱承昌为正会长，俞肇熙、徐钦夔为副会长。

四、本会收支文牍、书记、干事等员不定名数，就事之繁简由会长委任。

五、凡我全邑人民愿助饷，需不论多少，均给与收据。

六、愿持本会捐册在本城及各乡镇实行劝募者，由本会给发证书后，始认为本会会员。

七、收款盈百元，即开列姓名、捐数，缴至军政府，并登入浙报，以昭信实。

八、会员向人募款，须晓以大义，婉言劝导，请勿强迫恫吓，致伤感情。

九、本会会员自会长以下，均系担任义务，其纸墨、邮电等费，已由发起人捐助。

十、本会事务处暂设通惠杂货店。

十一、以战事停止为本会裁撤日期。

发起人

朱景晖　俞正康　马延业　林正琪　沈善果　奚　翔　田怀汾　张书桥　徐正衡　沈　励　钱家源　俞　允　王善棨　鲁鸿序　钱厚贻　龚焕章　朱曾

善　李守智　冯泳昌　时大钰　廖孝先

——《神州日报》1911年12月15日

本署司袁批平湖县详情奖励稚川高等小学堂教员由

据详葛绅捐款兴学，苦心经营，成绩蔚然可观。披阅之余，良用嘉许，至请将该堂职员、教员分别给奖一节，查部章办学人员请奖以成就学生人数在六七十人以上为衡，系指学生毕业与部章所为成就之完结，未能符合，应俟该堂将来毕业学生满足六七十人之数，再行按照定章，详请给奖可也。此缴册表均存。

——《浙江教育官报》1911年第74期

本署司袁批平湖求是校长高彦文禀议善堂公屋由（六月十七日）

据禀该校房屋潮湿，有碍卫生，拟暂迁入善堂空屋，公地公用，尚无不合。惟是否众情允洽，案据禀县仰平湖县察酌情形，妥为办理，至所称戴永升等占踞区级师庵校舍一节，前据周大镕等禀，迭经批饬查办，并即妥速核议。据实复夺勿再宕延，切切。此批。禀抄发。

——《浙江教育官报》1911年第83期

1912年

平湖商团请领枪械

平湖商团董事陈、朱二君因办理商团，各会友皆须练习枪操。奈无枪械，故于日前禀商制造局，缴价请给九响毛瑟枪二十杆，以资操演。现经李总理允准，已于前日发交来员运回平湖矣。

——《时事新报》1912年2月29日

平湖班小轮失事

沪南大达码头某公司之小轮，系专驶浙江平湖班，又兼行关港、闸港等处。前日午前，开回上海。不料，该轮在闵行镇停泊时，误撞该公司某驳船，立时倾覆。上有搭客二十余人，尽行下水。除当时救护得生外，尚有十余人不及救起，竟致溺毙，尸身未获。刻已倩人赶紧打捞矣。

——《时报》1912年4月15日

平湖县库书卷吞公款

前清平湖县库书严文昭因卷吞公款赴沪，经浙江蒋都督察悉，请驻沪通商交涉使令行英公廨咨照捕房，派探于昨将严逮案请示，先由浙都督派来之董朱联、方锡璋上堂声明被告吞款约有三万余两，请为交给带回归案讯办。讯据严供，在平湖县充当库书十二年，征收钱粮照章五月一缴，从无蒂欠。自去年九月十六日民军光复后，即将经手一切款项册籍悉数点交内账房。不料，至十月初八日，据接办之陆、计两科员忽舟疏办缴款不符，竟将书办弟兄、房屋一并查封备抵。其时书办恐遭拘押，无奈避居在沪。现在礼明律师处挂号，意欲别谋生计，实无卷吞公款情事，应请明察。美陪审官强君以此案原告所控郑吞公款，并无实在证据。拟将被告开释。经正会审官关君一再磋商，始判令将严交妥保候浙都督派员检据来廨听候预审明白，再行解送归案讯究。

——《时报》1912年6月28日

中华实业团平湖部成立

中华实业团平湖部于九月十号在新埭开成立大会。到会者团员及男女来宾约计二千余人，推曹君维城为临时主席。全体团员选举俞鸿训君为正部分长，胡家桢君为副部长，评议干事、两部次第推定。由总部代表杨浩然君演说，将实业团之缘起、意义、宗旨及团员之义务、权利详细解释。次楼礼清、俞沤训、胡家桢、施安庐、俞研花诸君相继演说，均谓总部先创办民立银行，实为振兴实业之根底。会场资本家均鼓掌赞成。末由正部长报告。团员新埭镇居多数，故机关暂设此间。一俟平湖、新仓、乍浦各区团员众多时，再为会商合宜地点迁移。时已六点钟，遂摄影散会。闻该团以振新茧厂为办公处，颇极宏大。且是日秩序整齐，到会者皆有举额称庆之意。真盛举也。足为实业团前途豫贺。

——《神州日报》1912年10月2日

平湖禁烟局之怪状

平湖禁烟局董俞允利用一般黑籍中人为调查员，以为若辈熟悉私吸情形，调查时易于破获。上月抄[杪]，随同钟禹均等往乍浦调查。钟某一时烟瘾暴发，旋至总管弄林姓家私吸鸦片。适被韩季良寓目，赴县报告。经县知事饬传迫令在署调验。钟某素染烟癖，只经一昼夜，涕泗交流，尽露真相。现判定十一个月之五等有期徒刑。局董俞某神通广大，得以“免予置议”四字了案。查干犯烟禁，律有专条。知法犯法者，加等惩办。乃该调查自为烟犯，仅处以十一个月有期徒刑，保足以昭惩戒也?

——《神州日报》1912年11月9日

平 湖 百 多

茶坊酒肆多。家里自称老爷多。婚姻不自由多。庵堂庙宇多。烧香拜佛多。胁肩谄笑多。随声附和多。洋货店多。女界妓妆多。私门子多。改良金莲多。通衢茅厕多。乡绅府上硬牌多。七品小京官门条多。衙门里闲人多。吃烟人住在上海多。骚丫头多。冬烘先生侈谈新学多。衙门囚犯多。青年学唱摊簧多。

出买假药多。批评讥笑多。和尚道士多。想复科举多。私吸鸦片多。四张村镇赌台多。办公经济困难多。无业游民多。四张辫子多。新学皮毛多。不敢发表的思想多。通衢快马多。科员笑话多。蹩脚西装多。家庭专制多。选举场里拉人多。医生出诊轿子多。店伙失业多。婚丧花费多。东洋草帽多。街上垃圾多。浮头浪子乐事多。照墙上告示多。自由党员顾忌多。新埭禀帖多。守财奴多。狂夫之牢骚多。(未完)

——《自由月报》1912年第1期

1913年

平湖天主教之交涉

平湖沈家浜教堂设立已久。日前，有孙加祥、沈友德等六七人入教堂，有龃龉情事。有俞教友起立相责，即互相扭打，并毁圣像、供物多件。当经报县，并将所毁各物存于县署。兹由嘉禾天主教士韩日禄特将殴辱情形，函诉都督。闻朱介人君饬该知事迅速秉公办理矣。

——《时事新报》1913年1月23日

平湖商团退伍纪盛

平湖商团成立迄今已载余矣，保卫闾阎不遗余力。现各团所习各科，均已完备。经商团总长吴乐天君分别考试，评定甲乙。昨日为举行第一次常备员退伍礼。下午一时，团员百余人自总会荷枪整队至南门外校场，齐集操演。男女来宾约数千人，本埠及外埠各团体派代表来贺者，亦八十余处。极一时之盛。县知事屠丙华君莅场监视。操演毕，由屠君给发证书，各团员既领证书，即由商团总长指挥整队，仍回总会散队而归。

——《时事新报》1913年4月16日

平湖组织旅沪同乡会

平湖为浙西要邑，与上海一浦相通。迩来该邑人之旅居于沪者日益众多，向无团体机关以联络情谊。兹由商、学各界同人发起组织一旅沪同乡会，业于五月四号午后三时假小花园嘉荣公社开会决议办法。是日，到会约三十余人，公议先从调查入手，以四星期为限。经举定调查各员，分认担任。以嘉荣公社为临时事务所，各调查员住址为通讯处，并定六月十五号即阴历五月十一日开成立大会，其地点俟届时指定。所议各条，经众赞成。比散会，已五时矣。

——《新闻报》1913年5月6日

记日人在平湖私售军火被获事

嘉属平湖县地近乍浦海口，为浙西门户，屡有军火潜由海道输入，多系某国暗中输售乱党者。日前，平湖城内来一日本人，名栗田类吉者，携带手枪，秘密售卖，被该县警察所长毛锐探悉，当即赴日人寓处，假托欲买手枪。该日人竟将手枪三枝与毛拣选，并有子弹二百颗左右。毛得枪弹在手，随将该日人带送县署，由平湖县派员将人赃一并解送嘉禾戒严司令官，以外人私卖违禁物品有关国际交涉，即备文解送都督府，请都督与日人严重交涉矣。

——《神州日报》1913年9月24日

淑英女学校之发达

平湖淑英女学校创设于前清宣统二年四月及三年春间，由学界公推徐君敬一为经理，一切设施始臻完备。当接办之初，固有经费仅四百余金。徐君担任义务经营筹划，不惮劬劳，所延请女教员皆品学优长，娴于教育。其校风之肃穆、成绩之优美，邑中人莫不称道。本年暑假高等生毕业一班，送入沪杭师范学校，插入本科者居多。现高、初等学生已达百五十余名，年假期近，报名者已络绎不绝。闻徐校长将请城董事会拨款添造校舍云。

——《时事新报》1913年12月18日

平湖创办孤儿教养院

前清日使参赞孟祖汉君，拟在平湖地方创办一狐［孤］儿教养院，一切经费，皆由孟君自行捐助，不筹公款。本月九号，在陆少庭家开谈话会，商酌设备，决议先招学生八十名，书籍、食宿俱由院中供给，年捐经费一千六百元。闻有夏宗祥君认助特别捐洋四百元，丁涛君认助洋五十元，袁介初君、李仲甫君各认洋三十元，林逸仙女士认助洋八十元，业已规划妥善。从此哀哀无靠之孤儿，不致失所无衣［依］矣。

——《教育周报》1913年第7期

平湖教员养成所之腐败

平湖自去秋九月创设一小学教员养成所于东岳庙内，为推广小学张本。不意近日该所内容腐败，达于极点。闻各校教员到所轮流讲授者，约有十二名。而学听讲者，常不过五六人。甚至有时无一人在讲堂者。各校教员不劳而获厚薪，咸欣然流连于茶酒肆中。最堪异者，学员中有钱某一名，竟恃符捏据，登记孙姓祭产为已有。被县知事郦丙华治以五等有期徒刑者，致该邑士民舆论谓小学教员养成所为高等游民之棍骗养成所云。噫！异矣。

——《教育周报》1913年第9期

平湖淑英女学校之成绩

平湖淑英女学校于前月八号举行高初等毕业式，并兼学艺会。下午一时，开幕。男、女宾五百余人。各生以次演艺，颇极纯熟。所陈列图画、手工成绩，不下数百件，粲然一新。给凭后，各团休或致颂词，或演说，至下钟始散会。其毕业者，高等十四名：徐菀生、纪瑞英、陈秾、金庆藻、金真、朱懿善、金庆畴、朱婉善、张尤生、龚世蕃、潘淑珍、沈宗望、沈蕙、王婉贞。初等十九名：徐午、张蕴生、刘铁舟、金雅娥、时瑛、崔宝瑛、顾瑛、陈奎麟、许敏英、金赓娥、黄葵芬、陆善洲、长卢仙、汤朵颐、崔宝瑗、钱英生、唐志言、张芷客、孙云鹤。

——《教育周报》1913年第14期

平湖知事驳覆议事会强占学校

平湖新埭镇封良佐，自称校长，擅行到校开学，并唆使陆懋功等赴省朦禀各节，迭志各报。兹探悉该镇董事会呈县查办，奉批如下：呈悉。查该镇自上年三月间，乡愚暴动，学校被毁。即由本署派员前往，改组新溪两等小学一所。其时办理情形，诸多困难，经济亦异常支绌，均行代为筹划，以资维持。嗣查照定章，知照该董事会，推定校长，以专责成。由陆前总董函称正教员陆景钊品学兼优，请由县颁发委任书等情。即经照准，于十月间颁发照会在案。该校长办理年余，所有教授管理，叠派员视察，当无过失。学生亦渐见发达。兹阅来呈，据镇议事会咨内，有校长一席，久付阙如。殊属误会。至议事会公举校长，尤与定章不符，碍难照准。且本署访闻该校夏季补习会时，竟有人中途拦阻学生，不许入校。此种阻挠公益行为，加[如]果属实，殊属不法。仰该董事确实查复，照章惩办，藉维学务，是为至要。此批。

——《教育周报》1913年第18期

平湖第三科长误人子弟

本学期浙江第一师范招生，饬由各县保送。平湖县高小毕业生徐炳泰等于八月中旬托母校教员朱符生、马翰如、徐鉴平至教育科报名。及期，该生等赴杭应考。师校以该生等并无保送公文，拒而不纳。徐炳泰等始知被教育科长邹贻所误，愤懑异常。归即向朱、马、徐等详诉种种狼狈情形，并要求其同至教育科诘问邹某。邹言公文已有信局寄出，本科不负责任。马、徐等谓前项公文师校并未收到，贻误公事，教育科岂得不负责任。且公文往来，例由邮局，何以独寄民局。邹知理屈，老羞成怒，一味强词夺理。徐炳泰等屡强朱、马、徐同至教育科，要求其赔偿旅费，并本学年虚掷光阴损失。闻迄今尚未解决云。噫！邹之栋身任第三科长，而贻误青年失学费时，其玩视教育为何如耶？

——《教育周报》1913年第22期

1914年

平湖同乡会选举

平湖旅沪同行会自云夏组织成立，于今一载，照章重行选举，业于七月十二号开第二届选举会。兹将当选职员十四人姓名列后：张石君、葛词蔚、林依中、张达卿、胡戊鹄、徐鹤笙、王远堂、陈菊山、金钱荪、陈晋轩、王叔明、莫访梅、何书农、马骥良。并定二星期后开职员会，互推正、副会长及重选评议员云。

——《新闻报》1914年7月14日

学务委员更委志闻

（平湖）城区学务委员邹之栋现奉巡按使委为该县小学教员讲习所所长，照章不得复兼他职，故已由该县知事臻委费君鸿接充矣。

——《时事新报》1914年7月22日

淑英女学校毕业志盛

平湖淑英女子初等、高等小学校于前月中举行高等第二次毕业、初等第三次毕业，并兼游艺会。男、女宾到者达四百余人，其成绩之优美、演艺之灵敏，来宾均称叹不置。宗知事亦莅会，及各机关代表以次演说，最后，教职员训勉。有女教员汪玉瑛训勉多时，大旨重学问、道德，而不赞成参政权。一时莫不鼓掌云。兹查得毕业生姓名如下：高等八名，计寿娥、张安贞、朱慧善、俞树玉、沈翰芬、沈清芬、俞树荣、朱柔善。初等二十三名，徐燦、陆善汾、葛昌琳、沈明珍、邰屏秀、屈寿桢、盛玉如、朱霁光、徐审美、徐琮、金季珍、张宁贞、沈雅琴、金静娥、陆秀林、戈宗净、徐轶英、胡芳沅、钱冠英、张亚乾、徐秀英、胡芳澧、张菊容。

——《时事新报》1914年8月8日

教员讲习所之毁言

平湖小学教员讲习所所长邹之栋因欲出外谋事，暗令王积徵扈代，而王某曾因私吸被罚。该邑中人群谓王犯消极资格何堪担此重任，况所长一职于教育前途所关非细，岂可私相授受，视为私人营业机关，颇觉不平云。

——《时事新报》1914年8月29日

平湖同乡会之进行

平湖旅沪同乡会成立于去夏。兹订期旧历十月初六日下午二时在英大马路洋货集益会内事务所补行秋季大会，邀集全体会员筹议进行方针，并讨论醵款兴建会馆等事，以期联络乡谊而固团体云。

——《新闻报》1914年11月21日

浙江平湖县王司铎来函

敬启者。平湖县新港有赵家桥镇，地处僻壤，人民朴素。五六年前，俱是外教。而天主独注意斯地，眷顾斯民。凡难治之症、奇怪之病，中外医生所束手者，一拜天主，未有不霍然而愈者。于是由宣统元年，借镇后保守张学兴家，设立天主堂公所，请女先生一位，教授经规。于是，教务渐兴。更有因病而诚拜天主者，略提一二，以昭天主眷顾之铁证。如陆阿秋之妻，为魔鬼所苦，见人即打，有类痴颠［癫］。请医治，拜偶像，迄无一效。阿秋乃央教友来家，诵玫瑰经三串，其病若失。又杨阿生家，前有五圣庙，旁有大树。阿生将树斫去，其子即发足病，不红不踵［肿］，一立地上，如万锥齐刺，痛不可言。有四五年之久，无药不服，即耶稣教福音医院，亦不能治。阿生无计，自愿保守，习学圣母经二句，亚物玛利亚，满被圣宠者，传授其子。其子习会此经，足乃不痛。又张富荣及沈马氏，均无故噤口，手足冰冷，已一昼夜矣。人皆谓其将死。本司铎之点圣水、喂圣水，忽然开口，而病即愈。又韩友生，曾往杭州拜偶像，同友八人，忽逢魔鬼，常欲凫水而逃，幸人多，扶至家中，某友口称我是尊神，皆无所畏，独畏十字架耳。其家以十字架，乃天主教圣号，遂来拜天主，病乃若失。其尤奇者，保守曹阿小之母，向拜偶像，靠以为活，忽于河中捞得一枕，中有念珠一串，藏于香篮之内，今二十余年矣。今春拜天主时，献此念珠于本司铎前，历述所来，教友同声叹异，以为非天主意思不能也。近年以来，神异如此类者，不一而足。故该处教友，益见其多，领洗者一百五十余人，保守者二百余人。翕然闻风而来者，未有艾也。所称天主堂公所者，但有张姓茅屋三楹，每逢瞻礼主日，老友保守，露跪泥涂中，日晒雨淋，苦不胜言。若不更建正式大堂，免教友容膝无地之叹，尤无以答天主眷顾之恩，亦无以崇圣教尊严之体。然建筑费非千金不可，独念该处地方既小，教友保守，均极贫困，年岁不佳，虽竭愿捐助，尚有力不从心之慨。一勺之水，不能利舟楫。至巧之妇，不能作无米之炊。愿奢力微，殊深浩叹。本司铎辗转思筹，惟仗诸君子热心公教，体贴天主圣意，随意乐助，俟得经费有济，即可兴工焉。涓涓之水，积成江河。千金之裘，非一狐之腋。众擎易举，实为圣教前途荣庆也。恳祈亮察。如荷惠允，请由邮局汇至平湖天主堂王司铎收。为盼。浙西平湖司铎王式尔谨启。（二月二十日）

——《善导月报》1914年第10期

浙江平湖进行会分支部成立史

民国三年二月八日一点三十分钟，会员咸集，振铃开会。请知事及各界人会场，奏军乐，念信经，复诵圣神降临。诵毕，嘉禾徐庭夫君赞礼，请监督韩总铎宣布开会宗旨，云：今日开公教进行会，不是特别的，是专为启发圣教中人结合团体，广扬天主圣教，多救人灵，并能挽回习俗，转使国民同造幸福天地。有真主乃有真教。真教者何？即公教是也。他若孔教虽善，而其所论者不过生前之事。如季路问死于孔子，答曰：未知生，焉知死？故孔教与国教未能并驾齐驱焉。我公教传行中国，约有千百余年之久。得益于国家甚为不少，即西洋诸邦，大都信奉公教，钦崇真主，故其风俗尽美尽善。我中国人民，欲导其前车，效其表则，得能进行万事，务须信仰其所宗之公教、所敬之真主，斯可有济于事。今本会值草创之初，各会员宜励志潜修，先以善行为表率，继以善言为劝导，则他日之教务，日臻发达，庶不负本会之宗旨。于是，进行之本既立，而进行之效由此可睹矣。演说毕，由本堂监督王司铎演说云：一只柑子，有皮有肉可见，而肉不可见。但养人的且是肉而不是皮，我曹今日开公教进行成立大会，犹如柑子一样的。各会员报名入册，热闹异常，俱是皮耳。至于胸中存一光荣天主，救人救己之心，做一个好会员，任成一民国中好国民，斯乃不见之肉□，最能养人。自民国成立以来，党会迭起，惜乎傲物心重，反背真道。去肉食皮，何怪首大总统下令解散之。今我会员得能善守会规，进行道德，普及信仰，仰盛行公教，则非独我会员之幸福，亦我民国国民之幸福也。演说毕，由平湖县知事张公起立云：公教进行会今天开成立大会，鄙人自奉韩司铎函请，特来参观会场。各会员十分热闹、十分热心。贵教会是天主所立之教，以训世人信真道、敬真主、谋真福，宗旨却是好的。鄙人虽不在贵教之中，而我景仰之心亦已深信。今各位司铎报告宗旨你们都已明白，务望各会员同声同气，互相勉励，互相扶持，以研究进行方法，庶不负为好会员之职务矣。演说毕，又有徐庭夫君向众演说：今日开会犹如果树新种，吐华何日，结果何日，未可定也。盼望诸会员自今日始协力同心，即将此树爱护之，灌溉之，而先去其害果之虫，以存养其结果之机。夫然后滋长、发荣、畅达，大而且蕃也。诸会员其勿忘之。演说毕，推举职员，投票选举。唐君贵文得六十五票，当选为正会长。顾君明德得五十一票，副之。各项职员，如评议员杨君德宠、顾君光荣、顾君明德、顾君福庆、崔君松涛、李君顺兴、顾君宜昌、华君福卿、王君凤池、钱君熙鸿、沈君伯荣、唐君桂芬。干事员崔君松涛、张君文夫、顾君文俊、王君凤池、裘君增善、顾君光荣。书记员张君文夫。宣讲员顾君明德、李君顺兴、华君福卿、顾君福庆。会计员唐君安德。选毕，有庭夫君臻勉励词。词毕，招待员引各界来宾出会场，赴客厅茶话。遂散。再有单程容续登。

——《善导报》1914年第12期

平湖教育会呈请维持教育费

该县教育会长王积澍、邹之栋等呈省长文云：为呈请事。窃维国民资格之养成，端赖教育。而小学教育之发达，必资经费。查平邑城镇乡公立高初等小学校，现达三十七所。学生数已达二千八百余人。溯自光复以前，小学校仅一十八所，学生仅八百人。校数已增一倍。学生数且增至三倍以上。在经济一方面，勉能维持者，除现存少数这旧有学款外，全数抵补金附捐之分配，及县税之补助耳。本邑元年度抵补金附捐，每斗加征一角。经省议会议决，悉数分配城镇乡用，为自治经费，尚居少数。充作小学经费，实占多数。二年分［份］，抵补金附捐，城镇乡议会，曾以教育经费不敷甚巨，联合会议征收九分。嗣奉省令交县议会覆议，减征五分，其一分又划归县自治。是城镇乡应得附捐，比之元年度，仅占十分之三。各学校经费，已有入不敷出之虑。维持不足，遑论扩充。现闻省长有附捐提省之通令，学校据万分恐慌。窃以省令提取附捐，或专指自治机关经济而言，或虑地方有用之款，耗之于无用之地。不若提归省有，振兴实业。俾巨款不致虚糜，仰见省长养生款项之至意。顾平邑城镇乡之加征附捐，实为教育谋进行，本非掷诸虚牝，与各县情形不同。查教育部维持教育办法，规定各市乡学校经费，照旧支给，不得减少。各市乡原有教育公款、公产，不得挪移。各市乡原有补充教育之附捐、杂捐，应继续征收。而平邑城镇乡各学校，以此项附捐为收入大宗。一经提省，何从支给？各学校纷纷到会研究。维持方法，业于三月二十四日电请照发在案。为此，再行备文，呈请省长察核，俯准免提，饬县照旧发给，以给教育。谨呈。

——《教育周报》1914年第40期

平湖淑英女校之训词

平湖淑英女校校长徐钦夔君，制有校训，并将其中摘出数字，详加诠释，诚女子所当□佩者也。兹录如后：

勤。勤者，习劳之谓也。韩子曰：业精于勤。是专就学问上言。夫人而知之矣。然子华子有言：流水不腐，户枢不蠹。盖谓勤于运动，则体魄日强。鲁敬姜有言：瘠土之民向善，勤也。盖谓勤于职务，则心志自正。是勤之一字，于德、体、智三育均有绝大关系。况我国贫弱之源，由于人民性好游惰，而家道衰落，尤以一般女子大都安坐而食，为分利之人。夫女子而终为利分之人，又何取乎？有学问哉？所望诸生于勤学外，知从事于习劳。少而习焉，长而安焉。庶学问有裨于实用，其各勉旃。

朴。朴者，以言云奢也。夫我国大江以南，风俗华靡。旧社会女子专事装饰，由来久矣。自女学振兴以来，允家崇实黜华是务，不意既受教育，仍多不离旧习，或且好效西从之装束，以自炫为文明。其奢尤甚矣。诸生在学，本无此习尚。深恐一旦离校，或因风俗而迁移，所愿永矢勿谖也。不宁惟是。朴近于诚，诚则笃实。光明无矫饰欺诈之念，朴原于厚，厚则慈祥恺恻，无嫉妒忌刻之心。是朴之为义，不仅为奢之对待词矣。若夫安朴陋者，不学无文，冒俭朴者，吝啬昌移，又恶知朴之真义哉！

洁。洁之为言清也。夫清洁其饮食，清洁其衣服，清洁其居处，诚卫生上切要之端。学校教育，注重卫生，固当自清洁始。况家庭以内，烹饪、洗浣、洒扫之职，责在女子。苟求洁必能勤，且珍羞［馐］易腐，罗绮易污，刻桷雕梁，尘垢易积。苟求洁，必反朴。虽然卫生固宜洁矣，而修身尤贵乎洁也。不冀非分之财，不贪目前之利，廉也。斯洁矣。心无妄念，口无妄言，目不视邪色，耳不听恶声。举趾[止]有常，喜笑不苟，贞□同，斯洁矣。我国女子无学，往往见近利而无远谋，即贞静之操，必由学问养成。斯臻完美。愿诸生无往而不务洁其身心可也。

——《教育周报》1914年第51期

平湖县教育会禀请取缔私塾

平湖县教育会禀请县知事取缔私塾文云：窃民之智愚，国之文野判焉。欲启民智而日进于文明者，非国民教育不为功。夫所谓国民教育者，应国家社会之需要，施以适当之教育，定为方针。进足以求学业之深造，退而谋生，亦足以具普通之常识，非略识之无，即谓尽教育之能事。故初等小学，为造就人格之始基，于国家文明进化之机，关系匪轻。我国强迫教育，虽未实施，以日前之趋势观之，而实施之期，要亦不达[远]。窃谓虽施强迫教育之先，必以排除小学教育之障碍为前提。小学教育之障碍，虽非一端，而私塾为尤甚。彼私塾者，于国家所定之教育方针，懵然不知。与夫教育原理及儿童之心理，更难梦见。其所教授者，仍用《百家姓》《千字文》《三字经》，进而至于艰深之经传，不肯稍自改良。其所管理者，失之于严，则汩没儿童之心灵，束缚儿童之活泼。失之于宽，则放任故纵，养成不良之习惯，沾染社会之恶风。故小学生徒，自私塾半途而来者，其教授管理，倍觉困难。况习气已深，转移匪易。当此不改，影响于国民教育，实非细故。前教育司长沈有鉴于此，通令凡小学校里半以内之私塾，一律勒停等因。续颁之学务委员会服务规则，将取缔私塾，列入专条。平邑私塾，迄未取缔，不独小学校里半以内之私塾，依然存在，即学校附近之私塾，触目皆是。故本会九月分[份]评议会议决，禀请饬令各区学务委员，将境内私塾，严行取缔。遵照前次通令，以一里内外，分别办理。本会为排除教育障碍，力求进化起见，是否有当，理合禀请察核，准予施行，实为公便。

——《教育周报》1914年第54期

1915年

教员无术挽留

平湖淑英高初等女学校学生素称发达，内有女教员十余人，皆品端学优，热心教育，故校风整肃，成绩斐然可观。近闻有余教员竞虹，因家务辞职。经校长再四挽留，未允继续。惟余女士系务本高等文科毕业，在该校教授二年，颇著成效。一旦失此良师，不能不为该校惜也。

——《时事新报》1915年1月20日

函催平湖县提案

平湖人吴云甫因诱拐同居妇人吴张氏之女孩瑞宝来申，串同蚁媒杜吴氏、刘潘氏，价卖与北四川路粤妇魏郭氏，带往海参崴地方。经原告来申将吴寻获，扭控捕房，饬探将杜吴氏等先后拘案，并经郭氏之夫魏旭初电致海参崴，将女孩送沪。奉公堂讯，系另一女孩，因判吴、潘两氏各押三月，郭氏已押一月之久，再罚洋五十元。吴云甫押候，移请平湖县移提归案各情，迭详本报。兹因判决已逾旬日，而该县迄未派警察来沪迎提，故于昨晨由捕禀奉关谳员与英康副领事会商之下，以平湖县离沪地点非遥，且轮轨交通便利，何以迄未派人来沪。因判后再函，催该县速即派人来申到廨迎提。如七天内不到，即由本廨判决云。

——《神州日报》1915年1月21日

平湖命案再志

平湖县农妇徐张氏之夫徐仁甫被县差范河荡私擅逮捕，练[链]锁身死，控由高检厅饬嘉善县复验等情，已志前报。兹闻是案徐仁甫被害，非止租米纠葛，尚有宿仇。缘上月徐仁甫之邻居钱姓被范河荡敲诈，系徐仁甫告发，故结怨极深。此次嘉善县复验未成，当即详复。闻昨又奉高检厅饬令前往调查详情，以凭核办。

李知事业已遵饬派员前往矣。

——《时事新报》1915年1月31日

平湖命案三志

平湖县半村坊民妇徐张氏之夫徐仁甫被范荣甫（即范河荡）因租米纠葛锁吊身死一案，控经高检厅饬嘉善县复验，并委查哄闹尸场等情，曾经两志前报。现悉李知事奉饬后，当委枫泾警佐姜之熊前往调查，复称凶犯范荣甫向充县署租差，平日与徐仁甫因勒收租米颇有嫌隙。此次徐仁甫欠范租米八石，由范伙王述逮捕到家，用铁练[链]锁吊牛棚。是夜五更毙命。次日，邻人窥见，报知尸妻张氏。当时，范因畏罪自首，宗知事谕令收禁。嗣有范伙俞某等，唆耸张氏索范租田十六亩，私和了事。乃范不允。遂行告发。至承审员行抵尸所相验，即有尸亲邻右等面陈被害情形，并要求拆毁范之房屋及牛棚。承审员含糊未应，检验吏阮某检验尸身，又误报跌伤，以致尸亲大闹，将尸移往别处，不准收殓，并将案桌、船只等物概行打毁，殴伤警察多人。承审员逃匿民房始免。次日，宗知事复委承审员带同警队，再往尸所，传同尸亲等，将吏误报跌伤情形申谕后，始获督同收殓。此谋毙及哄闹之实在情形云云。闻李知事已据情详复高厅矣。

——《时事新报》1915年2月9日

饬县整顿学务

平湖县知事日前将县视学视察录备文详送道署察核。顷奉丁道尹批饬，察阅填报各校办理情形，其中教管合法，成绩斐然可观者，固属不少，而科目不全，训练、卫生不加注意者，亦数见不鲜。苟不及时整顿，深恐贻误学童，败坏教育。仰该知事督饬办学人员，悉心考察，切实改良，勿稍怠忽，致误进行为要云。

——《时事新报》1915年2月21日

县教育会改选职员

县教育会自去年二月成立迄今已届改选之期，爰于前日开会投票改选，到会会员共一百六十余人，会长当选为邹鸿宾、徐敬一，评议员当选为朱符生、冯冰如、王宇清、王雨生、徐鉴平、顾子明、戈厘百、钱红冰、奚剑龙、鲁荣夫、徐嘘云等诸君，皆教育界声名卓著之人，故一时舆论大为满意云。

——《时事新报》1915年2月25日

屈使巡视平湖记闻

屈巡按于昨日巡行平湖县属。拂晓由禾启节，沿途周视麦苗畅茂，顾谓沿途老农，并新丰镇欢迎各绅耆曰：今春阳雨时，若可卜丰收，尤望尽力农事。斯人民可尽纳税之义务，官厅力任卫民之职责，共乐承平云云。午后，抵平湖县，临视各学校及平民习艺所，成绩均有可观。而习艺所所出之花布及藤物，亦合社会之需求。惟规模不大，出品无多，拟为设法扩充，以裕生计。延接绅商士庶，询问地方利弊，筹商所以振策方法，而对于清丈减赋一事，尤为注意云。

——《时事新报》1915年3月30日

平湖县大易区学校状况报告书（三年度第三学期）

朱曾善

大易隶属于城区，而与海盐之西塘乡，嘉禾之新篁镇，土地毗连，全区学校共四所，均初等单级制，每校学生数，稽查划到簿，均在四十以上，而核其实到数，多则二十余人，少仅十余人。学生多旷课。一暴[曝]十寒，深碍教育之进步。此虽由于家庭教育之不善，而学校亦不得辞其咎也。择各校之优点，分别论之。三初则校舍宽敞，四初则教授尚认真。学生尚勤读而少旷课者，当推一切[初]。然学级之编制，课程之支配，缺点均多，致教管上生种种之窒碍。往往此班讲文，他班生同时枯坐。虚掷光阴，宁非可惜。甚者喧哗谈话，妨碍他生之听讲。其流弊可胜言哉！视察所及，将各校学级之如何编制、授课时间之如何分配，先行切实指评，以冀逐渐改良，吻合于单级制。进行研究其教授之法、管理之方，而于训练一端，尤三致意焉。兹将各校之状况，胪陈于下。

第一初等小学校

该校校址在马厩庙，校长钱慎龄。教员二人。校舍共三间，系庙内偏屋。二间为教职员休憩室及寝室，外一间为教室，极狭隘。且后半间有佛龛一座，致学生课桌，大小不一律，光线亦不明。后座诸生，视黑板上字迹，隐约不能辨。视察日散学，惟查上次指评各节，仍未实行。越二日，再至该校，查划到薄，学生数四十四人。校其实到数，共三十六人。合一、二、三、四年级为一学级，兼收女生。观钱教员授国文课，用中华本，讲解尚可。惟读法不甚注意，学生还讲亦尚明白。教科目照章，管理训练，均欠周到。

指评　学生尚发达，亦勤勉。教室后半间之佛龛，能设法迁移，庶面积较大，乃可多容座位。尤宜多开小窗，以便透光通气。

第二初等小学校

该校校址在孙家埭，距一初约五里许。校长许文熹。教员二人。校舍租赁民屋，教室两间，休憩室、寝室各一间。一、二、三、四年〔级〕生共三十一人，合一教室。补习科七人，系上届本校毕业生，另一教室。查是日实到数，只十四人。观许教员授国文课，范读、轮读，均欠合法。授补习科算术，未能注意列式。上次视察时，曾用古文讲授，极难启发。现已一律改用商务共和本。学生到数极少，而风纪尚严肃。可知平日之管理上，尚能注意也。

指评　学生极整肃，惟补习科只七人，鄙意与初等三、四年级合为一组。一、二年级为一组。均复式教授，似较合宜。

第三初等小学校

该校校址，近嘉禾县之新篁镇，校长吴思源。教员一人。校舍系寺院余屋。新行修葺。教室一间，寝室、膳室、预备室、厨房各一间。该区小学，形式上以该校为第一。学生共四十五人，合一、二年级为一学级，每班国文，读法、作法、书法，本系两人分任。现照上次指评，二年级国文科，均吴校长一人担任。视察之日，实到学生数二十九人。观吴校长讲二年〔级〕生国文，一年〔级〕生任其枯坐。姜教员授二年〔级〕生算术，一年〔级〕生又复枯坐半小时。此由于授课时间表之支配，未能适合单级制，致管授时辄多障碍也。

指评　各种表簿略备，惟授课时间表支配欠当。此班讲授时，他班生未免有枯坐之弊。宜取单级制，妥为订定，免致耗时。

第四初等小学校

该校校址，与海盐县西塘乡相接壤。校长萧文高，不任教产。教员两人。校舍偏小。教室、寝室、膳食各一间。一、二年级生共四十二人，实到数只十九人。观吴教员授读〔国〕文课，学生轮读，闻声浪〔朗〕诵，已不若前次之凌乱无节矣。张教员授算术课，先令学生演草，指示讹处，再行誊正，亦尚精细。上次指评，均能实行。文算改本，亦甚清楚。为该乡各校之冠。惜学生旷课太多耳。

指评　文算成绩尚可。改本字迹颇清楚。各种表簿亦备。惟小学除教授外，尤重管理。每课退后之管理，各教员当分任之，列表派定。

——《教育周报》第83期，1915年5月3日

平湖禁烟员被控

平湖县禁烟调查王承基、李鸿祥近日在邑民高八寿家起出私藏小土一千余两，而报告县署只十余两，余均私吞，赴乡间兜售。其所得银洋由两人朋比分肥。讵料事机不密，昨为绅界余仁等查明，业已□表来省具禀巡署，请为饬令新任李知事新益拿办严追吞款，以作地方公益。

——《时事新报》1915年5月20日

平湖县乍浦区学校状况报告书

朱曾善

乍浦带海襟山，区域广大，隶属该区之各镇，曰虎啸桥、曰秀平桥、曰全公亭、曰徐带[埭]、曰林带[埭]。其间人烟稠密，市廛栉比。虎啸桥外，厥推林带[埭]。各镇皆设学校，而林〔埭〕独付阙如。且据最近调查学龄儿童数，该镇人数达百余外，筹设小学，有厚望焉。统计乍区学校共八所，高小一，女校一，初等小学六。兹将各校状况分别胪列于后。

高等小学校

教职员及学生数　校长陈瑞增兼任修身、国文。教员七人，学生分三级，共七十六人。单式。

教授情形　龚教员授地理，讲中华本非洲南部，地势了然，另印小本地图，时时指示，足以证明其说。张教员授理科，自编讲义，讲化学分解，试验酸化汞，手法似欠神速。授一年级循环小数，解释尚明白。吴教员授球竿操，精神焕发。戈教员授图画，悬有模型画，酷肖生物。订正颇勤。

管理训练　退课后，每级学生休息于各教室外。派一教员看护，上课，退课，排班出入，训练学生，课修身时特为注意。

其他现状　校舍系书院旧址，池塘曲折，亭榭玲珑，境颇幽静，确是读书佳处。操具室布置井井，所制各种操具架颇灵便。操场极广，空气流通，有益卫生。

指评各节　教管各法均合，成绩亦斐然可观。注重于手工、图画，足以涵养学生之审美心。吻合实用主义。惟鄙意宜备□射地图，悬挂教室壁间，庶教授地理时，发问指示。较诸小本地图，尤为便利，而易于记忆也。教授细目，希编制之。

女子初高等小学校

教职员及学生数　校长陈惠兼任教科。女教员四人，男教员二人。初等四级，共七十四人，分一、二年〔级〕一组，三、四年〔级〕一组。复式。高等三级，共三十四人，分二、三年〔级〕一组。复式。一年级一组。单式。

教授情形　丁教员授初等一、二年级国文，范读合法。纪教员授初等三、四年级国文，指令各生还讲，讹者正之。陈校长高等督课学生轮读、齐读，均尚合法。

管理训练　全校事务，均陈校长主管。管理学生，虽不列表派定，而时时监护，主张严肃，故学生对于校规，颇能遵守。

其他现状　上次视察时，授课表缺缝纫一科。高等三年级，亦不加课英文。现已照指评各节，一律添课。

指评各节　编制设备，楚楚有致。各级成绩，均有可观。但卫生以清洁为本，厨房膳室，希注意整洁。

第一初等小学校

教授情形　朱校长授四年级算术，矫正演草尚精细。李教员授三年〔级〕国文，讲商务本长江课，先画长江流域于黑板，指示说明，参用问答式。复将课本中生字详细解释，轮流问答，然后将本课文字分段推解，终讲本课文体，教态从容不迫，深得小学教法。许教员授一年〔级〕国文，巡视亦勤。沙教员授三四年〔级〕国文，讲解亦明白。吴教员授哑铃操，注意姿势，操演驯熟。

管理训练　退课后，学生齐集庭中。派一二教员看护，与学生谈话恳切，气象活泼有致。及闻铃声一鸣，排队入教堂，非常整肃。非平日训练纯熟，曷可臻此。

其他现状　校舍宏大。操场在校外，面积亦广阔。成绩均合度。

指评各节　朱校长办事勤恳，李教员讲授国文，注重启发的问答式。于小学经验颇深，各教员亦循循善诱。惟教鞭为教室用具之一种，希即购置，以备讲授时指示之用。教授细目，亦希妥为编定。

第二初等小学校

教职员及学生数　校长郭振楣兼任修身、国文。教员三人，学生共七十三人。一、二年〔级〕一组，三、四年〔级〕一组。复式。兼收女生。

教授情形　郭校长督课学生，秩然有序。陆教员授读〔国〕文，轮读合法。马教员改作文亦精细。

管理训练　上课，落课，排班出入，休息时在走廊，教员监视尚周到。但学生多旷课，似训练尚欠完善。

其他现状　郭校长本学期新接任，校址在乍浦城外海盐弄。

指评各节　教、管均尚合法，成绩亦佳。但楼上教室太暗，究属不宜。希即设法布置。

第三初等小学校

教职员及学生数　校长沈宗汉兼任修身、国文，教员两人，学生共七十五人。一、二年〔级〕一组，三、四年〔级〕一组。复式。兼收女生。

教授情形　沈校长授修身，兼施训练语。黄教员授四年〔级〕国文，讲商务共和本兵器课。尚简明。同时，三年〔级〕默文，亦能兼顾。张教员授图画，范图合法。

管理训练　上课前学生齐集操场，鱼贯〔而〕入，教室亦整齐。退课后，教员轮流监护。

其他现状　校址在秀平桥镇。教室外之隙地，即为该校操场。

指评各节　学生出入教室，秩然有序。惟观作文及演算簿，字迹稍嫌草率。希随时训练，务求清楚。

第四初等小学校

教职员及学生数　校长盛光焕兼任修身、国文、体操、唱歌。教员三人，学生共八十六人。一、二年〔级〕一组，三、四年〔级〕一组。复式。兼收女生。一律通学。

教授情形　盛校长授一、二年〔级〕游戏操“捉还［迷］藏”。学生颇有兴会。李教员督课三、四年〔级〕读文。轮读，齐读，亦尚合法。

管理训练　学生退课后，即在教室内休息，有教员监护。操后，排队回校时，有二生途中偶语。迨至校内，盛校长令其面壁走，谆谆训诫，约二刻许，使其感动而后止。

其他现状　校址在虎啸桥镇。三、四年〔级〕向缺手工科。现已加课。

指评各节　盛校长近甫接办，布置焕然一新，希努力进行，以致完善。管见以为四年级宜添课珠算科。

第五初等小学校

教职员及学生数　校长沈树桐兼任修身、国文、算术，教员三人，学生共一百

○三人，分一年级一组，四年组一组，二、三年〔级〕合一组。兼收女生，均通学。

教授情形　沈校长授四年〔级〕国文默写，巡视订正颇勤。徐教员授三年〔级〕国文还讲，同时二年〔级〕生习字，尚能兼顾。方教员授一年〔级〕图画，授体操徒手，矫正姿势。

管理训练　每教室外有管理室，休息时教员监视。校训勤、慎两字。课修身时特为注意，兼施训诫。一切洒扫等，除一年〔级〕生外，均轮流服务。

其他现状　补习科一班，已照上次指评，概送高小肄业。作文命题，多叙记体，务求实利。

指评各节　沈校长办事认真，是以校风善良，成绩颇著。惟每级国文科宜一人担任，庶读法、书法、作法较易联络。

徐带［埭］第一初等小学校

校长奚英，兼任修身、国文。教员一人，学生一、二、三、四年〔级〕共三十九人。单级。兼收女生。

教授情形　徐教员授四年〔级〕算术小数除法。同时，三年〔级〕生演四则问题。讲解尚明白。惟一、二年〔级〕生任其枯坐，配置欠善。奚校长授四年〔级〕国文，讲商务本旅馆课。逐句详解，亦合教法。同时三年〔级〕生默文，一、二年〔级〕生抄写。

管理训练　休息时，教员仍在教室内，教员并不退出，随时看护。

其他现状　操场一区在校之东，上次指示各节，均能实施。

指评各节　教授各科，均尚合法。惟授课时间之分配，未能吻合单级制。至学生座位，尤宜编定。

——《教育周报》第87期，1915年6月6日

致平湖县知事请调停储金事函
（六月二十七日）

径启者。兹接贵县教育会函开储金支事所事。当经遵章组织，向商会会商共同发起，以便联络商、学各界。奈敝处商会陆总理明于营利，昧于爱国，一再推委［诿］，敝会以事关救国，未便延缓。爰于本月二十日邀集各机关代表，集议组织，决定于七月四日开成立大会，一面因本邑尚无分设银行，谨遵贵团章程第八条，函请县知事转饬商会经理收款。兹由县署转到复函，以会务繁多，万难兼顾，请另定

办法或托邮局承收等语。窃念储金指存处所须在银行或商会，原以昭信用而防流弊。至邮局承收，殊无理由可以委托。唯大会在即，收款机关尚未定夺，事务所终成虚设，筹办诸人焦灼万分等由。查邮局代收储金一事，业经查照敝团简章第八条规定，函知该会妥善与商矣。唯查各省各县于未设中、交两行之处，均由商会代收。风声所树，万众一心，此无他，盖借重商会以取信于人民也。况事关救国，自应热心意图，相互帮忙，以尽国民之天职，岂宜畏难推委[诿]，自伤大雅。然此徒用一面之言，究竟如何，尚未深悉。但以该会大会在即，收款机关尚未指定，若不速行设法，贵县储金前途何堪设想？先生见宏识卓，作宰是邦，对此问题当有成竹。商会代储金一事，总祈鼎力速为调停，以免该会有临时迫促之处。至该所成立开会，届时还祈临场劝导，作登山之一呼，收万山之响应，不胜急切拜祷之至。专此敬颂
公安。

——《救国汇刊》1915年汇刊

复平湖教育会函（六月二十七日）

顷接大札，捧诵之余，具见呼号奔走，慷慨储金，爱国热忱达于极点。钦佩何可言喻。至云商会总理置此事若罔闻，是无国家观念也。在诸君子以家国关怀储金为念者，必须委曲求全，开诚劝导，共达储金美满之目的，承询邮局可否代收之处。查本团简章第八条规定，本团储金指存各地中国、交通两银行，由储金者就近直接交存，领取存单，但于未设中国、交通两银行之处，暂由商会或邮政局收存，按旬汇缴。最近之中国、交通两银行，各县各乡镇之邮局曾经查照履行，贵处亦宜一律办理。至该局暂时之收条，当因地制宜可也。除另函贵县知事转商商会，遵照代收办理处。专此复请
热安。

——《救国汇刊》1915年汇刊

王司铎热心传教

平湖天主堂成立最先，老友向来冷淡，兼之风气闭塞，信从真教者极少。自王子敬司铎来平，热心传教，冷淡者热心，外教者信教，故新教友增至三四倍之

多。如赵家桥及新埭之新浜，均以教友拥挤，起建新堂。近有施相公庙桥，该处人民素称顽固，现风闻圣教之美，相率偕来信教者，不下五六十人。四月中，各教友自献房屋，请立公所。已由韩司铎核准前去开堂矣。如王司铎者，岂非热心传教者乎！

——《善导报》第29期，1915年7月8日

平湖县新仓区学校状况报告书

朱曾善

平居闻诸里人，梓乡学务，首推新仓。不接执教鞭，登讲台者，十载于兹矣。虽间或游苏、游沪，而足迹未尝履新仓。纵有志参观，卒为教务所羁，未克如愿。去岁秋，任平湖县视学一职，雇舟视察，证以耳闻，非虚语也。全邑高小有三所，而教授之完善、管理之周密、训练之优良，其惟新仓乎！以初小论，一初则编制咸宜，教授、管理合法。二初虽校舍简陋，编制教授，亦吻合单级制。若夫衙前一区，隶属于新仓，而初小有五所。各校校务，虽未尽善，而每年经常费用，较诸各区，最为节省。且任校长者，大都义务职。甚者以私款补助校费，慨然无吝色，为尤足嘉焉。兹将各校状况，□缕陈述下。

新仓镇立高等小学校

教职员及学生数　校长柯成柟，兼任一年级修身、国文，各级地理科。教员六人，学生六十三人，分三级，单式教授。

教授情形　柯校长授国文，范读，轮读，教法详细。钟教员授国文，亦娓娓动听。张教员授算术利息问题，解释简明。陈教员授国文，段落分明。陆教员授图画，彩色鲜明，巡视亦勤。

管理训练　校务均柯校长一人处理，并不另聘职员。管理学生，宽严并济，每日分上午、下午，列表派定教员，随时看护。教室内洒扫，由教员每日指定值日生为之。察其勤惰，记载于册。各级主任教员，课修身时，兼施训练语。倘有过失发生，或施个人训诫，或全体训练。

其他现状　历年学生成绩，藏置书架，俱保存无缺。文算改本，字迹端正。每日第一时上课前，由体操教员，率全校学生，齐集操场，排队立正，举行呼吸运动毕。对全校教员行致敬礼。然后鸣铃上课，鱼贯而入。休息时，行课外游艺，如拍球等。非常活泼，绝无放纵之象。上课时，端坐默听，非常静穆，尤无呆滞之态。

指评各节　各教员讲授，皆有精神，能使学生注意，引教授上之优点也。及观学生举动，活泼而不杂乱，整齐而不呆滞，尤见训练功深。至于教授细目及教案，所以分配教材，预定教授顺序，希即编订，为各校倡。

新仓镇立第一初等小学校

教职员及学生数　校长龚宝廉兼任一年级国文。教员五人。学生共一百三十九人，分一、二、三、四年〔级〕为四级，单式教授。不收女生。

教授情形　陆教员授三年级国文，讲商务本农具课。先将本课大意推论，再书生字于黑板，轮流讲间［解］。然后逐句逐段，详细解释，终乃说明此课之文体。极合小学教法。干教员授四年级国文，教态从容不迫，声音亦复响亮。所讲文题，为“少年”两字。讲时间用训练语。授一年〔级〕算术，全用问答式，颇能引起儿童兴会。

管理训练　退课后，学生或在走廊，或集庭庑，活泼有致，均派教员看护。训练颇注意，上课时常兼施训诫语。

其他现状　后进教室，近甫落成，透光通气，极合卫生。

指评各节　干、陆两教员，循循善诱，颇能体会儿童心理，且教授时兼施训练语，收效尤速。一切布置，井井有条。惟学生饮茶处，宜分设几处，或多备壶杯，以防落课时饮茶拥挤之弊。

新仓镇立第二初等小学校

教职员及学生数　校长陆绍文兼教科，助教一人。学生共四十人，单级。

教教［授］情形　陆校长授一年级国文，用商务共和本，逐字解释，颇明晰。同时二、三年〔级〕抄写，尚能兼顾。

管理训练　学生休息即在教室内。落课后，教员仍在教室中巡视监护，起立应对，亦娴礼节。

其他现状　校舍极简陋，而布置尚善。国文改本字变，现照上次指评，已能端正。

指评各节　学生应对进退，亦娴礼节。教授亦尚合单级法。惟单级制须改用单级本。各组课程，较易联络也。

新仓镇立第三初等小学校

教职员及学生数　校长陆殿传，名誉职。教员二人，学生三十人，兼收女生。单级。

教授情形　沈教员授修身，讲解明白。惟未能注重作法。抽问学生已读文字，尚能领悟。

管理训练　一切校务，沈教员处理。退课后，学生在教室外散步。稍嫌杂乱，教员监视欠周密。

其他现状　教室太狭隘，只容学生三十之数，以致一年〔级〕生，大半在沈教员住宅，且光线亦欠足。

指评各节　各科成绩，均有可观者。但教室容积，究嫌狭小，致求学者有向隅之欲。希设法扩充。

——《教育周报》第93期，1915年8月8日

1916年

平湖小轮船案未了

上年十二月五日之晚，肇和练舰出事，由浦江水巡队在浦东白莲泾附近查获平湖小轮一艘，船上并无有守之人，查为党人失败抛弃。当以平湖小轮系宁绍公司出卖，因何落于党人之手，奉护军使饬知徐警厅长传该公司内栈房经理周乾康到案预审，并解护军使署叠次讯问。并无实在口供。旋有某团体具保出外，候查明核办在案。兹悉周交保之后，经杨护军使屡次催传复讯，抗避不到。现已派探密查。始知周已远飏，一时无从拘传。业已饬探严缉，一面函告代保团体，务将周乾康寻交，以便复讯云。

——《新闻报》1916年1月5日

通缉平湖劫案逸盗

高等检察厅王厅长昨日通饬所属各厅县云，案据平湖县知事季新益，详报抢劫县属青莲芳[坊]人民账[张]大栋、张周观等家一案，业经水警署获解盗犯叶三美、周小妹两名，请通缉逸盗顺德老二、白眼杨阿琛等情到厅。除批复外，合行饬仰该□□是照逸犯名单，严密侦缉，务获解究云。

——《神州日报》1916年2月11日

平湖大帮枭匪拒捕记

嘉属平湖县境之金山汇地方，素为枭匪出没之区。二十三日上午八时，有盐枭船约二百艘驶过该处，肆无顾忌。经驻防游击队巡航迎头痛击，鏖战至下午一时，互有伤亡。防军因寡不敌众，且战且退。一面飞报水路戒严，正指挥官俞肇桐当即统率师船，并浅水兵轮二艘，导往痛剿。该匪见势不佳，乃向苏境方面躲避云。

——《新闻报》1916年5月26日

平湖灯兴纪略

沈轶群

阴历四月二十，吾平邑例有灯事。近年来，文明进步，智识开通。灯彩一事，亦日新月异。渐由粗简的而入于美备的，是亦好气象也。轶群游学在外，十年于兹，不寓目者久矣。今接乡人俊奎君惠函，述灯彩颇详。远方游子，闻之兴起。今特辑录于后，博阅余兴诸君一粲。

后街殷聚兴纸店，制“日攻青岛”，以彩纸作一城，外作一望台地，中置电筒。城之四周亦置电筒，中置一大炮，能转动自如。城下作一马队，往来驰骋。电筒忽明忽暗，一若探海灯然。亦云巧矣。

又潘源盛纸店，制轧米厂引擎、米车，运动自如惟肖，可当米厂模型。

庙街恒泰协南货店制“光复南京”。中作一城，城旁置小山一，山边作数军人欲上山冲击状。城上军士持枪上下，作开放状。城之两门有多数军人，整队入门。旁有一前清官吏，红顶花翎，鞠躬不止。作者亦善戏谑矣。

横街义顺錩纸店制“捉赌”。中制一方桌，桌上牌烛、洋元罗列殆满。边立警士数辈，勇气勃勃。抽线引动，则警队骤入，四人离座起立，怆惶图逃。一人被捉，一人仰跌。二人作欲逃状，乱冲乱撞，煞是好看。

此外，更有“雪中送炭”“自得其乐”“织布厂”“缫丝厂”“农人车水”“轮船”“小湖墩”等，莫不惟妙惟肖。至于门彩，大都新旧戏剧。入夜于瓦斯灯中望之，真有目迷五色之慨，亦大观矣。

——《余兴》第16期，1916年5月

平湖旅沪同乡会纪事

浙江平湖旅沪同乡会成立至今，已届三载。兹该会于阴历六月三日（前日）举行第四届选举会。则上一日由前届职员发起及各会员公同宴请正、副会长于北市某餐馆。是日，适为恢复旧约法之期，兼以气候凉爽，人心愉快。当晚，宾主云集，觥筹交错，迨十余钟始尽欢而散。次日午后，即选举发表如额举定会董十二人。兹将名次票数列下。张石君，八十三票；林依中，七十四票；胡戊鹄，六十九票；高［葛］词蔚，六十八票；张达卿，六十二票；王远堂，四十三票；徐鹤笙，三十六票；

陈晋轩，三十五票；王叔明，三十一票；陆纪先，三十票；蒋巳春，二十七票；马骥良，二十七票；旋又公定两星期后再行推举正、副会长云。

——《神州日报》1916年7月4日

平湖婢女来投济良所

平湖县书办张荫如家十六岁婢女胡玉宝，因受其主虐待，不堪其苦，乘间脱逃，搭轮来沪，自投济良所求援。经该所董诘悉前情，昨晨解送公堂请示。奉中西官讯供，判女暂留栖流所，候传其父胡云亭到堂讯核。

——《民国日报》1916年7月14日

平湖县立高小学毕业志盛

平湖县立东武高等小学校去岁自邹之栋君接办后，力加整顿，及诸教员热心教授，故内容极为完善，各种成绩亦属优美。今届第六次毕业，丁本月四日上午九时行给凭式，张知事、朱视学，各机关代表均到校训勉。邹校长及各教员，亦施训词。旋即分给凭证。末由毕业生代表答词。仪式整肃，秩序井然。至十二点钟散会。计毕业者章寿青等三十六人。跻跻跄跄，颇极一时之盛。同日，城立宏鲁初等小学，假座东武，亦行给凭式。毕业者共二十余人。小学如此发达，则教育前途之增进，可预决矣。

——《教育周报》第130期，1916年8月14日

平湖最近之奇闻

社会间之事若演剧然，往往演至半出，而悲喜之遇纷然杂出于其间，至足慨也。即以平湖之新闻证之例之，演剧其语，尤信。姑举数则以当□□。其一曰“寿酒变成毒药”。其二曰“喜铳吓死小姑”。

所谓“寿酒变成毒药”者。该县有张姓者，名曰银槐，于今岁阴历八月九日为七旬大寿之期，宾客之为此老寿者，先一日已纷至沓来，于夕间，为之煖寿。张姓亦备张盛筵以宴客。讵料主要宾客于大嚼之余，俱各大吐大泻，无不奄奄一息。计主人家染此者有十余人，客二十余人。至次日初九，有王姓一人已赴修文之召，

又有邹某者，亦预其列。迨延西医某诊治，闻已不能救药矣。是剧也，或谓司厨者烹调不慎，菜中或有奇毒。因之致此剧变。而一般迷信者注以，又必妄诞因果，意此主人与宾客不知作有何孽，天故欲一网打尽也者。实则寿星老儿太不近情，己则欲寿，而偏嫉人之做寿，亦未免与今人之己欲取高官厚禄者，必先排挤人之高官厚禄一例矣。

所谓“喜铳吓死小姑”者。是日，东门外沈姓家娶妇。沈郎之妹，年才十二。近日方为疟鬼所缠，一人在楼上安睡。众以疟系微疾，不足置虑。举家之人正纷纷扰扰，以迎新妇观新人。讵知喜乐一扬，铳声连响数次之后，竟将楼上安睡女郎之灵魂，从脑顶门惊飞而出，即日已游于无何有之乡矣。抑更有奇者，人言有不才了的儿女而无不慈的父母。此言亦未尝不中肯綮。然社会间如杀子报等，亦往往遇之。至于父母之父母为慈欤？为勿慈欤？吾人之肉眼固无能知之。兹举一事以祈读吾报之评判可乎？平湖有吴不凡者（现住上海），年已古稀，膝下仅一子。现因子病剧，此老不知依据何术，以为非人肉羹不能愈其疾，乃呼仆使将其三岁之孙女臂肉割下，以作羹汤。仆不忍，大声呼曰：天下乌有以人而食人肉者乎？逸而奔。吴怒，竟自下手，将其孙女之臂肉刲去一方，以食子。讵刲时，因用力过猛，血溢不止而竟死。其子食女肉后，亦顿时毙命。嗟夫！爱子者，人道也。今吴老以爱子之故，竟忍心害理，以戕杀其子之女，为慈欤？为勿慈欤？吾不得而知之，吾更未知吴老之子与其孙女当黄泉相见时，又将如何同下一掬伤心之泪也。

——《新闻报》1916年9月11日

平湖连劫九家之巨案

距平湖四十里之全公亭镇，人烟稠密，商业素称繁盛。际兹新花上市，市面顿形发达。前日鱼更二跃，突来大帮盗匪一百余人，各负枪械，势其猖獗。该处花行及商号被劫共有九家，被抢银洋、钞票为数甚巨。抢毕，开枪呼啸而去。翌日，各店主开具失单来城禀报知事严缉，未识能否弋获也。

又当日某裁缝店之某甲，一闻枪声，启门而出。群盗疑为捕拿，开枪轰击，弹中要部致命，越晨身死。该处地保得悉，同日赴县禀请知事勘验。张知事以案关人命，立即带同检验吏往该处验明，委系因伤身死，勘令尸属自行买棺成殓，一面严拿盗匪，务获究办。

——《新闻报》1916年10月19日

平湖大火纪闻

平湖西门内汪恒茂边[鞭]炮店于本月十四日午后三时失慎，一时火光满天，势不可遏。当即延及上岸邻右生元昌南货店以及扫帚店、铁器店、瓷器店，并下岸之成衣店、药材店、广货店、染坊。又有金姓之住居等十余家之多。该处街道向狭，且上、下岸各店铺之遮雨板犬牙相错。其时，风势甚大，幸经各消防队奋力施救，得以扑灭。统计损失在三万元以上，可称浩劫矣。

——《新闻报》1916年12月20日

1917年

平湖风土纪略

平湖一邑，在秦属会稽郡海盐县。至明宣宗宣德五年，始析海盐县东北境当湖镇为平湖县，隶嘉兴府。南临海而接嘉兴，西南邻海盐，西北界嘉善，东则毗连江苏之金山县境。东西距约四十里，南北距几六十里。除乍浦滨海数小山外，概为平衍良田。县志所谓高不硗确、插不沮洳也。且此次看东三百步有湖，周四十里，曰东湖，名当湖，为西来之嘉兴塘水及西南来之海盐塘水所汇成，分派从东北而去。因之，境内河流交络如网，既便交通（上海、嘉兴、海盐、乍浦、新仓等处，皆有汽船通航，往来如织），又利灌溉。水旱之灾不作，而收获以丰。惟交通之便也，而风气易开。惟收获之丰也，而奢侈易染，则又利也而弊在其中矣。兹先述风俗，次及民情、物产、生活等。咸叙现况，而略过去。于风俗则更注意焉。

一、风俗

风俗处处不同，即一县之中，亦微有异者。兹就其显著者，以岁时详述之。

改革以后，政府即颁行阳历。然内地所用依然夏正。良以一切节候，沿习既久，势不便遽行革除也。

正月初一，鸡鸣起更衣，冠拜天地、家庙、家长（民国以前，又有拜邻里、戚友者，或互相投刺，谓之贺岁，俗曰“拜年”，今已废除）。自一日至三日，室中禁扫除。四日，设粉饵祀灶。商家锣鼓达旦，谓之迎财神。元夕以米为丸，用以祀灶。农家束刍持往田间，且奔且呼而焚之，恍如万点流萤，光烛四野，呼声遥应，谓之“照田蚕”。少年好事者，更札竹为马灯、龙灯，拥门斗胜。箫鼓彻夜，谓之“闹元宵”。元宵以前，往往作闲游，或博或饮，鲜所事事，意谓“庆新年”。以后，则年兴过而工作始力。

三月三日，俗云戴野花入夏头不眩。闻蛙鸣，则米贱。午前鸣者，高田熟。午后鸣者，低田熟。昼夜鸣者，岁大熟。此老农经验之言。知其然，能末[未]解其所以然者也。清明以青草汁揉粉作寒具，祀先祭墓，挂纸球于墓上，谓之标墓。三月二十三，沿海渔家醵资演剧，祭海神，招致亲友，设筵以款。争夸众多，以为荣耀。往而观者，俗谓之“看二十三”。

立夏以百草芽揉粉作饼相馈食，朱樱、青梅、海蛳、椿芽等。四月八日，为释迦诞辰，茹素者为佛会。好善者，购蛇、龟之属放之，谓之放生。四月十八，城中有灯会（俗云是日乃大王菩萨生日。大王菩萨者，汉霍光也。吾邑人庙祀之甚谨。相传，邑中曾有大疫，大王显灵，疫乃止。邑人甚德之，特为灯会，香火甚盛，志不忘也）。四乡之往观者，舻舳相接，士女毕集，亦一胜会也。

端五则家悬神符，插蒲艾于户，焚芷术，食角黍、黄鱼、咸蛋，饮雄黄酒。妇女镂茧花裂赠，肖人形，佩之，谓之健人。幼者系彩索，佩虎符，又以雄黄和酒画“王”字于额，并涂耳鼻手足间，谓可避毒物而除不祥。店家帐［账］目于此结束。二十日为分龙日，俗有演水龙之举。小者日有雷，则主恒雨。谚云：小暑一声雷，翻转做黄梅。六月六日，晒书及衣，谓可不蛀。十九日，为大王成道日。茹素断屠，违者有罚（民国以来，此禁渐弛。迷信破除，未始非文明进步之一证也）。七月七夕，妇女捣凤仙花涂指甲，结彩缕，穿七孔针，陈瓜果于庭中，以乞巧。有蟢子网于瓜者，为得巧。中元为鬼节，制馄饨祀祖先。僧寺道院为盂兰盆会，施水陆灯，赈济孤魂，超拔冤鬼。晦日，为地藏诞生，家家削签插烛，屑□和油，燃之阶下。中秋则供月饼果品于中堂以祭天，又开宴候月华。店家帐［账］目于此又一结束。重阳制栗糕，登高饮菊花酒。乍浦则悬灯演剧，极一时之盛。（未完）

——《民国日报》1917年1月11日

平湖风土纪略（续一）

刘渭广

十月朔日，作青白粉团（俗名“圆团”，以粉为之，其青者糅以草汁），祀先，亦有祭墓者。十二月八日，以果蔬煎粥，曰“腊八粥”。二十四日，扫除门户尘垢。其夕以饴及粉团祀灶神，曰“送灶”。除夕又祀灶神，曰“接灶”。店家账目于此，乃大结束。家购年货，作黄白粉团（黄者糅以南瓜），具肴祀先，燃爆竹，击锣鼓，谓之送岁。长幼聚饮，有坐以待旦者，谓之守岁。夕前递相馈遗，谓之馈岁（端阳、中秋两节前，亲戚亦必递馈遗。所馈之物，端阳则黄鱼、角黍之类，中秋则月饼、藕、苹果之类）。岁留宿饭，换桃符，写春帖。此四时风俗之大概也。

二、婚嫁

婚嫁一事，民国以前，礼极繁重，费用浩大。民国以后，间有文明结婚者，则日趋简易矣，然属少数。一般通行仍系旧式，中流以上，则新旧杂采。

婚嫁必资乎媒，其始向女家请庚帖（俗云“讨八字”），送之男家，男家以为合也，乃使往而求允，俗曰“话亲”。初定婚用饰茗果，为礼致女家曰“问名”。继行纳征礼。将婚请期曰“准日”。礼物用币饰、衣服，女家先期致奁具，谓之“送装”（亦有当日举行者），至期，以彩舆舁新妇，鼓乐导入门。女于出阁之日，忌涂脂粉（俗云是日涂脂粉，有所谓脂粉煞者。随至男家，犯之者往往不醒人事。其解治之法，使二壮夫装作新郎、新妇，行交拜礼后，即鸣鼓而逐之，谓病可即痊）。拜辞尊亲，恒堕泪，有放声大哭者。即入彩舆，哭声犹呜呜然闻于外（有喜而悲，诚咄咄怪事。然相习成风，众莫之异）。行合卺礼时，供香案，先拜天地，次牵红绿丝，交拜参灶，乃进洞房，又有坐床撤帐，祭祖上幡，礼见舅姑及诸姻娅等，文甚繁琐也。旧式如此，至若新式则以万国旗、松柏匾、鲜花等，点缀礼堂，设席其中，证婚人、介绍人、司礼员，男、女亲戚来宾等，各有定位。先后入席，男、女引导员引新郎、新妇，诣席前行相见礼，三鞠躬。次换宝。再次谢证婚人、介绍人等。礼毕。遂挽手入洞房，军乐、风琴依序间奏。一切执事多友辈为之，旧式结婚所用之喜嫔、乐人、炮手等项，一概免除糜费，省却不少。（未完）

——《民国日报》1917年1月12日

平湖风土纪略（续二）

刘渭广

三、丧祭

未殡时，邻里戚友以布及冥币来，曰“上缃”。既敛，设铭旌，择日受吊，曰“开丧”。有丧之家，崇尚僧道诵经礼忏，每七行之，所费甚大。即贫苦之家，于回煞之日，亦必作佛事，为亡魂超度（近来风气日开，迷信日见破除，但僧道之诵经礼忏，即明知无益而徒耗金钱，奈狃于习俗，以为不如此，则对于长逝者似有不忍之心，而亲戚邻里，且议为有俭于其亲者。故非特立独行之士，终难免此）。又最好停丧（邑人信风水之说，一时不能得佳地以葬，则停丧有数年或至数十年之久者。不幸家道中衰，子孙无力举事，恒致陈柩暴露，反不若贫苦之家，随地埋葬之为得也）。家设祠堂，祀五代、四代或三代神主，有墓祭、先世生亡忌祭、节祭（清明、七月望、十日［月］朔、除夕，又有行夏至冬至之祭者）。节祭则令僧寺或道院印经疏，书祖先姓明［名］其上，焚化以资冥镪。

四、信仰

邑人最崇拜灶神及家祠，每月朔望必供奉香火，虔诚敬礼，又信巫鬼，重淫祠。有疾病，每以为鬼怪作祟，求祷于家祠神庙，又延巫设席，唱神歌以祈禳，俗曰“献菩萨”。亦多待神，又有女巫者，有疾之家，召以问吉凶焉。既入门，即佯作神之代身，坐中堂，供以香案。为主者，俯伏稽颡，求其施救。而彼则胡言乱语，状似疯颠[癫]，极堪发噱。所祀淫祠，五圣为多。五圣者，即五通（陆承贾先生注云：五通之说，本起于唐宋，因神仙五通不死，佛具六通，无死无生之说，附会成之。苏轼诗有云：聊为不死五通仙。《香祖笔记》云：五通乃明太祖代陈友谅，梦阵亡兵卒千万请恤。太祖许以五人为伍，处处血食。乃命江南家立尺五小庙，此为江南有五通祠之始，俗谓兄弟五人，皆附会之词，不足信也）。俗以为一种怪，能幻身，迷人致死。受迷而病者，谓之精怪。病多梦，男则梦美妇女，女则梦壮男子，饮食少进，貌日黄瘦，渐至于死，实则虚弱病也。五通之庙，高仅尺许。田横宅旁，所在多有。惟疾病之家祀之。其祈福者，有城隍神、观世音、关帝、东岳、五路等。所谓善神也。谓能降福驱邪，生财保泰，故信之者众且笃。时有迎神赛会之举。老妪群集，喁喁祈祷，俗曰“念佛”，多于朔望行之。近年来，耶稣教势力渐入内地，吾邑各处亦多建设福音堂。开会宣道，听者满座，信从[徒]日众。邑人畏天之念最切，以为聪明而有灵，无过于天。故不敢作隐匿亏心之事。当黑云满布，雷电交作时，谓人间必有谋财者，天特怒而将殛之也。此虽迷信，而其作用实经法律之穷。神道设教，未始无补无人心也。

五、民情

邑多秀民，天性巧慧，居田野务农者，为大多数。夫耕妇织，颇能勤苦。绅商则好分门户，互相嫉忌，乏公共心，少团结力。顾性甚怯弱，好斗智而不好斗力，故挟智健讼者，往往而有。而聚众械斗者，绝无闻焉。故号称“易治”。又富于恋乡心，故鲜远出经商与求学者（恋乡不肯远出，不足为吾邑人短。盖邑中地肥物美，自有可恋者。若地瘠民盈，谋生困窘，其势不得不之他。惟男子志在四方，岂衣食无虞为已足。宁株守乡隅以自老，斯其志为可鄙耳）。子弟生于安乐，每好添靡而无远志，城中尤甚。为父母者，仅工于求田问舍，罔识遗以万金，不如一经之义也。

六、物产

米与棉花为出产大宗，米为食之原，棉为衣之本。全邑人民赖此生活，赖此裕家。邑中地势，东南高于西北，故东南一区植棉较多。年来米价益昂贵，棉花产额已逊从前。米则运销各处，为数甚巨，为入款大宗。棉花与稻谓之大熟，此外又有

大麦、小麦、蚕豆、菜子、草子等，谓之小熟，亦名“春熟”。以其熟于春季也。今述其种植之梗概如下。（未完）

——《民国日报》1917年1月13日

平湖风土纪略（续三）

刘渭广

稻　二、三月间，浸谷莳秧。四、五月间，秧齐，乃拔而插之。继以荡，又再三耘，务令杂草尽去，水常不断。戽水犁田，多藉牛力。暑旱生虫，则洒油而扫除之。肥料用猪粪为多，亦有用豆饼者。凡处暑，稻始胎。白露秀，秋分秀齐，寒露实。九、十月间，则刈而登场，又去藁则为谷，去壳则为米。再经確［碓］舂，始成白米，所谓粒粒汗血者也。

棉　三月下种，既放叶，即以耜松土、去草。至四、五次，多妇女为之。六、七月之交，黄花盛开。黄花谢而实结，七、八月间，花朵成熟。随开随取，其多妇女为之。获利虽不敌稻之丰，而资本既少，工作又省，故人乐植焉。

附瓜、黄豆。瓜为一种解暑品，运销上海甚便，获利又重，故近年以来种者渐多。黄豆则植于岸畔沟边，所产实不足供全邑之用。

大麦、小麦、蚕豆、油菜皆孟冬下种，夏初收获。油菜之子专供榨油之用，销路甚广。草子乃一种红花草所结之实，销售于全衢各处，用以肥田。麦则造酒及饴，豆供制酱油，其渣食豕，此用途之大较也。

蚕桑之利，惟西北二区，有之亦不甚著。顾茧之贸易颇巨，例如，新埭一镇茧厂有四。一月之间，收生茧约值二十万元。沿海一带，有渔、盐之利。至工艺品之产出，则惟有土布一宗。然自舶来品通行，土布已不能畅销于本邑。其素所驰名，迄今无替者，惟徐源源（店铺名）之糟蛋乎？是虽微物，苟扩而充之，推广销路，未始不可与金华之火腿、富阳之冬笋并驾而齐驱。果尔，则为吾邑生色不少也。

七、生活

邑境接近上海，交通既便，衣、食、住每多仿效，故有“小上海”之目，其奢华可知。邑人好蓄婢，小康之家，亦婢仆三五。用度浩繁，颇难积储。甚且有不能支持现状者，良以百物逐渐腾贵，而日常开支以及往来酬酢，则不可缩减。生活之道，益形困苦矣。夫专事侈浮，不讲朴实，费用愈奢，物力愈匮。陆清献公清俭之遗风，荡然靡留。而“金平湖”之徽号，以今观之，实亦有愧色矣。然地美物丰，谋生终觉易易。譬如能种田十亩，获米可二十余石，益以春熟之收入，除纳国税外，八口之家，尽足糊口而挟糨，即鳏寡孤独，所谓穷窘无赖者，亦必有田二三亩，可自耕而自食，惟流落市井者，无尺土可耕，其生活斯为难耳。然能作小本经营，力自省俭，积蓄亦甚易，故邑鲜见乞丐。有之，乃来自外地者，非土著也。

以上所述，大抵得自目睹，即间有一二依据县志者，亦多改窜，务令符合现今实在情形。盖此志修于三十年前，其所言证之今兹，多所歧异矣。（完）

——《民国日报》1917年1月14日

平湖连劫巨案

平湖县离城二十七里大通桥镇地方，商店林立，市面繁兴。本月（阴历）十日黄昏时，突来盗匪五六十人。径由南路蜂拥而至，手执火把、枪棍，口操外方音。先抢胡幼堂家，捣门而入，劫掠一空。继至李浩亭家、李少亭家及韩长春、沈松年家，继续抢掠。后闻保卫团鸣锣喊捕，该盗匪等即携带赃物，仍向南路逃逸而去。一夜连劫五家，被抢银洋、衣饰、物价目等约值数千元之巨，并殴伤胡幼堂之婶母杨氏头部、腰部。当由各事主报经平湖县知事勘验属实，转呈省宪，请为通缉。

——《新闻报》1917年2月18日

平湖小轮船被劫

水警第一专署昨令各行署文云：据王升记轮局报称，该局小轮于本月十六晚由沪开往平湖，行经江浙交界之胥浦塘附近牛屯尖地方，突闻枪声数响，即来盗船三艘，匪约三十余人，一涌上轮，喝令停驶。当被劫去搭客现洋、衣服甚多，并将该轮帐[账]房内之衣服、银洋劫掠一空，呼啸而逸。并见盗匪中有身穿红线军衣，有数人请求查缉等情。计署合仰缉拿，务获解究云。

——《时事新报》1917年2月25日

抢劫平湖商轮案破获

本年旧历正月二十五日夜，平湖班商轮在松属胥浦塘内行驶时被盗开枪拦劫，所有搭客贵重行李尽被劫去。昨经新桥警察派出所巡长马亮卿君拿获。是案正盗刘鉴英、刘继堂、林正才、汪长英四犯，并各项贵重赃物甚多。当即并解县警察所，转送县署开庭集讯，业由刘等供认伙劫不讳，已判令收禁详办矣。

——《新闻报》1917年3月1日

平湖小学举行会操

浙江平湖县各国民学校，近年来大加整顿，故成绩多有可观。于体育亦非常注重。现由第三国民校长朱传鼎发起，联合各校，每月举行会操一次，以鼓励学生进步，已于本月八号举行第一次会操。该县知事亦莅场参观。到会者计第一、第三、第四、第六、第七等五校，操练均极熟练。闻下次起，其他各校亦拟加入云。

——《时事新报》1917年5月13日

平湖福音堂志盛

平湖福音堂地点创设小南门外。洪杨后，赁屋县西桓氏、朱氏，后三易地点，以会所狭小，聚会时人不能容，议将黄街弄青杨［阳］地已购之基地，建筑新宇。工既竣，行告成礼。四月十五日，敦请长老会（嘉兴）花第生牧师、文渊博医士、广学会（沪海）瑞思义牧师、本伦敦会包克私牧师，上、下午相继演讲。来宾有商会总理、前清进士高杉亭，县知事代表唐正蒙，国民学校教员沈，并校中学生均到会款待茗点，以笃交际。远近瞻礼者甚众。十四、十五、十六三天，上、下午，晚间三时限按限布道。听道者皆欢纳焉。洵一时之盛云。举行典礼之秩序如下：

上午十至十一点钟，唱诗，祷告（陈兰泉教师），读经（沈允甫教师），讲席（花第生牧师），复唱诗讲道（文渊博医士），唱国民歌（包师母踏琴），读平湖教会历史（李先生），述教会历史大略（包克私牧师），唱公颂赞歌，礼毕后。

下午二至三点钟，唱诗，祷告（沈允甫教师），讲道（瑞思义牧师），复唱诗读商会劝学所颂词（孙有联教师），来宾读颂词（沈教员），对众友自述教益（神道学校教员赵指云、天安堂兼宝山传道员姚启丰），唱颂赞歌，礼毕。日间主理李福江牧师，夜间主理沈允甫教师启。

来宾所赠颂词录后

惟民国六年四月十五日为福音堂举行落成典礼之期。敝会所忝承折简得与观光之末，仰企之余，感继以怍。爰本斯千托赋之例，用伸张老颂祷之忱，乃为之辞曰：

新庙奕奕，民人所瞻。神之吊矣，寝成孔安。

殖殖其庭，有觉其楹。以迄于今，逼观厥成。

西方美人，吉蠲为饴。秩秩德音，牖民孔易。

猗欤那欤，蒸徒增增。四方来贺，烂其盈门。

人亦有言，皇父孔圣。其在于今，士贰其行。

匪用为教，言示之事，民之无良，伊于何底。

自今以始，氓之蚩蚩，好是懿德，企予望之。

平湖县商会劝学所谨颂

惟西历一千九百十九年四月十五日为平湖伦敦会福音堂落成纪念大会，际兹宾朋满座，道友一堂，歌声洋溢，颂祷圣书。演世界之真理，讲人群之福音。六合人民，无分轸［畛］域。大千世界，尽属齐民。修德修身，无陷我人于罪恶。宣仁宣义，须明上帝之权衡。此贵教之所以传布益隆，而教友之所以信仰益盛也。敬为贵会前途祝曰：

琼瑰含蕊，如花初胎。进德道友，联络偕来。既宣公道，又拯民灾。人群进化，于兹是赖。

平湖正蒙国民学校全体敬祝

——《兴华》第14卷第23期，1917年6月13日

报荒险酿风潮

平湖今秋晴雨失时，收成大减，四乡农民纷纷告荒。业经袁知事详省请勘。前日二十三日，又有新东坊农民彭雨亭等，率同老幼妇女数百人，手持劣稻，齐集公署，要求知事立刻赴乡勘验，并出示免租免赋。袁知事即出劝谕，竟被围住无理喧闹。幸各职员苦口开导，晓以利害，并允三日内出示勘验，始克散去。

——《民国日报》1917年10月26日

1918年

捐资兴学

平湖县赵锡璋君，热心教育，曾于辛亥年手创钟秀国民学校。今岁又以私财设立求是国民学校，并委其弟、前乍浦区育英学校教员赵锡琮君助理校务云。

——《时报》1918年3月17日

周女士贞节可风

平湖周士蒨女士系前清廪贡生周志廉君之女。贞静幽娴，笃行好学。历任开明、当湖、崇德等各女校教员。先曾许字于同邑新埭镇陆氏子守清。陆在南京武备学堂肄业，因勤学过度，病殁。女士痛不欲生，欲往奔丧成服，为母舅江某所阻不果，乃誓不再字，潜心教授，迄今已十余年。上年，父殁，女士哀毁逾常。旋又截发以明志。陆氏姑闻之，深为嘉许。托人请迎女士过门，以成其志。即于旧历二月二十日于归陆氏。其弟子陶品娥女士等为文以送之。到镇之翌日，往祭故夫之墓。乡人聚而观者二千余人，咸啧啧称叹不置。兹闻该镇自治委员陆啸琴君拟征集诗文，以资表扬云。

——《新闻报》1918年4月28日

平湖之大王灯

神　隐

四月十八俗称大王生日，十年前，海上曾有大王会，哄动一时，因观者过盛，桥断殒命，遂行禁止。今各乡镇仍有赛会之举，唯不及海上之热闹耳。平湖则异是，不行赛会而行挂灯。凡各店各户，莫不精制奇异之灯，悬诸门首，通宵达旦。观者若狂，附近各镇相偕来者，何止千百。实为平湖唯一之盛会。记者久欲一往，去载因天雨而止，今则是日天气清朗，惠风各畅，乘轮而往，至则既鸣钟五下，但见万头攒动，人拥如潮，因入东门，直至大王庙。庙颇宽大，檐前悬灯叠叠，红男绿女，游人如织。继思独游无聊，乃出庙访友。不料友人途中相遇，便要还家，设酒杀鸡作食。食毕，既万家灯火齐光，大街中各铺争奇斗异。所制之灯，有八仙过海，有双狮抢珠，或形如虾，或状如蟹，其制作颇为精巧，正在观看，人忽大奔，盖游巡队之巡街，不问商人、无赖，凡见拥挤，则以皮鞭乱打人，忽大奔者，见游巡队来而先避之也。游巡队员荷枪戎装，所过处之威风，大可吓吓小民。是夕，各户均至达旦收灯，合平湖一城，销费蜡烛不可胜计。该处蜡烛店之大出风头，不言可知。此外，尚有纸作店，亦莫不利士［市］三倍。旅馆则无下榻地，早已包定一空。后来者不免有向隅之叹。行行重行行，再至大王庙，则拥挤更甚于前。戏台上唱昆曲，则以人声嘈杂，不能清听一字。大殿中灯烛辉煌，如同白日。忽闻救命之声出于戏台之下，探之，则知一女孩，年约十二三，被围人群中，不能突出，是以大呼救命。闻胸部业已受伤云。钟鸣一时，相偕出庙。宿于友人家，对床畅谈，乃询友曰：大王有何功德于平湖，何平湖人相敬至此也？友曰：相传鸦片之役，英人破乍浦，进逼平湖，辛大王显圣，立在城头，身高六丈，头大如斗。英人望而不敢犯平。平湖赖以得安。今之悬灯实由于是。然而，劳民伤财，费时费业，若积大王灯之款，不难造一工厂，振兴工业。奈何以有用之财，作无用之事。缙绅先生辈又从而和之，殊为可叹。越日，乘轮而返。公余多暇，濡笔记之。

——《时事新报》1918年6月2日

平湖西瓜到沪

梦　魂

沪上所食之西瓜，多出自平湖。其他各处运来者甚鲜。兹有友人自平湖来言，该地今岁西瓜颇佳，现已成熟。巨商邹某收得上等成熟者三民船（每民船有八百余个），由水路运来，现将到沪。各果行多纷纷迎接。一到后，想寓沪人士，定以先饱品福为快也。

——《时报》1918年7月2日

平湖班小轮中之诱赌

驻沪水警第一区第三队王队长，昨据闵南小轮公司函称，以往来平湖、上海之班□上轮，历来每日开行。乃近有赌徒三五成群，混充旅客。搭轮之后，每以纸牌为赌具，引诱乡愚入局共赌，被骗者甚至投水自尽。见之可怜，殊堪痛恨。若不查拿重办，则乡愚之旅行，贻害无穷。查该赌徒等均在南洋关登轮，至半途即行勾引，请速派警拿办等因。昨由王队长立派警士密拿解办云。

——《时事新报》1918年11月3日

1919年

平湖电气事业

平湖电灯公司前因机器损坏，暂行停止。旋即雇工修理。兹已照常开机。闻电灯光线似较前尤为充足。又闻商民韩奚民等发起开设电话公司，以利交通。盖平邑地近海滨，商业繁盛，而电话公司尚付缺如。现韩君正在筹备云。

——《新闻报》1919年3月18日

挽留平湖警佐

平湖县全公亭警佐万良湝调任南浔各情，曾经前报。顷悉该镇公民顾文炳等以该警佐保卫地方，深资倚畀。公呈县知事朱孚保，请求转呈省吏收回成命，暂缓更调。其原呈如下：为公留警佐，环请恩准，转详省宪，收回成命，以顺舆情。窃民等见四月八日《浙江民报》载称，平湖县全公亭警佐万良湝到差三月，名誉颇佳。此次警务视察员及县知事兼所长报告成绩，首屈一指。是以夏处长令饬升调南浔南栅佐警，以示鼓励等语。窃查万警佐到差虽为日无多，而办事认真，警务日见起色。民等方冀其久于本任，俾得从容使宵小从此敛迹，闾阎得以安枕，造福地方，实非浅鲜。兹闻升调，不胜惶惧。伏思贤明长官，为人民之屏障。一旦更调，有如婴儿之失慈母。今报载虽未能据为尽实，然消息究非无因。为此不揣冒昧，环恳知事转呈省宪收回成命，可否将万警佐免予更调，以顺舆情而维警务。（下略）

——《时报》1919年4月20日

平湖小学生之爱国举动

平湖县属之乍浦镇观海高等小学校于国耻纪念日，执旗游街。旗上书“毋忘国耻”等字，以期唤醒国民，精神悲壮，秩序极佳。该校学生近又自行集资（每人自一铜元至一角不等），刊发传单，劝同胞勿用某国货。其措辞极为沉痛悲切。并悉此举自始至终，如集款、撰稿、印刷、分送等，均完全出于学生之自动，绝不劳教员之辅助。是实纯由于天良也。

——《时报》1919年5月17日

平湖商会电差误原因

南市县商会因接上海电局交来之平湖县商会电报，询问十六支双虎牌棉纱是否国货，当经上海县商会将调查确情电复。忽接平湖县商会来电，并无请问查询棉纱之事。当向该电局查问，昨日会中又接山东省平度县商会快邮代电云，前次电请查审双虎牌纱一事，已候一星期，未见复音，希烦迅为查确见复云云。始知实由电码错误，除据情照复平度县商会外，即向电局诘责。该局自知度字号码错误，即将此次致平度电费退还解决。

——《民国日报》1919年6月26日

平湖旅外学生联合会简章

一、定名　本会定名曰平湖旅外学生联合会。

二、宗旨　本会宗旨在敦笃友谊，切磋学问，并于暑假期内服务社会，以期增进国民知识。

三、资格　凡现在外埠中等学校以上肄业者，均为本会会员，有选举、被选举之权。

四、组织　本会得设分会于邑属各乡镇，本会分会员由城区、乡区各就近选出。本会职员设正会长、副会长各一人，由会员提出若干人决选之。其他职员分评议、干事、交际三部分会，可酌量情形分组。任期一年。除干事部外，不得兼职。连举者得连任，开会时分会得派代表莅会讨论一切。

(甲) 评议部　设议长一人，评议员六人，由会员提出若干人决选之。凡章程等项，须经评议部通过，然后施行。遇有特别事故，由议长临时召集会议。

(乙) 干事部　部员每校一人，由各校会员自行推定。部长一人，由部员投票选出，司会中一切杂务。书记四人，正副会计各一人，均由会员提出若干人决选之。

(丙) 交际部　设部长一人，部员六人，由会员提出若干人决选之，掌关于本会交际事务。

五、经费　会员须纳入会金小洋二角，常期金小洋三角。遇有特别事宜，需款补助时，得由评议部通过，由会员补助之。

六、地址　暂借西门内东武学校。大会地址、日期，临时议定。

七、服务办法　现分通俗宣讲、调查、义务学校、编辑四股。凡为本会会员，至少须认定一股。

（甲）通俗宣讲股设主任一人，由股员公推之。

（乙）调查股设主任一人，由股员公推之。

（丙）义务学校股设主任一人，由股员公推之。

（丁）编辑股设主任一人，由股员公推之。

各股单程由主任议定，经评议部通过施行。各股会议地点、日期，由主任自行择定。

凡各界人士，愿入本会服务者，得向本会交际部报名入会，但无纳费之义务及选举、被选举权。

八、惩戒

（甲）职员　职员不得无故请假，连续三次不到者，由部长转咨评议部，改选补充之。

（乙）会员　会员有破坏章程，有损本会名誉者，由该股主任报告会长，召集大会公决处分。

附则　本章程有未尽善处，得由十人以上之同意，经评议部通过后，大会修改之。

——《时事新报》1919年7月18日

平湖统捐局滥扣麸船

上海县商会致浙江财政厅公函云，据上海麸业公会函称，昨准平湖稑陈公所电称，公大行由沪装运麸皮三船，货抵平湖，即向统捐局报捐。该局因需索陋规不遂，违法苛征。船人林连生稍与［予］理论，被该局鸣警拘县羁押，并将船货扣留。查麸皮为畜牧要需，现值畅销之际，正虑供不敷求。该局始则需索陋规，继以重征暴敛，滥用职权。现在船货被扣，不克应销，船人无辜，遽遭羁押。若竟茹痛隐忍，则来日方长，商民何堪其扰？迫不获已，请予援助等请。敝公会查上海机厂林立，麸皮出数甚多，泰半销于内地。自奉财政部令，复征税厘以来，各捐局之横征暴敛，时有所闻。关于营业前途，殊非浅细。务乞贵商会迅予据情转陈浙江财政厅饬下该局，迅将扣货及被押船人一并释放，并派员查办，以维商业，无任公感等情到会。查麸皮一业，现时正在旺销。船货久被扣留，殊碍营业。该商如既遵章完税，自应即予放行。据函前情相应备函转陈，希乞贵厅长鉴核，体念商艰，准予如所请施行。

——《时报》1919年7月23日

平湖疫症盛行

嘉兴疫症盛行迄今未已，东乡平湖等处为尤甚。昨闻该邑徐姓家一日夜连毙六人。闻者莫不惊骇。统计全邑每日染疫死者十有余人，致棺木铺中不及制造，竟有来禾购办者云。

——《新闻报》1919年8月19日

平湖时疫近讯

平湖疫症盛行未已。据云，最盛之时，一日夜死者不下二十余人。旋经地方绅士及慈善家备药施送，并遍发传单，预防传染，而一般乡愚则专以迎神赛会为逐疫之举，殊可笑也。

——《新闻报》1919年8月30日

平湖国民大会电

上海各报馆各团体鉴日人在闽无端挑衅，杀伤学生，军警派遣战舰兵队，似此野蛮横行，实属蔑视中国。凡有血气，谁不痛心。望全国人民群策群力，共图挽救，临电彷徨，毋任盼切。平湖国民大会叩谏。

——《神州日报》1919年12月9日

平湖教育参观团来锡

浙江平湖教育参观团张静侯等六人，于前日来锡，宿马路上启泰栈。昨日，参观省立第三师范学校。闻今日尚拟参观其他优良学校云。

——《新无锡》1919年12月19日

1920 年

平湖建造国耻纪念碑坊

平湖虎啸十人团团员陆锡纯，发起在该镇起建国耻纪念碑坊二座，高八九尺，阔五六尺，黑底白字。一方书“抵制劣货”，一方书“毋忘国耻”。业已配齐材料，定期开工。他日工成，行经是地者，必有所感触焉。

——《时事新报》1920年2月1日

劝女子急宜入学

（录平湖县通俗教育讲演所讲稿）

现在的世界，不论士农工商的女子，才要有些普通的学识，然要有普通的学识，非入学读书不可。我们平均[湖]地方，一般女子，大家只晓得习女工，反不肯入学读书。要晓得学堂的利益，使他俱[具]有普通的学识，兴起其爱国心与自立心，那时学业有成，足以补助男子的事业，以增进社会文明，植国家富强的基础。故鄙人今日即劝你们，速送女子入学才是。在读书人家的女子，本来书香门第，受过家庭教育，理应读通文理。若出自农工商各界的女子，大半不肯使女子入学读书，以致不识文字，或恐费钱财，不知学校学费，每年甚微，而获益甚大。要晓得入学数年，能够粗通文理，即写一封信，看一字条，可以无须央人，你道便当不便当。至讲到一般乡下人家的女子，大半做看牛、捉草的事情，纺纱、织布的生活。欲使他读书，虽若登天，所以乡村女子，大抵皆目不识丁，实在处处受亏得很。鄙人今天奉劝你们，有女子之家，快快使他[她]入学读书。就是乡间女子，在看牛、捉草应做的事，亦可于每日放假后去做。如此既能读书，又可工作，岂不甚善？况且现在我们平湖各校，所有学生，时常考试，考列第一名的，可免收学费，以及贫苦学生，无论男女，亦得酌量免收。目前有此机会，你们女儿家，再不可徘徊观望，不去读书。列位吓[呵]！你们回家去，关照女儿辈，快些去读书，才不差呢！

——《浙江教育》第3卷第6期，1920年6月20日

米荒声中饿殍多

平湖西门外陈家塘居民阿弟一家六口，因米价昂贵，常以蚕豆代粮，不能谋一饱者久矣。前数日曾向邻人借得白米数升，煮稀粥以果腹。今则断炊已有四五日。其老母与幼女竟双双饿死。亦可惨矣。

——《民国日报》1920年6月22日

开办平粜之办法

二十一日一时，平湖知事朱孚保在县公署内邀集各绅士及各机关领袖，议定举办平粜办法。兹特照录于下：（一）先购米一千石，作第一、第二两期开粜之用。（二）各坊分配米数，以所查之户口多寡为标准。（三）每石照进价减去一元五角。（四）于夏历六月十八日起，每五日一期，分区开办。（五）每户每人每日大口准粜八合，小口四合。（六）以筹得之五千四百二十余元之基金蚀完为率。（七）于初十日在筹备事务处开会推举董事。

——《民国日报》1920年6月26日

慈善界醵资办平粜

平湖慈善公会以近日米价昂贵，一般贫民度日维艰，爰拟集款购米，贬价出售，已于二十五下午二时假钱业公所如今各会员，开特别大会，讨论办法。闻先由会长陆星章君捐助洋五十元，副会长张建卿君捐洋三十元。于是会员中如盛氏昆仲，徐、崔、蒋三君及成渭昌等亦合捐洋一百二十元。再由各会员四出劝募。一俟募有成数，再议开办日期云。

——《民国日报》1920年6月30日

发生抢米风潮

平湖乍浦南河滩生大慎米号，及四顾桥附近屯米之某姓家，昨日突来乡民二三百人，将所有存米抢夺一空。翌日，朱知事得此消息，即令警备队前往弹压，俾免再生事端。

——《新闻报》1920年7月10日

平湖电公司来沪买机器

旅沪平湖同乡会，接得平湖境内商家来电，以该处自创设电灯公司，于开办后，迭起风潮，讼事至今未了。推其原因，实由该公司所备之机器、锅炉等项，纯系旧物。半月以前，电门忽然毁坏，非三四月不能修整，恐商业上有连带之损失，不得不预备相当之计划。爰由东门、西门两处商家，公同联络，查得上海协隆洋行所出之德尔科小机器，甚为合用，请烦代购。该行之小机器二架，"惟须能燃三百盏灯数者"等情。现该会已代为购定，不日即须运往接装矣。

——《新闻报》1920年7月11日

平湖抢米案之连累

平湖金燮等因抢米风潮致督军电云：此次嘉平各县抢米风潮，由于米商囤积居奇，以致贫民无米为炊，纷纷掳抢。幸军警弹压得力，渐归平靖。乃米商囤户，追溯既往，禀县严究，原属法律行为。但警吏四出，则更扰乱。择肥而噬，累及无辜。乡民奔匿，田禾就荒，值此米价奇昂，倘逼之过甚，恐酿事端。燮等目击情形，深抱杞忧，因乞督军体恤乡愚，通饬各县从宽免究。一面设法接济米粮，以维民食，无任迫切待命之至。平籍省议员金燮、朱锦荣叩。

——《民国日报》1920年7月31日

平湖知事莅任

平湖新任知事曹履冰，已于本月十二日莅平接篆，一切案卷，即由前任朱知事交卸完全，各科人员，略有更动。曹君新随稀少，以故旧有人员，多数蝉联。近日新赴监狱处查阅一周，亦照禾地汪知事办法，各给钱一百文。

——《新闻报》1920年10月17日

组织选举纠察团

顷闻平湖城区某士绅等，因上届选举省议员，贿赂公行，弊端百出，拟照宁波办法，组织一选举纠察团，不日即可成立云。

——《民国日报》1920年10月23日

平湖业新公司发卖桑秧

平湖业新桑秧公司，为该邑官商所合办，每年所出秧株，约五六十余万。类别约分十数种。今春新发明一种橘接火桑，发芽较各种湖桑为早。该公司每年隆冬，在沪设有分销处。昨日，该公司委托黄健甫、尤效堂等来沪，在西门横浜桥赁定房屋，及时出售云。

——《民国日报》1920年12月12日

平湖县商况概略

田庆霓

平邑地势平坦，川渠错综，为浙西之屏障，扼汉塘之门户，农产之丰，海产之丰，富甲于全浙。商业之盛，工业之巧，冠于嘉属。惟俗尚奢靡，流为文弱。生虽有道，用乃无节，为可惜也。庆霓忝执教鞭于此，将半载矣。兹将数月间之所见闻，拉杂书此，致吾母校校友会杂志部，以供诸同志一览焉。

（一）沿革　平邑在三代为扬州之域，春秋属吴，后属越，战国属楚，秦汉为海盐县治。顺帝时陷为当湖。自晋以后，为海盐东北境。梁置胥浦县，寻废。唐初，迭入嘉兴、吴县，旋还属海盐，宋、元因之。明宣宗宣德五年，析置平湖县，属嘉兴府。民国废府，改属钱塘道。

（二）地位　平邑在浙之东北端，浙省边邑也。东南滨海，遥对会稽道之余姚县。西南界海盐，西接嘉兴，西北邻嘉善，东境、北境，与江苏省沪海道金山、松山［江］二县接壤。九峰峙于南，三泖汇于北，形势冲要，交通便利，诚一重要之区也。

（三）交通　平邑北与江苏边境毗连，松江、沪渎均一水可杭［航］。西溯汉塘以达嘉兴车站，日有小轮船三班：一自县城经新丰（嘉兴县属）而至嘉兴；一自新仓经泗里桥、广陈、县城而至嘉兴；一自乍浦经虹霓堰、县城而至嘉兴。三班均当日往返。惟平湖班则每日往返二次。至通信机关，如邮政、民信等局，县城、乍浦、新仓、新埭、全公亭、虎啸桥等地，均已设立。电报局惟县城有之。电话公司，则创设于县城。新仓、衙前、虎啸桥、全公亭、乍浦、秀平桥、金丝娘桥、赵家桥、新埭等地，均有一零售处也。

（四）物产　平邑为海疆沃壤，陆资稻、麦，水饶鱼、盐。兹将其最著名之物产录之如下：

1. 农产品　米、麦、豆、菜、棉花等。

2. 工产品　袜、酒、油、糟货、酱货等。

3. 畜产品　牛、猪、羊、鸡、鸭等。

4. 海产品　盐、鱼等。

（五）实业　平邑民丰物阜，实业夙称发达。兹将其实业最发达之各区，述之如下：

1. 县城　县城东滨当湖，西扼汉塘，街衢八达，水道四通。东、西两门，市廛如栉，商业殷繁。电灯也，报馆也，碾米公司也，汽油灯也，凡百俱备。茶馆也，酒肆也，客栈也，袜厂也，随在皆是。东湖滨环城一带，商务尤盛，为全邑货物集散之区也。

甲、袜厂　光华、美华、立大、当湖、仇东、振新、启新、振华、日光、乾昌、嘉禾。

乙、米行　元裕协、胜茂昶、裕昌丰、瑞泰协、义森盈、大生、隆顺兴、万昌新、升源裕、仁大、聚记、五丰和、协茂宝、源大生、成大协、裕隆、计宝盛、祥升。

丙、钱庄　同裕、瑞源、志成、恒升、永和、志大。

丁、南北货　王大源、凝泰、元大、馨禄、徐正记、悦顺发、升泰顺、隆泰顺、裕大茂、公大祥和、东裕茂。

2. 乍浦　乍浦地处海滨，通商最早，远自日本，近自瓯闽，海秀争集于此。距今百年前，商业极盛。自清道光通商后，商业虽渐为上海所夺，然鱼、盐等业，发达如故。试观雅山麓附近一带，盐灶之林立，亦可想见矣。

3. 徐带[埭]　徐带[埭]为东湖进黄姑塘东行十二里之镇，为乡民聚市之一小镇。

4. 虎啸桥　虎啸桥为东湖进黄姑塘东行二十七里之镇，输出土货、棉花极盛。

5. 全公亭　全公亭为东湖进黄姑塘东行三十六里之镇，东界金山，南滨海，鱼鲜满市，乡民多以渔为业。

6. 广陈　广陈为东湖出洁芳桥东南行二十七里之镇，在宋、元时，市面极盛，海舶自乍浦进口，咸集于此。

7. 新仓　新仓为东湖出洁芳桥东南行三十六里之镇，居民稠密，市肆繁盛，为平邑东乡诸镇之冠。

8. 新埭　新埭为东湖出吕公桥东北行三十里之镇，镇东西长三里，富庶不亚于新仓。平邑东北境乡民之赶市者，咸集于此。贸易以小猪为大宗。

9. 泖口　泖口为东湖出吕公桥东北行三十六里之镇。镇当三泖之口，平邑与金山县交界处也。

10. 马厩庙　马厩庙为出西门西南行二里之镇，属大易乡。市面不佳，居民穷苦，不及东乡诸镇之富饶也。

11. 青莲寺　青莲寺亦属大易乡，市面萧条，居民贫瘠，一如马厩庙。此外，如虹霓堰、庙桥、秀平桥、周圩、韩庙。

（六）其他　平邑教育发达，现全邑男子高等小学校五。县立者一，曰东武；区立者二，曰观海，曰芦川；私立者二，曰贻谷[诒穀]，曰稚川。女子高等小学校三，曰淑英，曰九峰，曰存粹，均系区立。乙种商业学校一，曰颂清，系私立。余男、女国民学校，全邑共十五余所。平邑名胜古迹甚多。近城者，曰德藏寺，曰陆清献公祠，曰东湖，曰显忠庙，曰弄珠楼，曰文昌阁，曰报本寺，曰龙头，曰南村书堆，曰放鹤亭，曰西林寺。近乍浦者，曰苦竹山，曰陈山，曰高公山，曰菜荠山，曰雅山。近全公亭者，曰全公亭。近泖口者，曰水月湾等皆是也。

——《浙江省立甲种商业学校校友会杂志》1920 年第 5 期

平湖电话公司之进行

浙江嘉兴之平湖电话公司，自开办以还，经营良善，日益发达，用户逾百。该公司更在乍浦、新丰等繁盛地方装设分机，以利交通。现已栽杆布线。

——《电气》1920 年第 28 期

1921年

平湖公民请恤灾黎

平湖公民张大采等致省长、财政厅长、道尹电云：平邑棉地被灾，经奉派委会县勘明，惟此外尚有民田种棉，统计约三万余顷。据云，各庄受灾甚重。现奉复查，请电饬县委将被灾田亩应蠲钱米，并案办理，以恤灾黎。

——《民国日报》1921年1月9日

组织当湖工业社之先声

商人程益三、姚忻如等，因鉴于我国国势衰弱，实业不兴，特集合同志组织一螺甸公司，定名当湖工业社，资本四千圆，分作四十股，每股百元，地址在大南门内，预定先制贝纽一种。如办有成效，再扩营业。加制角纽、骨纽、嵌纽、皮鞋纽、军衣纽、西服纽。现已往沪购机，定于旧历十五日开幕云。

——《民国日报》1921年1月11日

平湖棉花虫之研究

浙江农事试验场病虫害科主任　蓝绚

（一）命名

此种幼虫蠕动时，一伸一缩，首尾着地，中部隆起，与桥梁相似，故有造桥虫之名。亦有名为驼桥虫者，象形也。隶于尺蠖蛾科。此科种类颇多，其经鉴定者，已有八百余种。其幼虫类都大同小异，不能据以为类。今省署颁下，仅为幼虫。其成虫如何，尚不得而知。且本场缺乏昆虫分类书籍，因此二故，不能遽尔定其学名。须待培养也。普通名或名为棉之尺蠖虫，或仍用其俗名，而冠以棉字。曰棉之造桥虫。或曰棉之驼桥虫，以免混乱。

（二）发生之原因

据各处报告及所见闻者，我国棉之造桥虫之发生，为日较浅。至其为输入之虫，抑为该地原有之虫，须亲至该处实地研究，而后始可断言。然以愚见所及，当为输入之虫。因江苏各处，棉业早已发达，是虫为害，亦将十数年。吾浙毗连江苏，水陆交通均称便利。种子互换，亦为常事。而是虫藉天然之势力、人事之传播，及自身之能力，均足使该虫之蛾或蛹或卵，于冥冥中，辗转而至该地。其始为害不著，不足引人注意。其继则渐渐繁殖，而成今日之剧害矣。

（三）习惯及形态

甲、蛾　蛾为淡灰色，大小与衣蛾相似。于夜间飞翔，性慕火。雌蛾负卵累累，通常雄少而雌多。蛾之天职，在乎繁殖，故繁殖事毕即死毙，不害棉花。雌蛾头、胸、腹三部，均为淡灰色。头部细小，而复眼占其大半。复眼之间，在其上者，为一对丝形触角。在其下者，有一旋转之口吻。胸作方形，密披鳞片。腹部肥大，每节之中央，微带黑色。前翅后缘，具有不规则之点三个。后翅较小，亦有大黑点一。雄蛾之色泽、大小，与雌蛾无甚差异，惟腹部瘦小而尖耳。

乙、卵　卵为青绿色，间有淡黄色，呈椭圆形。将孵化时，变为黑灰色。孵化后，则仅遗一白色之壳。每雌产卵之数，恒达千粒，堆叠成团，大都产在土上，或寄于作物及屋檐、树梢等处。

丙、幼虫　幼虫之色泽，随生长而变更。初出者，呈淡黑色，大如蚁蚕，性活泼，匍匐甚速。胸部有三环节，每部具真足一对。末端附刚毛，用以固着物体，因真足与伪足距离太远，将体拱起，始能成行。一伸一缩，始能前达。常吐丝下垂，随风飘荡。藉此阻击于他物，广其布传，幼虫如蚕。脱皮数次，然后老熟，凡脱皮一次，体必增大，色亦更变。至长成时，长约二英寸左右，直径约阔一英寸十分之三，腹背均黄褐色，杂以断续细长之黑色条纹，其两旁条纹较大而黑，再下有黄褐色之条纹一，由腹部趋近尾部。各节之气门，乃位于此腹部第二节之背后，有隆起二肉瘤，甚显著。肉瘤基部中部均为黄色，尖端为黑色，二者之中央，有一短粗之黑斑。

幼虫多于夜间，啮食棉叶。从边缘起，间亦有将叶洞穿，啮成小孔，粗脉皆弃而不食。细小之幼虫，仅将叶缘食去。虽然嫩脉亦不能食，故叶面有视若完全而稀薄如网者，因之不能行光合作用。大气中之养料，将无法吸收。欲维持生活且不足，又乌能望其生长之佳良乎！且也棉叶食尽，必危及棉铃。缘棉铃失其维系力，将不禁风吹，易于坠落也。故该为害之烈，全在幼虫时期。

丁、蛹　蛹为黑褐色，大小不一。大者为雌，小者为雄。蛹无茧壳包围，每潜伏二三寸深之土中，藉卫生机。蛾之翅足及头部，均显露于蛹衣之外。尾端尖小，与别种之蛹,无甚差异,故不能据此以鉴别也。

(四)生活史

该地棉花之造桥虫,每年发生次数,未经详细调查。姑且从阙。今据该虫曾发现于江苏者以言之,第一期发生于三、四月之效,第二期约在四月下旬至五月上旬,第三期在六月下旬,第四期在八月初,平均每期约需四十日。蛾之时期,通常七日,卵亦七日,幼虫二十日,蛹亦七日,照此推算,每年至少亦发生四五次。第一期幼虫,棉花尤未茁芽,遂蚕食豌豆叶。待棉人工费发生,乃转食棉苗。此后幼虫,皆以棉叶及托叶为食料。至老熟则钻入土中,而化为蛹,七日成蛾。蛾飞翔于夜间,交尾产卵,或交尾数次,产卵亦数次,故卵恒达千粒,七日而孵化。惟严冬之际,棉花收株后,蛹之时期较长。因其以蛹之形态度冬,至翌年三、四月始化为蛾也。

(五)预防法

预防法较驱除法为经济。绚才服务本场,又届严冬,故于平湖棉花造桥虫之性质及习惯,阨于天时,不克行培养试验。今根据普通之性质及习惯,与夫昔日调查时所得之见闻,则其预防方法,有如下拟数种。

甲、田园清洁法　当末期发生之幼虫,将成熟时,棉花之叶大都老熟,且届收获,于是幼虫渐渐移入田边杂草,若斯时将杂草刈去或火焚之,则幼虫因之烧死,翌年虫害,必可减少。

乙、轮栽法　据曩时调查所闻,谓该虫喜食网状脉、具有叶肉之植物,如蚕豆、豌豆之类。若此言非虚,应停种此等作物一年或二年,代以他种作物。如豌豆与棉花轮栽者,当更种小麦与棉花。第一期之幼虫,势必以失食饿死,以后之幼虫,亦无从发生,此为最经济之方法。

丙、慎施肥料法　顾吾国近来所种棉花,棉呈类都繁茂脆嫩,茎干亦极柔弱,皆因所施肥料,多淡[氮]素而少钾素,其害不仅延迟结果期,尤易促害虫之繁殖。观夫造桥虫之喜食嫩叶,即其明证。故人粪尿等决不可滥施,而草木灰、骨粉等肥料,则不可不多量施给也。

丁、冬春深耕法　于寒秋棉花收株后,将田深耕,使害虫之蛹或幼虫,潜伏于土中者,不获相当之境地以越严冬,其被犁入土中者,翌年不能复出,其曝露于地表者,不为鸡雀所啄食,即为霜雪所冻毙,或于耕犁时,直接将蛹或幼虫践踏以死。综述之,每年之冬间及春日,深耕棉地,既可驱除害虫,且可改良土壤。倘耕后再驱鸡、鹜以啄虫蛹,尤能节省饲料,诚一举三益之良法也。

（六）驱除法

甲、药剂毒杀法

（子）红砒　杭县农人，以此药杀害虫者，用之颇多，功效亦著。该虫亦可用此药杀之。因其幼虫具咀嚼，啮食叶肉，苟于晚间将叶粉散布叶面，该虫食之即死。缘该虫昼伏夜出，其为害，在夜间而不在日中也。每亩约用一斤左右。

红砒制造法　法用土钵一个，直径大约一尺，底上薄铺草木灰一层，以木条或木片（长约六七寸）下端，置于钵底之沿边处。他一端（即上端）向上，而稍向内倾，其对面亦插一木条，俾上端互相倚靠，四围仅留一门，不置木条。余均用木条撑架，成一空圆锥体，而后将红砒粉薄铺于空圆锥体上，其上再铺以轻松草木灰一层。两者均宜均匀，不可以手掌压结。然后以烧炽之木炭，自空门中塞入，填满圆锥体内之空穴，而后渐渐将门用草木灰封好，上覆以同样大之土钵，宜留一空缝，则红砒受热而化，结晶于草木灰中。约一昼夜，即可制好。用法将上所制成之草木灰，更和四五倍之草木灰，研细过筛（筛以疏松薄布为之），以粉枪或粉挑，于晚间撒之。如无粉枪，可代以疏松薄布制成之小袋，实以制好之粉，系袋于短小竹竿之一端，用时以手轻扣竿之一端，则袋粉受震，自落棉叶之面矣。

（丑）雷公藤　本省所产，价值亦贱，将其制成之液汁，于晚间以喷射器喷射之，以棉业均沾有药液为止。

制造法　雷公藤仅用其根部黄色之皮，市上均可购得，将藤皮和水煮之，约一二时，使皮中之液，均煮出为度，而后将皮取去，冷后用时加水十余倍（欲再加黏质物品，可将稀薄米糊加入液中拦搅均匀）。

（寅）铅砒石粉　为白色之细粉，系铅与砒石调合而成，性颇毒烈，用时须和粉糠或灰等，以粉枪或粉〔袋〕挑散播之，使分布叶面，虫食即死。每亩之用量，视棉花之高度为衡。三、四寸高者，八两便足。六、七寸高者，十五两足矣。每磅洋二角。

（卯）绿砒石　为绿色粉末，较铅砒为酷烈。故每亩之用量亦较少。最多不过三、四两，用时和麦粉二倍，而调匀之，免其播下过多，而燃烧芽叶。每磅洋二角五分。

（辰）灯火诱杀法　于蛾发生之时期，如三月初、五月初，及六月下旬，与八月初等，利用蛾慕火性，于夜间以诱蛾灯诱杀初出之蛾，或蛾之未曾产卵，及产卵而未尽者，然放行此法，有二注意之点。

（1）确知蛾发生之日期。

（2）相毗邻之棉田，均须同时行之。否则，各地之蛾均向灯光处飞来，非但不能杀尽，且将因此而为害更烈。

（巳）收买法　收买法者，由公共团体或自治机关规定价格及酬费方法，并虫之习惯、形状等，公布于被害区域，使其地之妇女、幼童，有能捕卵、蛹、幼虫若干者，即酬以若干之劳金。此法为驱除害虫中之最不经济者，故非万不得已时，必不行之。

以上四［六］种驱除法，虽一时颇难实行，惟效果实大，故特举出之以备参考。

——《浙江省农会报》第1卷第1期，1921年2月

平湖灯影

夏历四月十八日，为平湖灯节，是日也，相传昔有倭寇来犯，既至城下，见一巨人，坐城堞上，而濯足于湖。寇大惊，遁去。城赖以完。巫者述神语，谓是霍光显灵，民人遂尊霍为大王，建庙于城。每于是日始，市中悬灯三日，以纪感念。或谓为纪驱平粤匪、克复平湖之功焉。平湖城中，有长街贯城，曰大街。豪商巨贾，咸萃于是。每岁灯节之先，诸商贾远求巧匠，竞造奇灯。十七日，已遍悬于市。十八日，始张烛火。二十日，为尾日，通宵弗灭。城关不禁，观者塞途，洵盛事也。今岁十八日，雨。十九日，逾午放晴。远舟四至，酒家茶舍，利市十倍。有某绸业，所制灯为阎瑞生劫杀莲英故事，独能迎合世俗。或出家藏金石书画，罗列供人观赏。大王庙中，有歌昆曲者，有歌京调者，有江北女子鬻技者。好事者，刊《灯花报》三日。城中原有《平湖日报》《鹉湖公报》二种，篇章如海上小报，专载市巷新闻。兹又出一《民声报》，以灯节为始刊，较他报增多半叶，首期刊有海鸣、正秋二子所属祝词。二子之书，素皆所识，彼报所刊，则非是也。烹调以西复兴为佳美，湖鱼湖虾，味鲜为海上所无。其炙银耳，尤纯浓宜口。妇女竞尚新妆，与海上同风矣。乡人某，来城观灯，携一匋泉求售，大如折二，二篆平列，古缪可识，背有黍文，审题之为周代瘗泉也。予购得之。又于游观时，于某市得吴梅邨书札一通。三日一瞬，灯花散尽矣。人皆喜近灯火之煊赫，独笑予癖古物之荒冷。今也，煊赫者何在，荒冷者，永存箧笥，供我欣玩，而无灭了时焉。

——《晶报》1921年6月3日

平湖航船途经闵行遇盗记

平湖航船于本月二十三日在沪承装方锋［锦］记号客之洋布十六件、本布十五捆及糖北什货等，开往平湖交卸。二十四日，驶至闵行迄南五六里之地方，时在黄昏，忽来盗船两艘，盗匪十二三人，先开枪两响示威。该匪上前将姜船拦住，一拥跃登上船，至船尾舱内搜抄，劫得现洋八十余元，尚不满意，继将姜妻手上所戴金戒两只、金卷一付、金压发一支劫去。其时，船伙五六人，见盗抢姜妻之金器，与其抗拒，由船伙沈春之、汪阿发二人，被匪用铁棍击伤头额及背部等处，受伤甚重。该匪一哄而从闵行小港而逸。姜见船伙伤势甚重，昨日，将船开驶回沪，即送至红十字会医院救治。一面报告方锦记号客，一面报告水陆官厅请缉。

——《时事新报》1921年7月31日

平湖永通电话公司调查报告

调查总干事　章镛堂

平湖永通电话无限公司开设平湖城中凝瑞桥堍，经理胡谨裕，号谨修，于民国七年四月由县核准转请省署咨请农商部注册给照，是年八月间，领到农商部照，一切立杆、架线工程于八年五月间方始告竣。所定总机及电话机亦次第运到，装备完备，开始营业。

该公司当初兴办，系由查修永、胡谨裕、袁备明三君联合集资，呈准设立，计资本银九千六百元。嗣于八年七月，查、袁两君以事多，不遑兼顾，将经理职务让与胡谨裕接管，并将股款退出，转移于沈志刚、韩彝民承受，呈请变更注册有案。

经理胡君及各股东以原有资本不敷，决议添筹资金一万六千元，合计资本二万五千六百元，以扩充营业，推广线路，业于九年二月修正章程，缴换农商部照，并按电气事业执照规则，补具禀请书请领交通部执照在案。

现在共有装户一百八十号之谱，月费匀扯每户不过三元。九年度，除开支外，计赢余二千二百六十元零。又除照章提扣公积、花红外，净余银一千七百十八元。按股分派，利息不及周年七厘，盖近来材料、机件价均步涨，而工匠、机司、接线等一切开支甚巨，而装费、月费又以限于地位，势难增加，实无利益可言也。

——《中华实业丛报》第5期，1921年7月

浙省平湖县工厂调查录

章镛堂

光华织袜厂　该厂开设平湖西门大街，创自清季宣统元年，资本总额一万元，总经理高琴泉。职员五十人，机工及杂工共约八百人，现有手摇机五百部，发出者居多。制品有青岛牌长号、大号两种，洋房牌男女长尖、放、新长六种，双马牌长大加市三种，飞马牌特号及大、二、三、四号又条长、一、二、三号八种，公园牌大号一种，美女牌纯丝男大、男长、放、长放四种，月牙牌粗大、细大、冲大、加大、中人、小中六种。每日可出小袜六百打，男女大袜四百打。原料用四十二〔支〕、三十二〔支〕双股线，十五〔支〕、十六〔支〕、廿枝〔支〕纱，均系国产，购自上海，销路亦以上海为最。近则就近各城镇，远至湖南、安徽等省。历赴赛会，迭得巴拿马万国展览会、南洋劝业会优等奖章，福建国货展览会、本省巡按使金牌奖状，许为唯一精美之国货。其所出各袜，坚美耐用，颜色鲜丽，为全邑同业冠。

当湖织袜厂　设立平湖城内小街，经理朱玉书，资本一万元，袜机一百部。出品以丝光袜为大宗，毛绒袜次之。原料用国货四十二〔支〕、三十二〔支〕、六十〔支〕本厂丝光线，毛绒用中国第一毛绒厂，商标用飞挺、金心、菊花等，销场以上海转口为大宗，各地次之。

中华兄弟袜厂　设立平湖西城外内，经理顾伯荣，资本五千元，袜机大小共五十部。出品以中国丝光线为大宗，即三十二〔支〕、四十二〔支〕等。商标系飞机、双象等，销路以上海转口为大宗，各地次之。出数每月计算约三千〔打〕左右。

振华织袜厂　设立平湖城内塘基桥，系邑绅叶粹含君创设。经理吴培臣，资本五千元，袜机共五十部。出品以毛绒袜为大宗，丝光线袜次之。原料用中国第一毛线厂所出国货毛绒及四十二支、三十二支本厂丝光线，商标用快马、五九、照相等。销场以上海转口为大宗，各地次之。

仇东袜厂　于民国八年五月份开设平湖东门内塘基桥，经理人陈子卿，资本金五千元，共有手摇机一百部。每日出数前门牌三十二支丝光男袜六十打、金猫牌四十二支丝光女袜五十打、孩童牌四十二支丝光元、二、三号童袜五十打，均推销上海，并于法大马路吉祥街口分设仇东发行所。每年除开支外，少有盈余。

日新昌袜厂　经理人张卓成，民国九年开办，设于平湖西门大街，资本一千元，工人三十名。每日出袜四十打之谱，营业收支少溢，原料均购自上海。用四十二支双股线，出品商标国旗牌。所织各种孩袜及女袜以销上海及其他各埠。所织各袜，身地紧密，色泽鲜明。

恒丰袜厂　该厂开设平湖东门，创自民国九年，筹设资本一万元，全年营业统计十余万元。总经理汪东涛，职员约数十余人，大、小袜机等部，出品以双塔牌为标记，日出五百打。原料采自申地，四十二〔支〕、三十二〔支〕丝光线，均是双鹿、蓝鱼二牌，机工特选上等手段，出品日求进步。

谦益毛巾工厂　设在平湖仓弄内，经理人严哲卿。于民国九年三月成立。资本五百元，内有木机八只，工人六名。每天可出毛巾五打，分大号、二号、三号。商标大喜为准，原料自申采办，十六支宝鼎牌行销本邑暨邻近各县。

——《中华实业丛报》第5期，1921年7月

平湖之文字狱

平湖《民生日报》主笔张子石因评论警厅委任该县之警务督察陈惟及一事，经该员出诉县署，即将该报主笔拿去，判以拘役十五天。噫！言论自由，载在约法，今已失其保障矣。

——《四民报》1921年10月27日

平湖糟蛋

孟子曰：口之于味也，有同嗜焉。食物之味，亦从格致得来。家传秘法，外人不得而知。如苏州之陆鸭、松江之黄鸡、枫泾之丁蹄、吴县西洞庭山之方羊肉，皆传名数百年而不衰。同是一羊、一蹄、一鸭、一鸡，他人煮之，均无美味。方润泉烧出骨羊肉，入口即化。顺兴蹄子销行陕、甘、云、贵，可谓远大。黄茂林炖鸡嫩如梨、白如雪，鲜芳沁人肝脾。过华亭，访二陆草堂者，莫不徘徊秀野桥头，每食指动，辄欲尝鼎一脔，捉牛九割而不顾人笑正。陆稿荐酱鸭，名满江南，几至家喻户晓，无人不爱，无处不见陆稿荐三字金牌也。平湖隶浙省嘉兴，山水清雅，人物圣仙。西门徐源源糟蛋，异味也。壳软而洁，肉醇而香，可口适胃，能令醉饱。闻土著云，其制造方法，授子不授女，想必定有妙手会心处，殊致老饕想像［象］无穷耳。

——《游戏世界》第5期，1921年10月

浙江平湖县商埠市面之概况

明　心

平湖县清制时为嘉兴府属，城距东海约六十里，商务繁盛，交通便利。西南有嘉兴，西北有嘉善，均属沪杭路线。海盐则在其南焉。县属有三大镇，北曰新埭，东曰新仓，南曰乍浦。城之四周约五里许，城内外河道贯串，小桥则触目皆是。街道宽不及七尺，均以麻石平铺，行路极为方便。城内机关，如县公署、警察所、缉私营、商会、劝学所。唯教育会有县立、城区两所。学校林立，而高小则只有男、女各一校。其余如图书馆、电报局、邮政局、电灯、电话公司、商团、救火会，以及各业公所，悉皆完备。报馆二，一为《平湖日报》，一为《鹉湖日报》。阅报有东林、西林二社。袜厂有十余家，光华为最。毛巾厂、习艺所各一。织布厂尚付阙如。竹木工沿途皆是，惜未改良。以上所述，为平湖城内外大概之情况。兹将各业实情，再行详细调查，分列于后。（未完）

——《中国实业新报》第14期，1921年

1922 年

平湖东门大火警

平湖东门外横街口源昌协米行，于前晚不戒于火，致兆焚如。一时火光烛天，势成燎原，延及钱同春药材铺、黄源来烟纸铺、顺兆兴瓷器铺、德润生油饼铺、义生南货铺、孙恒丰腐干作、义成糖栈、孙恒盛和公兴泰两肉铺、天福茶园、叶炳生酒铺、连珠餐馆、裕隆米行、升源裕米栈、范泰记纱布庄、高元顺纸栈、德记孙元润水果行、鲁德兴和陆姓两鸡鸭行、春华轩茶园、徐姓油饼店、沈姓花米店，以及橹行、芦席行、棕绳店等三十余家，房屋一百四十余间，损失约有十余万之巨。闻沈姓花米店内，有两幼孩不及逃避，竟遭焚毙，亦云惨矣。

——《新闻报》1922 年 1 月 17 日

平湖东城又告火警

平湖东城外源昌协花米号，于去冬发生火警，延烧至数十家，损失至十余万，为近年来未有之大火。讵知前晚桑园弄口张五家官，又肇焚如。比经觉察，火已燎原。当时张五官争扶母从墙洞跳下，幸免于害。伊妻及一男、一女两小孩，因逃避不及，俱葬身火窟。贴□戴金印，闻警起身，火已燃眉。急由楼窗跳下，跌伤头颅。戴妻跌断脚骨。共被焚去房屋三幢。现在张妇及两小孩骸骨虽已扒出，然均残缺不全。而戴姓夫妇两人，巳［已］赴德济医院医治。惟伤势颇重，恐有性命之忧。

——《新闻报》1922 年 2 月 4 日

平湖钱业调查

鸿

平湖钱业之沿革

平湖地处浙西，与上海交通便利，故钱业尚称发达。光宣间，钱庄有二十家之多。迨光复后，受各处潮流，因而闭歇者，竟有八庄。所存者，同裕、瑞源、恒升、志大四庄而已。幸资本雄厚，实力充足，支持金融，不致告匮。迨后志成、永和两庄创造，股东均系本地巨富，共计六家，颇称和衷，而营业亦蒸蒸日上矣。

平湖钱业之资本及营业大概

平湖钱业，均系一律，无大小同行之别。其资本多在二三万之间。至于堆金之多寡，以各该庄之年龄及获利之状况为准。有多者十余万，少者数万不等。营业状态，颇属稳妥。放款以信用放款为君，押款则随借随还。由主顾之便利，故取息较长款为厚。

平湖钱业之存项

凡钱庄基金，除固有之资本及堆金外，莫不吸收存项，为发展营业之惟一要图。查存项分常存、浮存二种。常存即殷富之家，将其款项，存庄生息。平时不多移动，息约在五六厘之间。浮存即主顾存项，其生息则按月公议，较常存为薄。盖市上略有需用，彼即提取故也。

平湖钱业公所及各庄内部之组织

凡属巨大商业，莫不有公所之设置。平湖钱业亦然。每日下竿，各庄经理群赴公所，开议规元公盘。盖平地进出，均须现洋。规元公盘，依据上海洋厘为标准，倘遇供过于求，或求过于供，即以规元揿短抬高为升缩。然并无贴现等事。至于各庄之内部，亦颇简单。除经理、副理负一庄之全责外，另则外场、内账等缺各三四人。管理钱银者二三人，验币及写信者各二三人，余约学生五六人，职司杂务而已。

平湖钱业之汇划

汇款一项，平地直接往来者，有上海、杭州、苏州、绍兴、宁波、嘉兴、嘉善、硖石、松江、盛泽等处，设遇别处汇划，均须转托申、杭各庄代理。盖平地僻居海隅，无直接与各大埠通交故也。

——《钱业月报》第2卷第3期，1922年4月15日

平湖慈善会注重火政

平湖慈善公会发起组织救火联合会，于日昨下午二时借银业公所，开筹备会。各坊义龙均有代表到会。计到王少山等五十余人。公准［推］张少卿为主席。提议各项办法。经众讨论，表决如下：（一）筹备事务所暂借瓷业公所。（二）到会者

均属会员。各龙司月及其经理人亦均认为会员。此外，登报征集或由会员介绍。（三）开办经费，以慈善公会火灾急振［赈］余款拨充。如有不敷，再由会中劝募。至经常费，分认捐、特捐两项。认捐分三种。（甲）每季二元。（乙）每季一元。（丙）每季五角。特别捐由会员分投劝募。（四）推举汤纫斋等三十一人为筹备员，顾子石、高登孚为起草员，徐声甫为会计。

——《民国日报》1922年5月16日

平湖筹设农工银行

平湖俞士芬、俞菊人等拟集合资本二十万元，照部定银行条例，创设农工银行一所。现已着手进行，呈准平湖县署备案，并转呈财政厅。业已奉到指令，力谓该公民等拟创办农工银行，事属可行，仰该县拣派筹备员，遵章组织。至于需用章程，由全国农工银行事务局核定之。绍兴农工银行章程兹先抄发一份，以资参考云。

——《银行月刊》第2卷第6期，1922年6月5日

公民请禁不良新剧

平湖县公民张拜庚等近以平邑同乐社，罗致外埠男、女剧员，日夜合演新剧。警所谕禁后，复经劣绅包庇，假托民智俱乐部，即日开演敛钱，地方大受其害。业经该公民电请警务夏处长，饬县从严禁止，以维风化。兹闻夏处长据电前情，已电令平湖吕敦亮知事查明严禁矣。（十八日）

——《民国日报》1922年7月21日

甘弄内之巫山烟市

平湖西城甘弄内张洪生家内，向售卖鸦片。一般主顾都系富家子弟，而前之调查员警察，亦时常出入其间，并由张介绍向各主顾合会借贷。主顾持此庇护，员警藉此渔利，互相利用。于是张之烟窟十分稳固，而生意之盛，远过四大烟窟。自吕知事撤销调查，派员密查后，有身价之主顾，相戒不前。一时生意未免减色。近来，又得一补救之法。雇用六三拉拢土妓多人，常在家招徕主顾。一面托某机关

人代为庇护，七所警察莫敢前往。而生意顿复旧观。近更百般诱惑，邻人女子入其彀中。而旧家女子之被诱惑者，亦有一二人。如此诱惑青年，败坏风化，其害甚于洪水猛兽也。（念日）

——《民国日报》1922年8月23日

店屋塌坍压伤七人

平湖双荡弄吴文彪泥水作，近因房屋年久失修，于昨夜二点钟时忽然崩塌，楼下伙友正在酣睡，不及逃避，以致压伤七人（重伤四人，微伤三人）。当由吴某雇轿将伤人抬赴某医局诊治。据医生云，内有二人恐有性命之忧云。

——《民国日报》1922年8月23日

县知事厉行烟禁

平湖县与江苏金山县，浙江嘉兴、嘉善、海盐三县毗连，交通便利，风俗日颓，即以鸦片一端而论，每日至少可销三千余元。每年尚不止一百零八万元之数。推原其故，一则由于军警勾结议员、绅士，组织大批贩卖烟土营业，声势浩大，一时有新公司、老公司、新新公司之称，其他之四大烟窟、火车站等更无论矣。二则禁烟调查员、稽查员竟有四五十名之多，专事坐收费、包庇烟业为不二生活。三则上海日夜班轮船公然保运鸦片，历任知事姑息敷衍，以致毒氛日加，弥满全县。新任知事吕敦亮年不过二十六，山东人，幼从其父吕海寰（中国红十字会会长）使欧，历在外交部等处服务，绝无官场习气，有平湖县议会现任议长兼农会会长徐嘉麟，系著名讼棍，烟瘾之深，日非五六元不可。尝以议长头衔，在各烟窟轮流畅吸，而各烟窟因以恃为护符。吕知事日前接得密报，亲自出马，将徐拘获，立即开庭讯问。徐承认吸烟不讳，判处徒刑，褫夺公权。一时人心称快云。

——《时事新报》1922年9月24日

家庭口角投江自杀

平湖新埭镇陆子诚，家身殷富，为人老成。惟夫妇之间，积不相能，时有龃龉。前月杪，不知因何事故，与妻大起冲突，愤极出外。临行对其妻云：有将来懊悔不及之语。翌日，忽然失踪。遍寻无着。嗣有友来述及，谓在沪某旅社曾经晤面，始各安心。讵料前日杭平各报，载有钱塘江捞获浮尸，详叙衣服式样，身藏陆某印章一方等语。伊父陆耀庭见报后，即偕亲族赴杭，其尸果系其子，遂另换棺木，搬运回。闻陆子诚年仅三十余，家亦殷富，只以反目缘故，竟萌厌世主义。不自由之婚姻，其结果之惨，可胜慨哉！

——《民国日报》1922年11月8日

婚姻不自由之苦痛

乍浦锦罗袜厂修机匠张端生，与周家堰周氏女，发生恋爱自由，相偕逃匿，为母呈控县署。一对理想上之夫妻，业已拿获，移送法庭。兹将始末详情，探录如下：周家堰周氏，本属半老徐娘。初识某冰鲜栈，近复与元帅庙和尚往来。即茶馆主人蒋某，亦常常出入。其女小宝，年仅十六，情窦初开，血气未定，终日在家，耳濡目染，无怪其心猿意马也。会有张端生者，与周姓为多年邻居，时相顾从。近来，小宝在家学习袜机，请张教授。因此，双双发生恋爱。爱情之笃，无以复加。近闻有某少年亦思染指，以势力压迫其母，并饵以多金。议将成矣。张某与小宝恐神圣爱情为他人侵犯，遂约定于重阳夜，愿作鸿飞冥冥之计。无如张某限于财力，不能远离，故将其所爱暂寄于附近俞姓亲戚家。事后，周氏即呈诉警局，先将张某移县。复于十六日侦悉小宝行踪，请警佐派警往查。果将小宝拿获，带至局中预审。观者云集。据小宝亲供，因乃母不守妇道，与光头往来。此情此景，不忍入目。故愿自由择婿，以冀终身之靠云。兹闻警佐得供，将小宝移县，传集两造，听候裁判。不识如何了局也。

——《民国日报》1922年11月11日

平湖议员行将引渡

平湖县议员叶粹安，贩运烟土，奸占妇女，事发逃沪。由县派委史委员来沪，呈经军署函致捕房，将叶拘获，候解公廨核办在案。兹悉平湖县知事吕敩亮，前日来沪，面谒何护军使，以叶粹安在平湖犯案叠叠，均关重要，必得引渡解回，归案讯办。昨经何使允准，立即令行公廨，迅将叶粹安于本星期四解廨时，务与领事磋商，交由平湖县来员迎提回县，按法惩办云。

——《时报》1922年11月29日

平湖少爷(节选)

赵赤羽

去年秋,与张君秋平同游嘉兴之烟雨楼,鸳湖中。往游者,必先以舟。余等亦雇一舴艋,鼓枻而前。两女郎赤足把橹,年皆十五六。虽乱头粗服,不施铅华,而神采妙曼,仿佛苎萝村上女也。方橹枝左右靡,女郎之柳腰亦摆荡不已。湖中菱叶猗傩,波纹滟潋,时见水鸟二三,掠舟而过,好音悦耳,空翠扑人,胸襟为之一豁。霎时,天忽阴黯,遥望红楼一角,隐约烟丝雨痕中,几疑天上宫阙,偶现人间。始觉前人命名之妙。余等对兹佳景,不忍登陆,乃命女郎泊舟湖心,取酒纵饮,佐以鲜菱。胜怀霞举,直嗤金谷传杯,尚非雅人深致,不及此间乐也。坐久之,余谓张君曰:如此江山,不可无清谈。相对哑饮,能不闷操作煞人。张君莞尔曰:然则其语。君以平湖少爷事聊以下酒可乎?余耸应曰:甚愿。

张君曰:平湖东北门外有一报本寺,当数十年前,忽有一行脚僧飞锡到此,遂土是寺。僧不详其法名,时人以其为侏儒,佥呼之为"矮子和尚"。和尚尝谓得异人传授,善行禁架,谙神拳,能为雀跃隼飞,履檐壁如平地。即以其术在报本寺授徒。所授徒皆闾右子弟。尝谓人曰:富贵人学术,但以之陶情悦性,解岑寂而已。故我授以术,无伤也。若贫贱子弟,一有所得,则无恶不作,教之适足以速其祸,故我宁摈而弗录。闻者咸韪其说。以是,诸为和尚徒者,皆出名门。时人概称之为"平湖少爷",尊之也。少爷无事时,常与和尚走马放鹰,行猎于野。乡人咸望若辈如仙人。一日,出猎于茶浦,日昃而出,日晡未归,止于海滨,众人皆有饥意。和尚戏以石投水,寻取之,出则化为鲜鱼盈尺。又搏沙泥作饽饽,支两架,盛以瓦片而蒸之。须臾,鱼熟,饽饽亦热气蒸腾。盖与真者无异也。和尚曰:诸君亦欲得酒乎?众曰:固所愿也。和尚乃以瓢掬[掬]东海水,遍饮诸人。尝之气味芳冽,沁人肠肺。胜市沽不止倍蓰。于是,诸人咸得醉饱。其行事之奇特,往往如是。和尚尝以术禁锁,锁立开。复以禁键,键亦立启。后悉以授群徒。久之,徒众亦能禁。虽遇重锢,着手靡弗立解。一夜,少爷相约潜入某绸庄试其技,以术启门而进。盖以其庄内所列绸缎取而陈于屋顶,一钱柜三人卧其上,加键焉,而以术尽运其钱于屋上瓦鳞中。然后,继门扬长而去。次日,店伙晨出启门,忽觉尽失其货,急视钱柜,黄白物亦不翼而飞。大惊,走告诸主人。主人亦失色。正在纷扰间,外有市人入告曰:汝店屋顶累累陈列者皆绸缎也。出视,果然。盖即昨夜之所失者。乃命人梯而取焉。检查之，不少缺，即银钱亦如数在瓦鳞中。众人佥诚诧不已。或曰：此必平湖少爷恶作剧。及问之，此中人果然曰：聊以相戏耳。于是，平湖少爷之名益大噪。其后，和尚他去，平湖少爷家道咸中落，阮囊羞涩，无复当年裘马轻肥气概。于是，不逞之徒以有技可恃，不肯强自韬晦，向以之游戏者，今且持以为谋生之技矣。乌衣巷中人忽一变而为梁上君子，而“平湖少爷”四字，遂无形为苏老之别称。时地方人士，往往失窃，咸疑平湖少爷所为。而少爷家虽式微，门墙犹高不可攀。兽环镀锦，型典犹存，终不敢发其奸。而诸少爷又神通莫能窥伺，即加究诘，亦无术足以间执少爷之口也。有陆姓少爷者，亦隐于盗者也。尝于夏令白日诣一宅窃物，入于闺闼，颇华丽，宝帐四垂，隐约有玉体横陈其中。陆尽以其室中衣饰纳之怀中，并即帐中取其所卸上、下衣。床中人忽惊觉，然以赤裸不能出追，但探首视，惊呼曰：此何酷肖余母舅也。陆姓反顾且笑且行，曰：不图误入甥女室，惭愧惭愧。然亦竟携其物而去。于是，平湖少爷人咸知其确为鼠窃勾当，益鄙夷不屑道。“平湖少爷”四字，昔之闻人称而色喜。今且拂然怒矣。嗣后，平湖少爷相继以老病死。十余年前，尚余一人，殆耄矣。是人尝欲饮于茶肆中，时当盛夏，肆前以竹竿撑破帘，用荫骄阳。有好事者，谓之曰：颇闻老人好身手，尚能在破帘上周行三匝耶？老人曰：是不难。言已，一跃蹴帘上。帘本窳败，已不禁风雨，而老人循行其上，如履平地。无殊枯叶飘堕其上，被风引拂。微闻屑索声而已。继复一跃下，啜茗如故，神色不变。肆中人咸叹为神。及老人死，而平湖少爷遂绝迹。不过为世人增一掌故，或用以调侃朋辈已耳。至今，有呼平湖人为“平湖少爷”者，其人尚怒目戟指，引为大辱。

——《快活》1922 年第 11 期

1923年

警察捉赌酿成巨潮

平湖新埭镇警察，上月二十七夜，至南黄小茶肆捉赌。适有金山人马富春摇得会洋六十元，身藏金戒三只，并未与赌，亦被警逼赶，致溺毙河中，尸身未曾捞获。至三十日，渔人发见，见死者两手用警察缠腿布缚住。乡民见之大愤，鸣锣聚集数千人，拥至镇上。将警局及保卫团捣毁一空，并掳去警察二名、保卫团团丁一名。合镇惊惶无措。警佐徐植及全班警察，连夜逃匿城中。而县知事吕敦亮又因事在省，至今未回。地方治安无人主持，大有岌岌可危之势。

——《民国日报》1923年1月6日

警察肇祸案轻轻了结

平湖新埭镇乡民，因该处警察捉赌，溺毙马某，激动公愤，聚集数千人，捣毁警所及保卫团，已志本报。兹悉该镇保卫团排长孙瑞青本一不法之徒，开场聚赌，无所不为。近因南港坊三十五浜毛大宝小茶馆内聚赌，有夺赌窟内生涯，乃报告警局，新埭警察所警佐徐植适游玩在平，由许、李二巡长率警前往捉赌。至则赌场已散，仅有八九人团坐谈论。惟赌具未曾收拾。警察遂鸣警笛，入内拖人，共计获八名。行至青汤［阳］汇地方，将八人身入［上］银洋强行搜挖。中有金山人马阿照，因至毛大宝作客，亦被获住。身藏会款洋六十元，恐为所挖，欲跳河图逃，致被警察觉得，乃以草绳将马阿照周身搏［缚］住。不知行至何处，马落河毙命。直至次日，始喧传全镇乡民集合数千人，烽［蜂］至警局，将局内什物尽行捣毁。警士四处逃匿无踪。徐之表弟郭某，恐肇巨祸，乃走至平湖，于某土娼家遇徐植，告知情形。徐即在某土娼家起草，捏词妄报县署，思置全镇乡民于死地。尸母某氏，得讯由金山赶至镇上，欲报官检验。讵现任自治委员张廷济将尸母劝至陆前委员啸琴家，出任调停。适县署派史、刘二委员来机关报调查此案之详情，于是张委员亦邀至陆家内三面调停，卒以前新埭自治委员陆啸琴之主意，由保卫团、警所二方面各出洋一百四十元，交由尸母为抚恤及棺殓之费，具结了事。

——《民国日报》1923年1月8日

平湖杂忆

索 非

我到平湖的日子，刚巧是阴历年底。中国旧俗，每逢新年，各处船只，都停驶几天。因此，我便有机会在平湖多留几日，畅游一趟。

平湖是浙江省属的一个县城，从前名叫“当湖”。当湖本来是个湖名，只因为市镇在湖畔，所以就名叫当湖。现在改名“平湖”。那条当湖，现在也改名“东湖”了。

平湖城的周围，约有十里。形略长方，城墙不很高。从远处看来，并不见城。城内外的街道颇多，可惜都很狭溢[隘]、污秽，不减故城色彩。穿城经约三里，商市还算繁盛。正街几无余屋，就是后街、小街等街，商店在市房中也占了三分之二。

城内有一座庙，叫做“北寺”，地面很广阔。从前是个很庄严的大寺，现在已经成为小贩的商场了。每逢节令，寺内的熟[热]闹，好像上海的城隍庙，形形色色，无奇不有。寺前有二座塔，将坍废。

平湖有二所电灯厂。一在南门外，是市民的。一在北寺后面，是商民自备的，其自备的原因，因为“五四”以后，轰传城外电灯厂有外股，因此另开设，以挽回利权。今年，两厂因事涉讼，以致停止发电，商民咸感痛苦。到年底，由商会出来调停商借，暂时开机，以利商务。我到平湖的时候，发电还只五日呢！

平湖行政方面，不过如是。闻前任知事吕君敩亮，乃是青年健者，办事还算认真。而且深恶烟赌，设法严禁，并且设立戒烟局，以期禁绝，和一般士绅结了不少的怨，因此任事不及六月，就被攻去职了！东湖中有二个湖岛，一大一小，土人称他叫“大湖岛”“小湖岛”，岛上都有房屋。小湖岛的面积很小，除了几间房屋以外，没有余地。大湖岛的面积约有七八亩，除了房屋以外，余地植些花木。那二个岛，从前都是佛寺，现在成为游人憩息的地方了。大湖岛已经改为公园，珠楼哪，茅亭哪，松哪，荷池哪，曲径哪……景致绝佳！可惜地方人士不惯有公共事业。对于公园，大家置之不问。所以，大湖岛上，有几处将近坍废。问问园丁们，都说没有公款修理，只有任它自然！城的东南，有报本寺。寺内有报本塔，地盘也是一个湖岛，不过两端连以石桥，成为交通要道。塔高共五层，登塔一望，平湖全城看得清清楚楚。南望乍浦等处，也历历在目，因为相距只有二十余里。报本寺里有僧人三四十，为现在平湖数一数二的大寺。但是，寺僧大半“饱食终日，无所事事”，“逸则生惰”，“饱暖思淫”，所以不无有不守清规者。唉！独善其身的和尚，已经是社会罪人了。和尚而还加以恶德，真是佛教的罪人啊！我不懂何以现在还有要想遁入空门的青年！

平湖教育，还算发达。公私立学校，约计百所。可惜现值年假，我无缘一一参观。东武高小校，我曾进去参观一度。校内设备，尚称周到。不过，藏书室收藏各书，多经史子集，绝少儿童读物。对于小学，似乎不大适宜。但是教育虽称发达，大半属于有产阶级，没有钱的还是不能享受教育！

城中有通俗图书馆，与民智俱乐部，可惜徒存形式，绝少精神，终年无人浏览。

平湖有日报三种，就是《平湖日报》《民声日报》，与《鹉湖公报》，不过内容太薄弱了。

新年风俗，中国内地，人概相同。年初的赌风，总是很厉害的。就是行政机关的人员，也都狂赌不已。

平民社会，到处呈现着不堪言状的惨况，因为他们久久被压迫，似乎已经麻木不仁了！

我留平湖共十日，中间被雨阻了七天，所以游仅三日。离平湖后，杂忆所得，就乱七八糟地写了出来。

一九二三，二，二四，上海。

——《时事新报》1923年3月12日

平湖县教育会改选风潮

江浙教育厅据平湖县教育会会员钱镇[式]斋等六十三人齐电称：平湖县教育会本日改选，徐会长捣乱舞弊，人散票失，余续呈等语。又据该会会长电称，本日举行改造，县委第二科长、第三科长莅场监察。下午开票，未至开齐，突被会员张恭良、冯衡等，抢扯选票，有意扰乱。除将选票送县外，电请饬县核办，以重选政。平湖县教育会会长徐正衡、张福同同叩。齐。

——《新闻报》1923年4月10日

女监中黑幕重重

平湖新埭陆周氏，去年夏间因土案关系，判处徒刑，在女监执行。阴历本月初三日，女管监王夏氏，因索规费，不遂其欲，竟串通守卫长吴西圜（系方署长亲戚）及其夫王云寿将陆周氏锁以铁练［链］，复私行拷打，以内外均受损伤。核女犯在监受冤不白，只得号洶［啕］大哭。事为方署长所闻，遂向该女安慰一番，并将女管监王夏氏出革。后为其子闻之，痛哭倒地。以母既受囹圄之苦，复遭悍卒之凶，现虽外部已愈，而内部仍便血不止。闻将起诉法庭以雪冤云。

——《民国日报》1923年4月14日

平湖县教育会有解散说

平湖县教育会此次选举，发生风潮，黑暗情形，言之齿冷。业由会员钱式斋、黄美池、黄翊、黄祖廉等，呈请教育厅，以选举舞弊，即饬解散另行改组。兹悉张宗祥厅长据呈后，已于昨日令饬该县知事，查明具报，俾便核夺云。

——《时事新报》1923年4月24日

家庭惨变之不幸

平湖西门外典尺湾地方，有于氏昆仲两人，素不和睦。日前因事口角，乃嫂（适在生育期间）在傍劝解，不但不听，反遭猛力一踢，霎时殒命。该家属已呈报县署。日昨，陆承审员带吏前往检验，确因踢伤毙命。当将凶手带回收押，听候讯究云。

——《民国日报》1923年4月30日

女尼被拐之因果

乍浦北门外沙浪庙女尼补青，年甫花信，姿色可人，且秉性风骚。乃师德和因其外出杳无下落，按该尼补青与城内齐王庙少尼果清甚善，时常往来，而果清与海塘某荡妇系寄拜亲，时往作客，行动颇密，以故补青因而亦得识某荡妇。日久月深，遂与某甲有染，私订偕老之约。近竟唆使该尼潜逃来城，藏匿某荡妇处。一面用金钱运动一般无赖，代为包庇，捏造谣言，以冀淆惑听闻，于是有被文明戏小生钟小痴所姘逃，及为某袜厂伙友所藏匿之说，喧传耳鼓矣。要知皆非事实。并闻某甲与该尼已正式行交拜礼。未知确否。

——《民国日报》1923年7月5日

平湖增加教育费争执

平湖教育经费，每年由县税项下拨入者约共二万四千余元。近来因年岁荒歉，田赋减收，自六年度迄十一年度止，短收共达三万元之巨。惟十一年度已短收五千数百元。故经费殊形支绌。在各校学生，逐见增加，多有以添设教室或增加经费为请者。劝学所长刘渭广，为发展教育计，自不能不设法宽筹县款收入，以利进行。照现在学龄儿童日增，原有学校不敷容纳，亟当依照省令添设学校，以推广义务教育。本届预算，又以实施新学制，将完全小学改归县立，以致岁出入比较不敷更巨。乃拟于抵补金项下每石带收一角五分，荡课项下每两带收三角，以充小学经费。如此，则每年可增收七千五百元，以为扩充县立完全，及补助各区之用。乃有陆芹生者，为平湖富户，首先反对，与其私党王敖仁、奚翔等力图破坏。现在此案已由曹知事提交县议会，奚翔系县议会议员，乃攫得审查长一席，擅将此项带收之县教育费一笔勾销，并任意将完全小学经费及各区补助费削减，一面又运动各业户具函反对。教育界因此公愤，对于县议会，将以严重投入使用手段对付云。

——《时事新报》1923年8月22日

平湖电灯公司将开幕

平湖昌明电灯公司，自奉部令核准注册后，时逾两载，尚未开幕。现悉该厂前经实业部令饬平湖县知事调查延缓开办情形，当由县知事查明具复。该厂额定股本，现已悉数收足，刻正赶事建筑。全部工程，已将完竣，不日即可正式开幕云。

——《时报》1923年9月27日

平湖学界电许教育局长

浙江教育厅：据平湖县教育会城区教育会教职员会自治协进会电称，刘渭广逞私渎职，破坏教育，顷闻委为属县教育局长。学界得讯，异常愤激，势将再酿风潮，不堪收拾。用敢电请收回成命，另由崔、汪中择一改委，以顺舆情而慰众望。

——《新闻报》1923年10月30日

平湖区教育会改选

平湖新埭区教育会现任职员任期已满，前经评议部议决，准定十月二十八日开改选大会。兹录是日开会情形如下：是日，县知事派该区自治委员会高晓兰莅场监视。会员签到者二十五人，各员均依法投票，秩序井然。下午四时开票，张静侯得十五票，当选为正会长。李季垣得十二票，当选副会长。俞少农、林筠□、李怀新、俞咏沂、杨恺夫等八人，当选为评议员，业由该会备文呈报县知事，转呈教育厅长备案矣。

——《新闻报》1923年11月4日

1924年

令催电灯厂开办

平湖电灯公司与商家自办电灯厂，因开办手续未曾完备，均奉部令停止。后由商家自办电灯厂依法改组，更名昌明公司，呈准农商部注册，着手筹备。嗣因原有平湖电灯公司抗不停止，致碍进行。业经本省实业厅令催昌明公司，限阴历十二月底组织完备，即行开办。目下，该公司已向申江添购机件，竖立电木。大约三星期后，即可正式成立矣。

——《新闻报》1924年1月9日

西人售烟护送出境

十六日下午四时，英美烟公司推销员西人马君携带未贴印花税之卷烟，来平推销，船泊西门外接官亭附近。嗣为驻平卷烟特税稽征员包笠侦悉，遂禀知曹知事，会同地方警察，前往劝谕，着即黏贴印花，以重税入。否则开出境内，免违省令。讵该西人所带翻译员答称印花万万不贴，卷烟必须推销。包君等以彼难以理喻，遂即回禀知事核示。十七日，县知事持通咨驻平水警方署长，饬警护送该西人等即日出境云。

——《新闻报》1924年1月18日

集议公债无结果

县知事曹有成募集浙省第三次公债本邑所认款项三万元，特于十八日下午一时，函邀各机关领袖在署会议办法，延至三时许，仅到县参事汤元伯，商会长陆芹生，自治委员计寿石、杨文侯等四人，未能开议，遂无结果而散。闻曹知事拟定期设席，宴请邑中绅富，以便席间讨论云。

——《新闻报》1924年1月20日

女巨骗自投到案

平湖居民魏钱氏，近营珠宝业，并向人家代租珠宝饰物。上月，因向混堂弄钱姓等数户租赁首饰，屡索不归，经人察出破绽，知伊所租饰物，均已当去。遂连［联］名诉追。经县署饬警往拘，魏钱氏已闻风脱逃，仅获乃母到案。经承审员讯明，发押追交。嗣由魏钱氏自沪来平，因不愿牵连乃母，亲自投案。承审员谕暂行发押，候传集各租户再行质讯。闻此案除莫姓等饰物已搜得当票二十一纸，计票面银二千三百九十元外，尚有沈姓等数户当票未获，综计饰物价银约有三万元云。

——《新闻报》1924年1月21日

实行检查邮件

乍浦二等邮局，自二十六日起，所有来往信件，须经警所派员检查后，方可寄递。平湖方面，亦得警所通咨，已实行检查矣。

——《新闻报》1924年1月22日

再议公债仍无结果

平湖知事曹有成为省公债事，于二十九日复召集绅富会议，讵到会者只有钱秉钧、计寿石、干铠君、胡菊龄等数人，且又随到随散，致未开议。闻曹知事拟将该款派作五股，每股六千元，城区得二股，新埭、新仓、乍浦各区均一股，由各区自治委员担任筹募，然亦难收巨款云。

——《新闻报》1924年1月31日

知事请停习艺所

县议会二次临时会决议停办贫民习艺所一案，经曹知事呈请道尹，由道署派委查复在案。九日，曹有成复将应停理由详呈道署，请即明令停办，以节靡费。习艺所方面，已筹划一切，预备结束矣。

——《新闻报》1924年2月12日

明华电灯已开灯

明华电灯公司(原名昌明)自奉实业厅指令限期开办后,即竖杆挂线,积极进行。业已部署定当,于新正开灯,光彩颇亮,商家称便。曹知事已将开灯情形呈报实业厅矣。

——《新闻报》1924年2月12日

水警更换枪械

驻平湖水警第九署各巡船,所有枪械好歹不一,殊非适宜。现悉上峰已通咨该队,自本月十四日起,该各巡船所有枪械,一律更用快五响枪,以壮观瞻。

——《新闻报》1924年2月14日

城厢发现巨窃案

十三日天将黎明时,有贼至东门内学前街义錩顺绸庄,挖墙而入,窃去上等绸缎三十余匹,约值二千五百余金。迨店伙觉察,贼已远飏。遂开具失单,报告警所,由朱宇程所长密谕各处长警严缉,未识能珠还合浦否也?

——《新闻报》1924年2月15日

商界议停付警捐

去岁十二月间,志成钱庄失窃现洋三千余元。不数日,朱彩云银楼又失窃饰物不少。本月十三日,义錩顺绸缎庄又失窃绸缎三十余匹,价值二千余元。虽经警所悬赏严缉,均未破获。商界方面,以三数月内,城厢窃案迭出,警所从未破案,实觉办事不力。拟停付警察捐款,扩充民团,藉维治安。现已草就议案,不日将提请商会实行云。

——《新闻报》1924年2月21日

命案犯误捉原告

大堰乡顾沈氏，去冬唆使内侄沈阿顺、长工沈阿照、许二和尚等，戳毙义子顾二观。由坊役获住沈阿照，送县请究等情，迭纪本报。兹由尸兄顾阿咬投诉，乃母顾沈氏由其婿金某藏匿，并请严究余凶以伸弟冤。乃由县函令军警各机关严缉获案，依法惩办。昨日，驻虎啸警备队，在该乡误认原告顾阿咬为凶犯，将伊获住，解至虎啸桥地方。经人证明，始得释放。并闻顾婿金某拟以六百元向原告私和。惟该处某律师以案关人命，岂可任意起灭。拟具呈县署，将金某及各凶犯从严惩办。

——《新闻报》1924年2月21日

滚木工罢工问题解决

乍浦滚木业之工资，向用钱码计算。去岁，该业同人以现在洋价太长，要求改用洋码，未得木业允许，致于元旦起同盟罢工。嗣由木业挽请乍绅徐眉轩君从中调停，往返磋商，始得解决。其办法，工资仍用钱码，洋价改为一千三百五十文，铜元改作七文。罢工期内双方所受损失，各自负担。现已正式开工矣。

——《新闻报》1924年2月26日

商号改组消息

东城外森昌竹行，亏本收歇，由原号职事金再堂集合新股，接盘老店，加“兴记”二字。金自任经理，已于昨日开市矣。又南瑞泰米行，原股东自新年分析后，重新组织新行，由股东莫颂陶、沈敏文等入新股一万元，继续营业。又西城外得隆油行，陆姓无意经营，宣告收歇，业将各职事工人给资遣散云。

——《新闻报》1924年2月29日

屠宰税按头征收

平湖全县所征屠宰猪税，自十一年四月份起，每月均以三百四十头计算，并无增减，显系包办性质，殊与定章不合。故前日县知事曹有成特令饬县警所所长朱宇程，转饬干警，自三月一日起，逐日挨户调查，按头征收，以清弊窦。一日，县警驻所巡长已分令各所分长遵照矣。

——《新闻报》1924年2月29日

平湖太和典失慎赔款被毁志闻

呆 板

平湖太和典于六月间不戒于火，十三万架本尽付一炬。究其起火缘由，人言人殊，莫衷一是。经理程梯云君，奔走申、杭，颇费心机。始于九月初，奉省令以四成半扣息赔偿质户。庞、邢各股东，调停他典人数，计有七十余员，于初六日开始赔偿。分二处机关办事。一系验票，一系发洋。布置极为周密。无如该地土豪素著，氓民遍地，办事颇非易易。此次以四成半赔偿，众群大不满意。以故甫经数号，即藉两文找头为由，群情大哄。竟将二处柜台物件，先后捣毁一空。办事人员，怆惶奔逃。如袁化同顺典之潘君，被群凶扭住痛殴。如新塍泰来典之沈君，哔叽袍子、贡呢马褂，撕成数十块。如职里闻泰典钱君，落荒狂奔，以致惊急交加，咯血盈碗。并闻竟有跪地求赦者。典业之失色，可谓尽矣。赔款事遂此中止。各典帮心人员，纷纷星散。该典执事，及居停，代表筹备善后，煞费苦心，仍然无补。于事神志澳［懊］丧，莫可言状。现闻诣省请命，重整旗鼓。届时有无事端发生，姑拭目以观其后可也。

——《近思》第15期，1924年2月

知事又催募省公债

本县公署前奉令劝募本省第三次定期借款一案，经曹知事一再邀议，并三次分函各机关职员，竭诚认募。至今一月有余，尚无头绪。故曹知事又于三日分函热心办事往岁劝募内债著有成绩者数十人，极力劝募，务于本月十五日以前，将募集银元，函送过县，以凭填发收据，汇集报解。

——《新闻报》1924年3月5日

水巡长抢劫处女

水警队驻嘉属大凝庄窑上某号巡船巡长朱某，日前率警至乍浦借宿于警察三分所。四日清晨，率同武装水警陈斌、林鑫等多人，拥至常关稽征员伍崇伯家，强劫该家使婢爱贞而出。爱贞沿途呼救，居民咸疑土匪绑票，秩序大乱。嗣由伍氏报告警所，协同追赶，获解警所。闻朱本伍家侍役，垂涎爱贞已久。近闻爱贞已为生母许配某姓，择于本月九日结婚，遂擅离汛地，至乍抢劫云。

——《新闻报》1924年3月7日

扩充警察增加经费

平湖本年度全县警费，前经省署核定，计一等警佐兼所长一人，月薪六十元，公费月支四十元。乍浦三等警佐一人，月薪三十四元，公费十四元。新仓、新埭四等警佐二人，月薪各二十八元，公费各十元。全公〔亭〕五等警佐一人，月薪二十四元，公费十元。全县巡长共十九名，月各支九元。全县警察一百九十九名，月各支七元。伙夫十九名，月各支四元。共全年支出银二万二千零二十元。兹因本年度奉准添加警察三棚，故须增费二千九百八十元云。

——《时事新报》1924年3月8日

新统捐局长接差视事

平湖统捐局局长张承祖调赴嘉兴，遗缺省委陆宗游接充。陆君字观甫，鄞县人，于九日夜班轮船抵平，寓大丰旅社。次日，即至西门统捐分局办理移产，接差视事矣。

——《新闻报》1924年3月12日

业主伤害佃户之诉究

新港坊农民胡二观，承租新仓柯笠樵业田，历年清还无欠。去年，柯笠樵诬指欠租，送县押追，以致二观在押气愤成疾。日昨保出至家即行毙命，尸妻胡管氏率同乃子，向柯姓理论，又遭殴辱，均受伤害。遂具状投县请验，经承审员饬吏验明属实，已准予传案讯核矣。

——《新闻报》1924年3月12日

笋纸船在洋面遇盗

金合利商船月前满装笋纸货物，由闽开驶来乍。讵在台州洋面，惨遭盗劫。目下，该船尚无下落，故不知损失几何。乍浦笋纸业方面，接得台州消息后，已于昨日由该业董事陈邦彦，呈请军、民两长，转饬所属探访矣。

——《新闻报》1924年3月15日

财厅委员查提税款

十八日下午二时，财政厅委员张瀚（字浩若，湖北人）由嘉兴转轮来平，即进县署晤曹有成知事，下榻署内。闻系奉令查提本县各年地丁抵补金、正省税、罚金，及当、牙、屠宰税等司法收入云。

——《新闻报》1924年3月15日

租借山地案重开谈判

乍浦山地租借，交涉经年，尚未解决。前由乍浦徐眉轩、杨文侯等，拟就草约，赴沪与法领事谈判。因彼方不允订立年限，致谈判中止。嗣经县知事曹有成往返磋商，彼方始允书明年限，交涉渐有眉目。故乍浦绅徐、杨二君，已于本月二十日携带草约，赴沪与法领事重开谈判，俟有结果后，须将该项条约，宣示邑人，再赴省署签字云。

——《新闻报》1924年3月22日

知事四次促募省债

县知事曹有成为劝募第三次定期借款事，已迭次邀议，并三次函恳各机关、各富绅认募在案。兹因是项借款，各县都已汇解。本县尚未集有成数，实难再延。故曹知事复于二十五日四次函促代募人，查照前情，已募之款将先行送县，以便汇解云。

——《新闻报》1924年3月27日

山地租借案近讯

法国教士租借平湖乍浦山地事件，交涉已久，尚无结果。日前，乍绅徐清扬、上海绅商姚福同等，曾在杭一次接洽。惟因双方条件相差尚远，未能定案。故徐君已于三十日回乍。至该项预拟草约，尚未宣布云。

——《新闻报》1924年4月1日

旧电灯厂遵令停办

南门外平湖电灯公司与石油电灯厂，因组织不合部章，奉令停止后，由明华电灯公司呈准开办，业已装备完备，于上月正式开灯，经曹知事备文具覆在案。惟原有平湖电灯公司等仍继续开灯，延未停业。日昨浙江实业厅指令县公署，着即停办，限期拔除杆木。县知事当于四日转令县警察所，饬六分所巡长□亭，率警前往，勒令停止。该公司当遵令于即晚停火矣。

——《新闻报》1924年4月6日

南厂停电纪闻

南门外平湖电灯公司，奉令停止等情，已志本报。兹悉该厂闭歇后，各装户群向明华电灯厂添装电灯。惟明华工匠无多，未及于一、二日内装置完备，致各装户无灯可用。各大商店均暂租煤气灯代用，并闻原有石油电灯厂，现亦盘借明华，故目下照旧开灯云。

——《新闻报》1924年4月8日

拨款修葺小瀛洲

东湖内小瀛洲，为邑中名胜。遭洪杨之厄，屋宇无存。光绪年间，邑故绅朱竹石廉访、金苕人观察捐资重建，惜年久失修，又将倾圮[圮]。去岁，县参事会饬匠估修，开列预算五百余金，提交县会议决。由公益费项下，拨款修葺。并经监督官署批准在案。昨日，参会已领到此项经费，由参事汤鼎炘即日雇工修葺云。

——《新闻报》1924年4月11日

诱拐聘妻之诉究

号圩乡朱寿荣子小悌前凭富圩丁大观等为媒，聘定张姓女为妻。前岁，张女来城，至姊夫杨炳生家作客，被住居施弄之钱衡庐引诱成奸，串通杨炳生，将该女为妾，生有一子。现被朱寿荣查得实情，向县公署提起刑诉。奉传于四月九日开庭质讯。原告抗传不到，讯无结果。闻顾某等刻正调停，愿以一百元赔偿朱寿荣，作损失费。惟朱须二百金，方能息案。未识能否和解也。

——《新闻报》1924年4月11日

县议会开会纪

四月十日，为县议会常会之第三日，计到任昉、朱立、陆允中、葛昌枢、朱明、王缵绪、陆惟鉴等七人，已足法定人数。遂于下午一时，依照讲事日程开议。(一) 倪议员玉提议划一赎田洋价案，因提案人不到，公决延议。(二) 朱议员明提议，市乡各机关附设露天阅报处案，初读通过，公决付审查。(三) 陆议员惟鉴提议，修葺公园案，初读通过，公决付审查。时已三点三十分，遂散会。附十二日议事日程如下：(一) 倪议员玉提议划一赎田洋价案(延前会)。(二) 县参事会交议参事会职员减薪案。(三) 县参事会交议第六校请追加经费案。

——《新闻报》1924年4月13日

电灯风潮平息

南门外电灯公司奉令停办，刻各店肆已向明华公司装点妥当，夜市渐复原状，电灯风潮可告一段落。惟南门外之杆线尚在，明华厂因催曹知事速令拔除，经县令行警所，由朱所长请南厂关系人朱某，至所面谈。据朱称，该厂各项机件、厂基、杆线，均已抵押于上海中日银行，自奉令停灯后，即派员向该行接洽。该行允即派员来平料理。目下派员未到，如须即日拔除，不妨饬警办理云云。

——《新闻报》1924年4月13日

租借山地案近讯

乍浦山地租借一案，久延莫决。近日曹知事与法人密商，改订租借期六十年，期满得继续租借。拟不日会同法教士等，赴杭签字。惟王交涉员以此项租借年限，与成案不符，至多以二十五年为度，期满不得续借，令饬曹知事慎重办理。十五日，乍绅徐眉轩、杨文侯、驻乍炮兵营张连长、驻乍警察所王警佐，均乘乍嘉煤气轮赴禾转省。闻与此案有关云。

——《新闻报》1924年4月18日

蚕桑近讯

本邑四乡蚕户，均于四月二十三日左右下种孵化。目下，最早者已于二十九日头眠。至迟者约在今日（五月一日）。桑叶萌芽颇好，发育亦速。价目赊货三元三四角，现货二元八九角。东、西叶行约在八日左右开秤。东、西大昌等各茧行，均已租出云。

——《新闻报》1924年5月1日

罗知事莅新

县知事曹有成，省令调署龙游县知事，遗缺省委罗庆昌（四川人）署理。罗君原拟本月一日来平，嗣因乍浦山地案，须在杭接洽清楚，故遂展缓。现于六日由杭州起程，在嘉兴留宿一宵。七日上午，乘嘉平辅车轮来平，抵埠后即进署接印视事，并呈报当道，布告合邑人民知悉云。

——《新闻报》1924年5月9日

蚕桑菜子之行市

本邑四乡春蚕，目下最早者均已大眠，至迟者亦已出火。各茧行亦均遍贴通告，预备收茧。预定开盘价格六角有零，桑叶于数日内暴涨。十六日早盘，最高五元五角。午、晚盘，六元三四角。又本届油菜发育颇好，本可十足收成。讵阴历今月初旬，阴雨连绵，寒暖不定，收获未免减色，大约再迟十日左右，当可上市，价约六元五角左右。

——《新闻报》1924年5月18日

平湖游记

沈佐廷

光阴如箭，岁月如流。余作客春申，倏已年余。上月初，同乡周君招余回里。予本欲返乡扫墓，因乐允之。惟以时晚，不及搭轮，故约定次日出发，并留周君晚餐毕，畅谈一时。周君别去，予即安卧。是晚，归心如箭，直至四更，始昏然睡去。晨醒，正旭日东升，群鸟出林之候。予急披衣起，早餐毕，周君适至，谓余曰：时已不早，可以出发矣。遂雇车而往，至大达码头，登轮购票。九时许，忽闻汽笛呜呜，船即行动。是日也，天气晴明，和风送爽。予启窗外瞩，则波光如镜，水天一色。浦中轮舶帆船，往来如织，洵可乐也。舟行约八小时，遥见万屋栉比，舟楫云集，则平湖城已在望。未几，舟抵码头，时正日薄崦嵫，万家灯火时也。予与周君匆匆登陆，至城内义昌馆晚餐毕，即出馆信步游览。平湖城内街道虽狭小，然颇清洁。店铺林立，商业繁盛，电灯照耀，映如白昼。予等游毕市景，乃投宿于大丰旅馆。房间极小而清雅异常。此亦颇觉适意也。(未完)

——《大世界》1924年5月19日

平湖游记(续)

沈佐廷

次日晨起已八时，早餐毕，予等匆匆出旅馆门，至城外东湖畔，雇舟返家。予于船头踞坐，遥瞩四周，则见湛绿湖光，蔚蓝山色，一一呈于目前。又见白鸥、翠鸟天际翱翔。点点风帆，往来不绝。天然图画，大足以拓我胸襟也。无何，舟抵家门。予付船资讫，即与周君登陆，分道返家，时已红日正中，故抵家时，父母弟妹等，适在午餐，见予归，皆喜甚。盖余拜离双亲已年余矣。次日，信步游览乡景。当时莺啼柳陌、酒酌花村之候，万紫争妍，千红斗艳，柳阴麦浪，一碧无涯。芳草野花，众香可爱。益以菜花如金之铺地，洵奇观也。复前行，遥见茅舍数椽，竹篱掩映，桃红柳绿，萦绕四围。二三牧童，骑牛放鸡，令人羡慕田家之乐。转观九峰，则山色连天，似近实远。古庙数卒，点缀其间，洵可为天生美景也。返沪后，因连日天雨，独坐无聊，爰握笔记之，以作消遣。

——《大世界》1924年5月20日

乍浦交涉案近讯

乍浦山地沙田，被人私售法国天主教士一案，交涉已历年余，其间经过情形，迭志本报。近日，教堂方面已提出租约，大意租期为六十年，期满仍得续租。其他赎回之地，不得再行租借、售卖、转让或给于［予］第三者。所租地亩，遇事发生，或省政府认为必要时，应予估价收回。惟地方人士意思，租期当再缩短，期满不得续租。租地四周面积，以足敷所建房屋之用为限，并于订约前详细勘定，绘具图说，不容含混。其他租息之数、收回办法，均须确切载明。乍浦商会、教育会等，已于日前将此意陈述省方。闻省署方面，近日正在考虑该约内容。三十日，罗庆昌知事以接任伊始，对于该案内容，均未知悉，特于三十日亲赴乍浦，拜谒乍绅徐眉轩、杨文侯等，同往法人所购地区域勘察，并详询经过情形，以便处理。

——《新闻报》1924年6月2日

禁止代人缮状

县知事罗庆昌查悉近来民刑诉状，及各种声请书等，除当事人能亲自缮写，照章得在缮状处自行誊写外，时有非当事人，擅入署内，代人缮写，迹近教唆，实干法纪。因于昨日布告严禁，藉重诉讼。

——《新闻报》1924年6月6日

长途电话开始通话

浙江长途电话平湖分局，附设于电报局内。新篁等各路话线工程，兹已完全告竣。业于十六日起开始通话。并悉该局现正与平湖电话公司接洽通线。一俟两局电线接通后，凡本邑装有电话各户，预先交存电〔话〕费于公司者，即可直接通话云。

——《新闻报》1924年6月19日

平湖暑校来沪聘讲师

平湖旅外学界，假暑期余暇举办暑期补习学校，来沪聘请讲师，将于二十一日开始。沪方应聘者有交大戈宗渊、戈宗源、戚其渊，南大戚其祥，沪大郭辰、彭善新等云。

——《民国日报》1924年7月17日

山地交涉案近讯

乍浦山地案自发生迄今，已历三载。去岁始由省政府训令平湖县署禁止教士在交涉尚未解决以前，继续建筑。县署奉令后，即饬乍浦警察所将陈山、黄山两处未竣工教堂，勒令停止工作。无如法国教士马则司（译音）竟敢违抗我国地方官禁令，擅自重兴工作。乍浦警佐王秉钧据报后，立即率同长警，前往各该处禁止动工。该法教士不理。现闻平邑人士，不日将有大规模之反抗。

——《民国日报》1924年7月26日

请办清乡

平湖县议会、商会、农会、教育会于昨日电省，请办冬防清乡。其原电云：巡阅使省长钧鉴：时局甫定，伏莽滋多。现避冬防，非办清乡，不足以清匪患，环请准予举办，以安闾阎。旋接巡署复电云：平湖县议会转农、商、教三会同鉴：电悉，关于冬防、清乡二案，已另有令，即发矣。此复。

——《新闻报》1924年11月19日

知事更调

罗庆昌知事顷奉省令调省候用。遗缺另委李树慈接充。刻下罗知事已整备移交，约在一星期内，即可交替。

——《新闻报》1924年11月26日

平湖县知事之履新

新任平湖知事李树慈，已于一日正式履新。当日，乘舆拜会在城领袖，以联感情，并发表房培深为民政科长、陈裕为财政科长、陈学龄为教育兼实业科长。其他人员，亦将有一番更动。

——《时报》1924年12月6日

起征抵补金

李知事今日布告，十三年份抵补金银串，已饬征收人员，分别造齐，定于本月八日起，在署投柜起征。计每石折收正税三元，省税五角，□捐三角，征收费一角七分二厘。如在开征日起十五日内至柜清完者，每石奖金六分，以示鼓励。又新东、新西两坊，每石须带征疏浚新埭镇市河经费一角云。

——《新闻报》1924年12月7日

省委查讯破坏传教

西城门外天主教堂梅神父，查悉乡民郭阿龙等散布流言，妨碍传教，特函请驻沪领事向沪交涉署提出交涉，由沪署咨请浙江交涉署，派委汪濂来平查讯，汪抵平后，即于七日借座县法庭，开庭传讯。郭阿龙等完全否认，汪委员以查无确证，遂谕开释。

——《新闻报》1924年12月10日

1925年

发起沪平轮船

沪平交通，向有闽南、大东、湖江等轮，乘客非常拥挤。近由胡谨修等发起，组织平沪轮船公司。购日快轮，行驶沪平航线，额定资本六万元。现正从事招股，一俟招集足额，即行开始营业。并闻该轮有变汽管、双汽车，故速力甚强，一小时可行四十五华里，沪平间当日可回。

——《民国日报》1925年4月13日

彭司令函查垫费

陆军过境，由参事会招待事务所办差，垫用夫役、船只等旨，及借用物件。彭德铨司令特函致该事务所，查讯该军过境需出费项及借用物件。详细查明列报，以便归还。该事务所接函后，即查明开单，检齐商店发票，函复查核矣。

——《民国日报》1925年4月13日

论平湖钱业之近况

醉　天

满清中叶，上海之商埠未辟。吾省东南之市场，时有称于乍浦者焉。乍浦南通福建，北达江苏，交通便利，万商荟集。吾邑平湖，居乍浦之西北，相距不过数十里，一苇可达，人民藉以启化，商业赖以发展。洎乎洪杨历劫，乍浦城市萧条。转辗迁移，侨居平湖者，日形繁多。因此平湖一地，商市为之大振。兼夫地土丰沃，出产富饶。陆[稑]陈花米，商店如林。至论吾业之创始，在洪杨前仅有银号，逊清时方始改组。惟是谁为先导，已难于稽考。此中佼佼者，则方氏与胡氏。方氏后裔，今已弃业。胡氏已祖传数代，子孙赓续，垂今一百数十余年矣。钱商握各业之枢纽，获利尚稳。踵之而起者，共一十有二。未几，因光复而相率倒闭。惟同裕（徐声甫经理）、瑞源（今李庄甫经理）、恒升（今程莲伯经理）、志大（今曹佐才经理）四家，既而兵燹湮息，有效而开设者。续有志成（孙慎乡经理）、永和（曹子明经理）、同胜（周响泉经理）、慎余（李肖山经理）、永盛（胡守中经理）等。同裕因股东不睦，析为同裕庚记（经理徐如韦）、同裕增记（经理人陆镜心）。去年间，新盛继永盛之后（经理田秉身），复有德慎（胡谨修）、衡兴（经理孙级香）之设。今岁春，同胜改组，号曰同盛（经理程守如）。数平湖各庄，资本最巨者，计五万四千元，最小者一万六千元，普通者约二万余元。内部分正账、副账、信房、洋房以及东西跑市及学徒等，不过十余人而已。账情除往来外，佐以长期及汇兑。垫款之最大者，厥推米业，纱布次之。外埠如乍浦、海盐、新仓、新埭、张堰、新篁、金山卫等镇。均有往来，拆息、汇水逐月由同行公议。惟同行嫉妒，每多挤轧。规章虽严，暗中难免有越轨之举动。况商界恶例，最忌挤轧。吾业近年来，更觉日甚一日，此中以老庄为尤最。每以自欺之手段，而求媚于主顾。考民十以还，新庄年有创设。而钱业之章程，亦时有改削。观其大意，无非有碍于新庄耳。长此以往，遂致背道而驰。此谲彼诡，谁复同舟相济？以故一衣肆之微、一袜厂之设，资本二千者，辄负有十倍之庄款。一旦搁浅，方后悔无及。此情此景，数见不鲜。谚曰："道不同不相为谋。"今道虽同，而不相与谋，足见商人自私自利之一斑矣。有谓平地钱庄，今有十二家之多，诚金融界之好现象，亦钱业之荣盛也。余曰否。今日之盛，即来日之衰。十年后之金融界，必呈一败涂地而不堪收拾之局。苟钱业诸公，如能跃然省悟，和衷共济，谋新发展，谋新改革者，方不至于一落千丈耳。惟平庄之人才，大抵采及本县或本乡，生于是，行于是，既少外界交际，更鲜他邑阅历。虽或富有才干，惜不知他埠钱业之大势，改革云何，发展云何，或作狗苟蝇营，或袭父师余荫，夜郎自大，无异于黔地之驴耳。余书至此，人必责余为信口欺人。然则余之言、余之文，实无一语虚诡，且无一句空构。披陈疵点，秉笔直言，盖欲醒悟人之醉梦，方拟求吾人之改革，阅者得不以余为狂谬乎？

——《钱业月报》第5卷第4期，1925年5月7日

平湖新埭之援助运动

平湖新埭各界，得沪上惨案消息，群情激愤。十二日，由国民党第一区分部教育会□□会校长联合会，假座教育会开四团体联席会议，议决：（一）组织宣讲队。（二）通告商民定十四日罢市半天志哀。十三日，商界假同乐社开会，议决罢市半天。十四日下午，在公共运动场开国民大会。到者学生六百余人。商、农界一千余人。主席曹迪先报告开会宗旨。继由杨造时等演说。语语痛心，听者感动。继

并联合大游行，沿路喊口号。五时始，各分队而散。又公团方面组织援助上海工人会，分四路募捐。十四日一天，结果已得三百五十余元云。

——《民国日报》1925年6月17日

平湖船查获烟土

闸北水巡队长警，前日在北新泾平湖班小火轮客舱内，查获云土十四包。舱内搭客，均不承认带土。因将此项云土，起解司法科核办。

——《时事新报》1925年7月27日

平湖日报馆被封

本县平湖日报馆，于八月一日晚间被县警察所派一所巡长至馆发封，并将已印二日报纸取去。故二日该报停版。嗣悉县知事李树慈前曾奉到省令，查禁宣传赤化。而该报二十六等日登载中国共产党青年团宣言，该知事遂密令警察所长朱骥将该报发封。现该馆已向当局声明，此文系转载《向导周报》，并请迅予启封云。

——《新闻报》1925年8月3日

平沪轮局成立

本邑张丰受、胡敬修①等发起之平沪轮船公司，定额资本洋六万元，业已如数招足，轮船亦已订定。昨假王宅开创立大会。上午九时，各股东咸到会投票，选举监察、董事两项职员。下午一时，开票，计选出沈志刚、胡敬修二君为监察员，张受丰、韩怡民、王性嘉、周叔初等为董事。闻日内再行开会，讨论互选董事长及经理、协理云。

——《时事新报》1925年8月12日

城区民党成立第一区分部

平湖城区国民党党员于本月十一日借淑英女校开第一区分部成立会，推陆

① “张丰受”后文又作“张受丰”，“胡敬修”疑为“胡谨修”之误。

赓为主席，开会仪式如下：（一）全体党员向国旗、党旗行三鞠躬礼。（二）向总理遗像行三鞠躬礼。（三）宣读遗嘱。（四）静默二分钟。（五）同志演说。（六）选举区分部执行委员。开会毕，由县党部筹备员丁眉孙演讲本党历史及三民主义之精义，与党员今后之努力，勉励党员恪守党章，为国牺牲，以达到中国自由、平等、独立为目的。次举定陆恭良、钱贻毂、胡人杰三人为执行委员，并互选陆恭良为常务委员。议定党务进行办法数条。征求新党员以图扩充，并闻县筹备员以现在第一、第二、第三、第四各区均有区分部成立，即将组织县党部，以便利党务进行。

——《民国日报》1925年8月13日

平湖发生选举风潮

嘉属平湖县国民代表初选举，已于四日在县开票。惟该县当选名额只有一人，而暗中运动者有徐某、张某等二人，旗鼓相当，各不让步。当县署开票之时，失败者竟聚集一千余人，撞进票场，将选票扯毁。一时秩序大乱，警察当场拘获二人，旋即释放。该县李知事，当晚飞电省长请示。

——《时报》1925年9月8日

县署委员勘荒

平湖各乡田禾，初受秋热，继遭螟患，致白穗遍野，秋收大受影响。兹由各乡农民，向自治员告荒。经自治员转报到县，现经李知事派委李介青，会同自治员赴乡勘荒，以明实在。

——《时报》1925年9月15日

平湖日报馆近讯

平湖日报馆主笔徐尚彼，上月因该报登载宣传赤化文件被押，迄今未释。日前，由徐呈请开释，现经批示，事关宣传赤化，案情重大，未便开释，候传到关系人李许佳、徐逸民，讯明核夺云。

——《新闻报》1925年9月26日

乍浦山地案之省令

浙江军政两署，训令平湖县知事云：案据乍浦商会、教育会、自治会电称，山地案久悬未决，教堂现又动工，闻将炸山凿石，重兴土木。迄迅饬制止，以保国权等情。据此，查乍浦山地，前经天主堂购置，并未税契承粮，产权本未确实，况该地现正由交涉员磋商收回，尤不得任令动工兴筑，致多纠葛。前据特派交涉员呈请饬县监视不准动工，即经前督办卢、省长张令饬该县知事，会督营警，设法禁阻。并据该县呈复，业经饬警劝令停工各在案。据电前情，合行令仰该知事，立即查明，照案办理，并将情形克日具报，毋延。

——《时报》1925年10月6日

平湖现状谭

第一师第一旅旅长第二区戒严司令石铎所部军队步兵二连，于二十一日上午五时抵平。其一连驻扎本城北仓弄便民仓内，一连开往乍浦驻防。戒严司令部拟设仓内。

内河水警第二区区长方旭初，率同巡船三十艘驶驻乍浦，以固海防。现方区长发贴布告略称：我军赶敌，离乍甚远，如需夫船，当在苏境征雇。凡尔人民，毋得惊惧，致滋纷扰。倘有造谣索诈、冒警强拉等情，严究不贷。

本县典当，因银根日紧，无法维持，将有限价质物之说。乍浦某当已限每件当洋最多五元。

——《新闻报》1925年10月23日

平湖消息三则（一）[①]

一、平乍守备司令石铎，因时局尚未大定，沿海防务未便稍懈，仍饬所属，各守防地，慎重驻守。

二、沿海顾家桥现由水警一区六队朱振芳驻守，山西桥由二区五队董澄海驻

① 标题为编者所拟，原题为《平湖》。

守，长安桥由二区七队徐昆山驻守，新兴镇由二区九队金春波驻守。

三、本县冬防将由各保卫团提前举办，惟是否联合为有系统之组合，尚未确定。

——《时报》1925年11月24日

平湖简讯五则①

一、驻防长安桥、顾家桥、新兴镇沿海一带水警，已奉第二区长命令，于今日开回原防。

二、水警二区区长方景铭，前赴南京报告防务，业已回乍。

三、新仓新组临时保卫团已成立。

四、衙前夏莱仙，在乡有不轨行动，经司令部派人捕获夏本人及余党二名，又快枪三支、匣子炮一支，当解司令部严究。

五、乍浦、新埭各处保卫团，亦已准备冬防。

——《时报》1925年11月30日

平湖消息三则（二）②

一、第六混成旅军队，现将移驻苏常一带。该旅驻平留守司令部各营营底及军医院等，即须移往，已定八日开拔。

二、第六混成旅军官，近日来平，携带眷属前往者甚多。

三、县署代雇民夫船只，预备六旅营底开拔时搬运。

——《时报》1925年12月8日

平沪交通益行便利

平湖至上海，水路交通向有闵南公司及夜班轮船局，现邑商韩怡民等，合资组织轮局，定造双烟囱快轮，每日来回平沪。现已造就，准于二十六日开驶。预定每

① 标题为编者所拟，原题为《平湖》。

② 标题为编者所拟，原题为《平湖》。

日上午七时开沪，下午一时回平。平沪交通，从此益便。

——《时报》1925年12月20日

新知事将莅平

平湖县知事张鹏，前因新昌县缺未曾交卸，由少委周铁英暂代在案。现张氏已交卸就绪，将于下月一日，到平接事。

——《时报》1925年12月22日

平沪快轮定期开班

平沪转回快轮，定于二十六日开班。兹该轮驶行经过各埠为平湖、新埭、洙泾、佘来庙、叶榭、闵行、上海等处。

——《时报》1925年12月24日

知事接任消息

平湖县知事张鹏定于元旦莅平接事，曾志本报。现据杭州确息，张定于三十日动身到平，三十一日接事。

——《时报》1925年12月29日

1926 年

平湖光华袜厂参观记

平湖袜业开通颇早。先进之厂，首推光华。余耳熟其名久矣。本月中旬，因调查航路，赴平湖一扩眼界。并得知友居君简斋之介绍，勾当既毕，径往该厂晤其经理高琴泉君，与厂中诸执事。高君人极谦冲。年近四旬，精神强固，举止朴实，望而知为有恒心、有毅力一流人，不觉为之肃然致敬。谈次，高君自述渠发起此厂，距今已历十有六载。其初开办，平地未有袜业，并不知袜业一项，提倡工艺，挽回利权，于我国实业有莫大关系。而高君独能于众人目光所不甚注重之时代，以伟大之思想、灵敏之手腕，沟通风气，一意经营，遂乃逐渐扩充，愈推愈演，后起纷纷，奉为模范，可谓心精力果，有志竟成矣。余于该业虽少经验，然此次游览，得之目击，谨据参观所及，约举优点，厥有四端。援笔纪之，贡诸邦人之评隲国货者，亦刍荛不废之通义欤！

（甲）管理之缜密

该厂组织井井有条，不独职员、技师，判分权限，其营业收发、会计、文牍，以及漂染、烫踏等部，均有正、副主任，互相助理，画到告假，注明表册。每月考察勤惰，绝无瞻徇。由总理身为之率，厂规严整，冠冕一时。

（乙）出品之精致

该厂原料完全国粹，所出之袜，不下四十余种，五光十色，戛戛生新。其间最为社会所欢迎者，男线袜则为青岛牌，女线袜则为洋房牌。中、小线袜则为飞马牌。中、小纱袜则为双狗牌。其针织品之美女牌，与夫毛织品之彩色青岛牌，系冬、夏所必需。其价格尤为克己云。

（丙）织工之挑选

平湖袜业创自光华发轫之初，技师聘诸硖石、嘉禾一暄，藉以教导本地女工。历年既多，织工逐渐进步。同时，各厂继起，初业日盛。而承揽该厂之机户，均系一手造就。萃其精蕴，手艺之捷，他厂殆莫能望其项背。近年添置机器，大都打样定造。查得领机簿据，有一千二百余部之多，其发达可知矣。

（丁）推销之积极

该厂门市批发，本省杭嘉湖各属，均有坐庄接洽，往来汇款，每年统数约在二十万有奇。六七年来，增设发行所于上海民国路天主堂西首，专消[销]京、津、鲁、豫、扬子江流域一带。其南洋群岛、爪哇、菲列滨[律宾]各大商埠，无不远道来沪直接交易，合计该厂内外批发之总数，当在七十万左右。于浙西袜业，洵堪首屈一指。

——《工商新闻》1926年1月1日

新知事接事纪

本县知事张鹏，原任新昌县，于十一月十四日奉省长训令，调署平湖。嗣因移交不及，由少另委周铁英来平代理。现张知事于〔十二月〕三十日下午三时由嘉兴乘轮到平，在东码头上岸，即进县署。三十一日上午，由代理周知事将印信、卷宗移交，张即出示布告就职，并呈报省署云。

——《新闻报》1926年1月3日

催征赋税之严厉

浙省因逢内战，本年需款八百万元。本县由财厅派定至阴历年底止，解足十七万元，限一月十五号解七万五千元，二月十五号如数解全。张知事恐难足数，特行传谕吏役速行追足。如年内不能缴款八成，即予比追云。

——《新闻报》1926年1月7日

因米贵采购客米

本县米市，今岁因出货较少，价格暴涨不已。每石米价，几至十二元左右。现各米商已赴朱家角等处采购客米，不日可到。价格或可见松云。

——《新闻报》1926年1月7日

沪平轮船竞争颇烈

平湖至上海航线，自上月二十六日添增平湖轮船以来，因该轮当日可以来回，生意非常发达。致原有闵南公司日班轮船，稍受影响。现闻闵南公司已决调湖江路，改走沪平线，每日亦开来回班。定本月二十四日实行。

——《时报》1926年1月8日

新仓屈圩迭遭盗劫[1]

县公署于十八日下午据新仓区屈圩张宝荣、顾兆麟报称，张姓于十五〔日〕夜三更时，被盗匪二十余人持械抢劫，损失现银、衣饰约三百元。事主被火灼伤。顾姓于十七日晚被盗持械抢劫，损失约六百元。并被抢去保卫团枪二支。兹盗等有操李地口音者，现由县知事下乡莅勘，饬水陆警察严缉云。

——《新闻报》1926年1月20日

闵南局添开早晚轮

闵南协记轮局，现为便利旅客起见，于阴历十二月初八日起，加开平湖早班，每日上午七时开申，上海晚班每日午刻开平。所有新埭、洙泾、佘来庙、叶榭、闵行五埠照常停埠接客，价目亦较便宜。至原有老班，仍于每日上午九时开班，价目亦不削减云。

——《新闻报》1926年1月20日

乍浦电灯厂放光

乍浦绅商合资筹设电灯厂，屡志本报。现悉该厂已组织就绪，所有南门外、北河滩、南河滩等一带，刻已放光。西门、北门一带，须展迟数日。光线尚好。乍地夜市，或可赖以振兴。

——《时报》1926年1月22日

南货业要求加薪

平湖南货业同人，因生活日高，要求加薪。业已推举代表向店东接洽。闻其所拟加薪办法，凡在四元以下者加四成，四元以上之成数次第递减。十六元以上

① 标题为编者所拟。原题为《平湖》。

不加。以乙丑年正月起计算。

——《时报》1926年1月26日

衙前区又出盗案

本届冬令，四乡迭生盗案。现有衙前区旧东衙坊牛贩周和尚，又于昨晚突遭盗劫，损失现洋八百元、衣饰四百元。业已报官追究，未识能否弋获也。

——《新闻报》1926年1月27日

盗案破获消息

平湖新仓区阙圩顾兆麟、张保荣及衙前区周和尚等家劫案盗犯，现由江苏驻闵行水警捕获四名。驻新仓警佐，昨特到平报告县警所长，请予提回，归案讯办。

——《时报》1926年2月7日

增设丝厂不准

平湖缫丝事业，前由计兆麟呈请组织振业汽机丝厂，由县转核备案在案。兹有海盐人李开福，又呈县组织福利缫丝厂，核与丝厂条例第七条一县在五年内不准第二厂设立之规定抵触，已由县署批驳不准。

——《时报》1926年2月7日

戒烟所撤销

平湖县戒烟所，由前知事吕斅亮创办，已有五载。兹由县知事张鹏令将该所撤销，以节经费。至戒烟人犯，将另行设法，使之戒绝。

——《时报》1926年2月8日

夺田面酿成命案

平湖新仓乡黄家浜农民潘阿小阿全，与胞兄阿春因争夺田面，致起争闹，竟将阿春用铁锄击毙，现尚未解决。

——《时报》1926年2月8日

除夕枪决盗匪

八日夜半，庆记轮局益宁轮，由上海开平，在新埭区朱仙汇地方，突遭盗劫。当晚在青扬[阳]汇地方，捕获盗匪陈小江、沈正金、沈阿二、沈徐福、顾荣新、李诏长等六名，手枪一枝[支]。当将该盗犯分别鞠讯，均各〔供〕认不讳。经县知事电呈上峰核准，判予一并枪决。于阴历除夕，由张知事验明正身，解赴南教场枪决。

——《时报》1926年2月16日

上年商业概况

平湖各商家乙丑年营业状况，以米业为最好。盖去岁米价暴涨，十二月间涨至十二元一石。故各米行均获厚利。钱业各家，均有利息。袜厂共四十余家，向为实业巨擘，去岁营业大振，获利颇丰。他若绸布、烟纸、洋货、南货各业，则盈亏不一。今岁有少数商家，虽有更动，惟大部分均可维持现状。

——《时报》1926年2月16日

缉私三四营合并

驻平湖缉私第三营营长施魁，奉统部令与嘉兴第四营合并，改为第二营。由施为营长，即日前往点收文卷、枪械。

——《时报》1926年2月16日

鼎元绸布号停业

平湖鼎元绸布号去岁亏恒升庄一千三百元、衡兴庄二千八百元，同业云锦祥一千元、郭鼎泰六百元。于昨（十七）日被债主轧款，停止营业。

——《时报》1926年2月19日

米价暴涨未已

平邑为产米之区，米价素贱。去岁上半年，每石米价尚仅七元有余。入秋后，逐渐增涨，至岁底，每石已需十一元有零。今正又连涨未已。现上等米每石须十二元二角云。

——《新闻报》1926年2月23日

袜业公会开会纪

平湖袜厂林立，虽迭次风潮发生，然基金富厚，故毫无影响。但去年因竞争廉价，故盈余之家不多。日昨由会长张伯仁发起召集会议，为维持同业起见，将各货均提高价目，不准贱卖。闻明日尚须续议云。

——《中国报》1926年2月24日

春瘟盛行

平湖自新年以来，天时不正，兼多雨雪，因之四乡各区，春瘟盛行，且病症极快，颇有不及医治者。

——《中国报》1926年2月26日

日领事调查内地报纸

县警察所杨所长奉到县公署一九八号训令，略谓奉到杭州日领事馆函开，嘱调查本城新闻出版物，并代办一份等语。查本邑曾有《民声报》《平报》二种，准函合行照办。仰该所长遵照，按式查填等因。杨所长奉到训令后，业已令江巡官向各报馆调查清楚，列表填注，并购报纸一份，据情呈复县署，以凭函送日领事馆云。

——《中国报》1926年2月26日

善后公债分别还本付息

县公署日昨发出布告云：奉浙江财政厅训令内开，照得善后公债第一次还本抽签。现经本厅提前于二月五日在杭州总商会举行，所有各票中签号码，并经登报通告在案。此项中签债票，应自本年三月一日起，开始还本。同时发付本债票第二期利息，仍以省内各中国银行，及各县公署为经理还本付息机关。除分令外，合行印发号码清单，仰该知事查收布告，各持票人一体知悉。如持有浙江善后公债票对照号码中签者，务于本年三月一日起来暑［署］呈缴债票，领取本息。其未中签者，亦即持票来暑［署］领取第二期利息，毋稍迟误云。

——《中国报》1926 年 2 月 27 日

过塘行倒闭

乍浦朱世丰过塘行，去岁因受时局影响，致亏空三四千金，已于今春起宣告停业矣。

——《中国报》1926 年 2 月 27 日

改良土丝之进行

本县以蚕丝为大宗出产，每岁由各茧行收茧烘干，运沪销售，获利不丰。现张知事拟依照省订试办改良土丝规则，邀集士绅，筹划创办缫丝厂事宜，以□需用而利行销云。

——《新闻报》1926 年 3 月 1 日

组织大成钱庄

平湖钱业城厢区现有十二家。兹悉又有沈沛然等发起集资组织大成钱庄，不日当可实现。

——《时报》1926 年 3 月 6 日

平湖的妇女生活

俞晋贤

吾要讲到平湖的妇女生活，先要谈谈关于妇女方面的风俗。大概可以分为两部：西乡、东乡。在西乡的妇女，有一句俗俚，叫做："脚肿大肚皮，吃饭笑嘻嘻。"就这两句，也可证明西乡妇女懒惰的一斑了。即如田中工作，也莫不归男人担负，妇女并不助理。所以东、西乡的土地，肥瘠判分两途。西乡的妇女，既如此怠惰，所以也没有生活可言。至于东乡的妇女，那是都能耐劳耐苦的了。往往整理家务以外，还能够进而研究其他的工作，去补助他的生产，充裕他的家计。现在且让我把东乡的妇女生活，大概分两部份[分]来讲。

（一）关于补助田作方面的工作

关于补助田作方面的工作，又可分为两部：

（1）助理耕种　在我们平湖的东乡，有一种很恶劣的风俗，就是乡中的小茶馆。到了农人空闲的时候，往往到茶馆中闲谈、聚赌，于是把田中所有轻微的工作，莫不委之妇女代理。讲到妇人固然能够很勤的帮助丈夫，不辞劳怨，这是很可嘉许，值得提倡的。至于在茶馆中闲谈聚赌，既易生懒怠心，并且最能够伤风败俗，是亟宜禁止的。

（2）畜牧　吾乡又有一句很可笑的俗语，叫做："田庄不养猪，好像秀才不读书。"也可见畜牧是田家不可少的事了。大概以牛、羊、猪为大宗。牛呢，大都借他力来帮助田作；羊和猪呢，大都借他粪来供给肥料。至于喂饲食料的职务，那是都归妇女担任的。如割草、放牛、饲猪等，也是由妇女担任。

（二）关于生产方面的工作

关于生产方面的工作，也可分为两部：

（1）织洋纱布　我在未讲到织洋纱布以前，先要申明一句。从前我们平湖还有一种织纱布的，但是后来机器纱——洋纱——风行，于是东乡的妇女，大都改织洋纱布了。至于织洋纱布，先应托熟人到平湖各洋纱庄立了折子，然后再领取洋纱到家中纺织。大约每捆一十六绞，可以织布十二三个。每个布长约二丈，阔约一尺一寸。工钱每捆一千文、一千数百文、二千文不等。大概都看所织布好坏而定的。至于在东乡一带，每年织洋纱布的工资，可达五万余金，这也可观了。

（2）摇袜子　摇袜子是在民国以后新发生的妇女生活。起先在平湖只有一二家袜厂，但是后来逐渐增加，到现在共计已有四十余家了！摇袜子也是先托熟人到袜子厂里立了折子。再领取洋纱，到家中摇成袜子，然后向袜厂换取工资。袜机是各袜厂可以出租的，租金大约每月两元。但是目前因为各袜厂竞争生意起见，所以大都收一元了。除了摇袜子以外，还有烫袜、缠袜头等。工资因为袜子大小的不同，所以也没有一定的规定。不过倘能专心的做，每人平均每日可得工资五角以上。所以全年一个妇人的进款，也是很可观的了！总计我们平湖的摇袜工资，全年共有十五余万金之多！生意的发达，也可窥其大概了。

照上面所说的，都是乡下的妇女生活，但是末后的一节，就是摇袜子，城中的妇女也都从事的。其他还有替人做衣裳、替人做佣工等。不过不大多见，所以我也不多赘说。

——《生活周刊》第1卷第20期，1926年3月7日

米贵声中之所闻

本县米价近日又涨二角，每石已须十二元八角。预料一星期后，当至十三元外。闻新仓有小贩福建人阿五，竟因断炊自缢云。

——《新闻报》1926年3月12日

新埭浚河情形

新埭市河，因年久淤塞，于二月二十七日开工疏浚。现第一段工程已完全告竣。第二段亦已动工云。

——《新闻报》1926年3月15日

平湖之教育状况

平湖县公署昨奉教育厅训令云：案据省视郭智石查报该县十四年度教育状况到厅，查教育主任陈学林、城区区立第一初级小学校长俞元，处事有方。乍浦区立第二完全小学校，办理合法，应均传谕嘉奖，以资鼓励。该县教育人才，既称日见稀少，亟宜设法培养，以应需要。通俗教育，关系社会至要，并应妥筹整顿。乍浦区立第一初级小学校长刘绪琅、第五初级小学校长莫文培，现均办理无方，应即申

饬勒令整顿，仍由该县知事随时督促。如仍不振作，应予撤换。其余应行改进诸点，以及未尽合法各校，均应按照所指，分别遵办，以期完善。合行抄同报告，令该知事遵照。

——《中国报》1926年3月27日

禁止外人在山地建筑

乍浦山地交涉一案，与外人谈判多年，尚未解决，而该处教堂外人，竟不俟解决，在山上大兴土木，擅自建筑。经乍绅徐清扬等函呈卢香亭，请予查禁，以保主权。业由总司令部令县查复。县知事张鹏训令乍浦自治办公处，及警察所查明具复，由杨自治委员会同杜警佐前往履勘属实。遂由县公署重申禁令。该外人如仍私自建筑，着即勒令停工。如不听阻止，则呈请交涉员向该管领事严重交涉。

——《时报》1926年4月23日

平湖同业调查

岭　云

平湖自鼎革以来，百业凋敝，钱业亦多停止进行，所剩者仅一二家而已。嗣以市面逐渐恢复，同业亦因此日增，计有十四家之多，今庚更有新创者二家，即大成、康大是也。股东尚称雄厚，大成现已上市，而康大则未。乍浦亦有新庄组设，牌号震源，经理为傅朗夫。股东伙友多属甬籍，似较原有之旧庄为着硬。现已开始营业。惟乍地近十年来市面日渐衰落，大宗行业，一无可称，独于钱业不减而增，是岂商业发达之好现象欤？抑穷斯滥欤？则未敢加以臆断矣。附录平湖同业牌号于后：

平湖钱庄业牌号表

牌　号	经　理	资本(万元)	地　址
瑞源	李庄甫	2	学前大街
志成	孙慎卿	2	学前大街
慎余	李肖山	2	学前大街

续 表

牌 号	经 理	资本(万元)	地 址
同裕赓记	徐韦如	2	学前大街
同盛	程守如	3	学前大街
同裕增记	陆镜心	2	学前大街
康大	汤勤伯	3.6	学前大街
新盛	田秉身	3	学前大街
恒升	程莲伯	2	城隍庙前
志大	曹佐才	2.4	景贤寺前
永和生记	沈宾来	5	孟家桥堍小街
衡兴	孙级香	2.4	东门内小街
德慎	胡谨修	2.4	东门内小街
大成	沈沛然	2.8	孟家桥堍

——《钱业月报》第6卷第3期,1926年4月26日

私带邮件之取缔

县公署昨奉省令,略谓邮政归国家经营,人民不得私带。近闻各处轮船、帆船、水手、脚夫人等,常有私带邮件之举。上年邮费加价以后,此风更甚。若不严行查禁,于国库收入殊多妨碍云云。张知事当即转饬警厅及商会劝谕查禁。如违,即照邮章处罚。

——《新闻报》1926年5月16日

示禁士绅干预词讼

平湖县公署,昨出布告云:案奉省长令开,案查民、刑诉讼,关系于人民身家性命,至为重要。司其事者,应如何鉴空衡平,方足以保障人权,亭平庶狱。访闻各县不肖士绅,对于民间词讼,往往包揽营利,任意请托。一纸之状词甫进,多方之关说迭来;判牍之墨沈未干,联名之保状即至。甚至甲党为原告说项,乙党又为被

告说项。为地方官者，惑于应酹之困难，亦不惜委曲求全。以致颠倒是非、混乱黑白。言之殊堪痛恨。亟应通令严行诰诫，嗣后如仍有地方劣绅，干预词讼，应即严词拒绝，其涉及唆讼嫌疑者，并应按律讯究。如敢顽抗不遵，准密呈本省长核办。各该知事，亦应清白乃心，整躬率物。如有徇情受人请托，查出从严撤惩等因。奉此，合行布告，仰绅民人等知悉，其凛遵毋违。

——《中国报》1926年5月17日

新银楼定期开幕

新仓新元兴银楼，业已组织就绪，布置完备，定于本月二十日开幕。

——《时报》1926年5月19日

西巷鱼市停市半日

乍浦西巷鱼市，营额甚大。惟山水客及行家，各因经营上之操纵，意见颇不一致。每年必闹风潮。日昨（十六）行家方面，借栈家增加栈资为由，向山水客提出意见，即须实行。而山水客以年来生意不好，不允其请。而栈家方面，以此事与自（即栈家）无分得失，盖栈负其名，而行得其实也，以致相特［持］不下，竟停市半日。至晚，始由各报关行调停，乃完了此交涉。

——《中国报》1926年5月20日

演剧筹款加演清串

平湖互助救火团自步救火联合会后尘，续行演剧筹款后，所雇上海竞进社文明戏，演来尚称卖力。现悉该团于今（十七）日起，添请鸳湖社清串昆曲。该社社友对于剧学，颇有研究。故登舞台，定能博观众之欢迎也。

——《中国报》1926年5月20日

兄弟争夺遗产涉讼

平湖新庙坊有宋阿大者，生时将家产分给二子，自留田十三亩，作为养老之需。自阿大故后，依例将该项膳田，由其二子全和、保和二人均分。乃全和占而不与，致保和心不甘服，向县告诉，已于今日开庭讯问。经承审员讯以后，判处全和将田一半，计六亩五分，归还保和。否则，照市给价云。

——《中国报》1926年5月20日

乍沪汽车路之筹拟

乍浦九峰，外人之建有避暑山庄者，年多一年。惟因僻处海滨，只有小轮可通，来往甚感不便。兹据某教友传述，谓教堂方面，欲便利外人来乍游历或避暑起见，由上海至乍浦，将建筑一长途汽车路。其计划营业性质，在交通方面，甚有裨益。现方组织公司，筹备一切。一有端倪，即须实行。

——《时报》1926年5月29日

平湖观灯纪

孙筹成

浙江平湖东门外，建有大王庙，内供汉大将军霍光偶像。相传，明嘉靖时，倭寇东侵，沿乍浦而进犯平湖。遥见硕大无朋之人，坐于城上濯足。慑其威而退。沿江居民，以为此系霍将军显圣。故每届旧历四月十八日至二十日三天，因系霍将军诞辰，必悬灯志庆，以祝其功。数百年奉行弗替。回忆三十年前，随父赴平湖作客，距灯期相近。拟观灯后返杨［沪］，奈先严业医，恐病家苦待，不及久留，致未如愿。厥后旅食四方，每拟往观，辄以事阻而未果。前日阅报，知今岁筹备甚力。十九日，适值星期，停止办公，故乘此偷闲往观。爰将见闻所及，略志如下。

由沪赴平，近来日班小轮价廉行速，泊于南市大达码头。十八日上午十一时半启轮，经闵行、佘来庙、得胜港（即齐卢战争时孙传芳进攻松江之处）、泖泾等处，下午五时抵平。码头上亦挂灯结彩而悬国旗。城外横街、后街、庙街以至城内大街、汉水桥等处，观者已拥挤不堪。途为之塞。天空张有天幔，桥上搭盖彩亭。所悬之灯，六角居多。围以五色纱绸而垂排须。惟因燃灯烛，手续太烦，故皆空其所有。旁设汽油灯以借光。绸缎局与洋货铺所扎之彩，争奇斗胜，更觉鲜艳。街头扎有彩台，悬于空中，约数十座。内置“狸猫换太子”等各种京戏。店伙坐于柜内，以线牵动，则栩栩如生。予友某君谓牵线之店伙不啻刻下政局之政客。台上之木偶，实一班善于内战之军阀耳。语虽谑，颇合乎情。内有两彩台最为人所注目。一设女工三，手摇袜机。一置农夫二，脚踏水车。寓提倡女红、农业于游戏之中，别开生面，用意甚深。观者咸赞叹不止。入夜，万人空巷。妇女排坐店内，如上海玻璃橱内之陈列品然。佐以灯光，更觉妩媚。各大店铺均备有留声机器，大唱京调小曲。驻听者既餐秀色，且能悦耳，无不眉飞色舞，趋之若骛矣。据旧友张珉孙君云，光复以后之灯兴，以今年为最盛。其原因如下：(一) 去年今日，战事甫停，驻军未撤，人民咸有戒心，致未举行。(二) 今岁适值蚕事初罢，农民手中较裕，故四乡来观者倍于往昔。大王庙内香烟缭绕，霍将军夫妇木偶并坐大殿。桌上满供祭菜。皆蒙其庇佑而酬谢者。两旁衔牌直立，系红底金字，内有一块书"威慑岛夷"四字，殊令人触目惊心也。

——《新闻报》1926年6月3日

鱼市状况纪略

乍浦洋山鱼汛，东、西两巷，颇为发达。本年东巷冰鲜，上汛获利不少。目下四月半汛，适内地蚕开门之际，本属极好机会，无如到货不多，致无以应售。而西巷鲞鱼，刻正货旺，因之价亦大跌云。

——《中国报》1926年6月5日

已完粮串无须缴价

邑人张云山，在民国十三年间，价买潘佩秋之西坊龙王塘荡地，所有六、七、八年份粮串，系由原业户承定，系浙江垦放局办事细则第二条，无须再缴地价，因之张系据条例，呈请省署，请令垦放局向海沙场调查是项荡册串根云。

——《中国报》1926年6月9日

虎立拉症又发现

平湖去岁虎立拉盛行，幸设时疫医院，及针治防疫等等，始得扑灭。今年时方五月，即因天时不正，又复发现。幸尚不甚蔓延云。

——《中国报》1926年6月13日

组织闽乍海轮公司之筹议

乍浦为浙省海口，昔年商业颇盛。自上海开为商埠之后，市面日渐衰败。然而，进出货物，若木材、闽糖、瓷器、笋干、纸货等类，仍属不少。惟来往均用民船，装儎殊觉不便，且行驶海上，时有危险发生。近有丁菊墅等为便利闽乍交通，振兴乍浦市面起见，拟组织海轮公司，向上海花旗洋行租用海轮，行驶乍浦、海门、温州、平阳、福州一带，转运货物，以利交通。现在筹备中，能否实现，容后再志。

——《时报》1926年6月18日

五十五团驻防平湖[①]

陆军第五十五团董良史部步兵三营、机关枪一连，甫于十八日调平驻防。今晨（二十二）又奉到嘉兴孟昭月司令电令，于上午十时，率队离平。有开往海宁之说。

——《时报》1926年12月24日

董良史团离开平湖[②]

董良史团于二十二日上午十时，奉令开禾，转赴海宁驻防，已志昨报。董团离平时，将本县代办之军米、稻柴，悉照市价偿还，剩余之米七十二石，亦悉数发还。开拔时，亦无拉夫举动。故民间对于该团军纪，舆论颇佳。

——《时报》1926年12月25日

陆军第二师第三旅第五团驻扎平湖[③]

陆军第二师第三旅第五团步兵两营、机关枪一连，今晨（二十七日）奉驻禾段承泽旅长命令，开赴平邑填防。由王团长率领，自嘉兴徒步出发，沿汉塘来平。县

① 标题为编者所拟，原题为《平湖》。
② 标题为编者所拟，原题为《平湖》。
③ 标题为编者所拟，原题为《平湖》。

知事张鹏闻讯后，即通知水陆警机关，及各法团领袖，至西郊外白马堰镇嘉兴县地界迎迓。午后二时，该团军士始陆续到镇。三时许，整队进城。至大南门始兴会馆、禾丰堆栈、宝塔寺等处驻扎。

——《时报》1926年12月29日

县公署招募民夫[①]

县公署今晨（廿七）奉到嘉兴司令部命令，招募民夫一百名。张知事即如今紧急会议，阖邑官绅到者二十余人。佥以时在岁底，市面攸关，不宜强制招待，致乱民心。最后决定于轻罪监内圈定犯人三十名，先行解往嘉兴调遣。然民间已受惊非浅，乡民均闻风避匿，不敢进城。

——《时报》1926年12月29日

联军进驻平湖[②]

联军第二师第三旅段承泽部第五团第于［二］营步兵五、六、七、八共计四连，及机关枪、手枪队各一连，二［于］二十七日午后由第五团长率领，自嘉兴步行抵平，分驻于大南门外前次军队所驻各营房。团部设越郡会馆内。团长王家贵，直隶济宁县人。尚有步兵一营、炮兵一连，日内亦须开到。已由兵差处勘定西林寺及西郊外各茧厂为营房，以便驻扎。

——《时报》1926年12月31日

招雇民夫[③]

县署奉嘉兴司令部令，招雇民夫一百名，经官绅会议，决定在轻罪监及警局拘留所内圈定若干名，不足之数，由警所长王庆荣，令饬各分所警佐巡长，将境内无业游民，拘所补充。故昨晚（廿七）查夜时，在客栈及赌窟内提去多人。

——《时报》1926年12月31日

---

① 标题为编者所拟，原题为《平湖》。
② 标题为编者所拟，原题为《平湖》。
③ 标题为编者所拟，原题为《平湖》。

1927年

嘉平交通恢复

嘉平交通断绝已久，现因腊尾岁底，被扣各轮，均已次第发还。大东公司之禾乍汽车轮，由禾开乍、回禾，业已先行恢复。辅车、轮船公司及老公茂轮局之嘉平班，明日（十六）起，照常来回。其他大达公司新仓轮局之嘉兴班，日内亦须恢复。一般商店收□员，均已整装待发。嘉平交通，完全恢复原状。

——《时报》1927年1月17日

平湖康大庄来函

启者：读贵报本月二十日平涌新闻栏内所载新仓东合森米行被轧倒闭一节中，有该行亏欠各庄款项，并及康大庄亦有五千元等云。按敝庄与该行并无往来，访闻失实。事关经济，理合备函更正。务乞照登，以昭翔实。平湖康大庄启。一月二十一号。

——《时报》1927年1月23日

严 催 欠 赋

财政厅科员沈作则奉委莅平守提国赋，于二十日抵埠，与县知事张鹏商定，即日解款三万元。张知事即向城区及四镇各租栈催缴欠赋，限令即日完纳。汤家浜徐姓租栈，未知底细，致生误会，该栈主人及账房汪某，被县署传案押交。后经征收主任厉闾如说项，将欠赋七百元当晚清缴，始得无事。其他各租栈，见此情形，知难再延，于昨晚、今晨，纷纷到柜完纳，集足成数，交沈科员带厅复命。

——《新闻报》1927年1月23日

平湖老天主堂考

吾平湖在元代已有圣教，进教者亦众。洪武鼎兴，天下扰乱者久之，因而中断。明末,因杭州徐、杨诸公,相继进教,平湖士民,观感兴起,进教者遂众。满清定鼎,统治中原。康熙一朝,待遇圣教,尤称恩渥。大员进教者既众,士民望风兴起者益盛。吾平湖城内之老天主堂,即于是时建造。十字高竖当湖(平湖别名),万民咸仰规范。不幸康熙朝后,如雍正等朝,皆以苛待圣教为能事,查封教堂,改为寺院。后收教产,作为公帑。平湖之圣堂,亦未能幸免也。今细按老堂地址,今改为淑英女校。进校内数十步,有铁十字架屹立于前。地方人士,尝设法拔去之。然始终未能移动一步,亦云奇矣。乃以松板掩之,意谓以固校墙,实则无法去之,藉此以避教中人之耳目耳。堂之地基,占地甚广,约廿八九亩之谱。今皆为一般商店之市屋,不复为吾教之地矣。噫!可不痛心乎!吾辈进城,老天主堂即所谓老天主堂街者,为必由之路。目击沧桑,咸慨弥深。观今日吾圣堂僻处乡隅,昔日之优立城中,可胜悲哉!鄙人略志数言,他日有编吾平湖教史者,聊作刍言可也。(杨进德来稿)

——《圣教杂志》第16卷第1期,1927年1月

织袜工厂缓期开工

平湖织袜工厂大小百余家,行销苏、皖、浙三省,为本县出口货之大宗。每年新正初十左右,即须开机出货。今年因时局关系,出货不易畅销,颇有停顿之虞。光华、当湖、公大等厂经理,昨在袜业公所邀集同业,对于开机日期,决定从缓。大约阴历二十左右,方可开工。

——《时报》1927年2月16日

内河小轮均被封用

驻平缉私营昨奉联军运输司令命令,封用内河小轮,以便军运。今晨(十六)嘉兴班、海盐班、乍浦班等轮船,均被封用,暂停航行。上海夜班轮以得讯较早,避匿无踪。故今(十六)日起亦告停驶。

——《时报》1927年2月19日

县知事更换

党军到平时,北籍官吏,纷纷离职而去。如水警队长秦其昌、缉私营长施占

魁等，业经禾区长委施从滨维持水警，斯师长委蒋溥生代理营长，陆警王锦堂所长亦经政务会指令免职，委前所长朱宇程回任。知事张鹏当周凤岐军斯烈师长到平时，曾面请派员接替，未经允准。现闻杭州政务委员会业将新任县长委出，闻系前水警厅督察长叶锡光（号舜久，温州人），不日莅平接事。张知事已命各科长属员赶办结束，以便交替。

——《时报》1927 年 3 月 18 日

县长奉委到任

国民革命军第二十六军政治部所委任之平湖县长叶夔光，已于十三日抵平，寓同安客栈。十四日上午十时，由县署卫队迎入署内。经卸任知事张鹏将印信、案卷、公款，一一交代。叶县长即行布告就职。

——《时报》1927 年 3 月 19 日

统捐新局长接任

平湖统捐局长汤国棠，奉令换任，遗缺由二十六军政治部委令俞成章接充。俞字丽生，本省绍兴人，业于十五日到局莅新。

——《时报》1927 年 3 月 21 日

通令严禁彩票

各种有奖债券，具赌博性质，风行一时，因之败家丧生者，屡有所闻。虽经官厅一再禁售，而不久变更名目，买卖如故。玩视禁令，莫此为甚。目下浙省在党治之下，兴利除弊，不遗余力。对于彩票一项，尤具禁止之决心。本县叶夔光县长，昨奉政务委员会训令，严禁彩票，无论本省、外省，一概禁止售卖，并不得变更名目，阳奉阴违。叶县长奉令后，即于廿二日出示布告，并通令县警所及各镇警分所一体严禁，如违征办。故今日市上已无彩票发售。各票号亦预备改营别业矣。

——《时报》1927 年 3 月 27 日

防止闹米风潮

近日，米价日贵。贫民时有铤而走险情事。绍兴等处，已发生闹米风潮。总指挥白崇禧特电各县县长，预为防止。原电云：据报绍兴有流氓聚众抢劫米店等情事，业经令饬军警严拿解省法办。如各该县有同样情事发生，应即一体照办等语。叶县长奉令后即通令县警所及各镇警察分所随时查察。

——《时报》1927年3月27日

欠缴银漕布告催征

新任县长叶夔光，查阅张前知事交代案卷内，十五年份银漕已经到柜完纳者，未满半数。当此军事期间，需用浩繁，亟应从速催缴，以裕国库。昨特面谕征收主任厉阊如，认真催缴，俾资□付。并于二十一日出示布告，限令欠缴各粮户，即日来县完纳，切勿再延。

——《时报》1927年3月27日

妇女解放协会成立会纪

平湖妇女解放协会于二十日下午三时在汤家浜贻穀［诒穀］女子中学开成立大会。军政治部、县党部、区党部均有代表莅会，指导一切。男、女来宾五百余人，会员六十余人。推举徐月璘为临时主席，报告开会宗旨，及筹备经过。来宾演说有李郁堂、陈惟□、朱难林等。会员演说有潘淑珍等。辞长不录。最后唱革命歌，高呼口号而散。

——《新闻报》1927年3月28日

会衔布告严禁恶习

本县县党部妇女部长李怀新，接奉省党部妇女部训令，对于妇女缠足、溺女、养媳、蓄婢、纳妾等蔑视女权、蹂躏女性之恶习惯，在此青天白日旗下，以后绝对不准发生此等怪现象。导即会同县公署出示晓谕，当由常务委员伊寿昌，县长叶夔光，会衔布告，严行禁止矣。

——《新闻报》1927年4月1日

县长免职另委

二十六军政治部委任之县长叶夑光，现奉省令免职，遗缺由政务委员会任命潘忠甲接充，不日来平接事。

——《时报》1927年4月3日

县市乡农会取销[消]

本县叶县长昨奉省政务委员会训令，略谓各县县市乡农会，系由智识阶级组合而成，与真正乡农，不生关系。着即取销[消]。依照农民协会条例，组织各级农民协会。叶县长已函致各农会遵令取销[消]，另行组织矣。

——《时报》1927年4月9日

禁止迎神赛会

迎神赛会事属迷信，在今党治之下，势难举行。故本县城隍庙道侣，对于本届清明节赛会一事，事前并无预备，而党部方面，亦已函县请禁。由县令饬警察所切实禁止，以后永远不准举行。

——《时报》1927年4月9日

城隍会奉令禁止

每届清明，本县城隍庙例有赛会之举。现在党治之下，万象维新。此种迷信神权之事，自无存在希望。故本届清明，该庙道侣并无预备赛会意思。而县警所方面已布告禁止。凡迎神赛会等迷信情事，嗣后永远不准举行，以免阻碍民智。(四月六日发)

——《时事新报》1927年4月10日

县执委定期接事

第一次全县代表大会产出之下届县执行委员高晓兰、王鸿飞、伊隐樵、陈心树、张静侯、张松年、陈迪侯等七人，于二十四日下午二时，在县党部开第一次谈话会，决定于五月一日接事。

——《时报》1927年4月28日

奉令禁运劣辅币

县公署于念五日发出第二九号布告云：案奉省政务委员会第四五〇号训令内开，查福建省街口中华癸亥、民国甲子，既广东省新出十一年之双毫辅币，流通市上，必致扰乱金融，为此特颁禁令，仰该县长即便转饬所属，一体认真稽查，毋稍疏忽。如有奸商将前项劣辅币私运入口，即行拿解司法官署究办。一面布告商民对于前项劣质辅币，停止通用，以重币政，切切此令等因。奉此，除分令警所随时认真稽查外，合行布告，仰阖邑民众，一体周知等语云。（四月二十五日发）

——《时事新报》1927年4月28日

一区定期选执委

城区第一区区党部，由党员大会议决，定于五月一日，改选执行委员。今日（二十六）呈报县党部备案，并请届时派员到部监视云。（四月二十六日发）

——《时事新报》1927年4月29日

《平湖日报》将停版

《平湖日报》社前在孙传芳时代，被诬赤化。报馆发封，主笔入狱。浙省克复后，由社长李许佳函致县党部转请县公署启封复活。所有编辑事宜，归县党部聘请陈迪侯、谢复二人担任，经济则由李许佳独力负担。一月以来，颇为竭蹶。有于四月三十日自动停版之说。本邑言论机关，又将中断。

——《时事新报》1927年5月2日

县党部委员交替

下届县党部执行委员及监察委员，定于五月一日接收办公，所有党部内职员，由常务委员伊隐樵通告终止职务，于三十日完全结束，静候新执委接事后，另加任用，以请手续。

——《时报》1927 年 5 月 3 日

袜业商协会选举委员

本县袜业商民协会，于十五日下午二时，借东武学校开成立大会，选举职员。张伯成、高琴泉、张卓成、李明夫、陆公我、朱玉书、严哲卿等七人，当选为执行委员。戈厘百、叶粹安、周剑青、王少山、杨子秋等五人，当选为纪律裁判委员。

——《时报》1927 年 5 月 17 日

灯 市 纪 闻

阴历四月十八日，相传为汉大将军霍光诞辰。有谓明代倭乱时，霍曾显圣护民，有功平邑。是以每届此日，各商号皆挂灯结彩，必有一番热闹。本年循例举行，城内外各街弄均悬挂灯彩，尽情斗胜。本邑水陆警队、缉私营、保卫团，及总工会纠察队，均莅场维持秩序。各团体宣传队，亦在场散发宣传品。庙内及大湖墩公园，遍贴标语，琳琅满目，各色俱全。中山公园内，方开书画展览会，陈列各种作品。

——《时报》1927 年 5 月 21 日

沪平航线恢复

沪平航线断绝已久，各轮船均停泊乡间僻港，不肯行驶。现届端〔午〕节，客商来往必多。日商夜班轮船公司，特请某日人将该轮护送来平。路上并无阻碍，日内即须正式开班，以利客商。

——《时事新报》1927 年 6 月 5 日

奉令逮捕顾建中等八人

县政府二十七日晚奉杭州戒严司令部密令，将驻平常务指导员顾建中，党员伊寿昌、干城、张静侯、王鸿飞、俞品璋、柴祥祺、徐月璘等八人密拿解省。遂于今晨（廿八）在城区拿获伊寿昌、柴祥祺、徐月璘三人，在乍浦区拿获顾建中、俞品璋二人。又干城一名在新仓区拿获。均已由县看管，尚有张静侯、王鸿飞两人未获。

——《时报》1927年6月30日

徐月璘等释放回平

本县党务指导员顾建中、常务委员伊寿昌，及党员俞品璋、柴祥祺、徐月璘等人，被人控告陷害，在戒严司令部控诉勾结共产，扰乱治安。经司令部令县密拿解省，发交陆军监狱暂押候讯在案。现闻此案原告张英等实属并无其人，不知是谁化名诬控。顷接杭讯，除顾、伊两人暂押候讯外，余均先行开释。徐月璘已于三日回平，俞品璋等三人明午（四日）可到。此间各团体已预备欢迎矣。（七月三日发）

——《时事新报》1927年7月5日

平民识字运动提灯大会

教育局发起之平民识字运动提灯大会，于五日晚举行，各团体在是晚七时许，齐集公共运动场，由县党部代表俞品璋任总指挥，排列次序，由党部前导，总工会及各工会、教育局、旅外学生联合会、男女学校、军警等团体，依次出发。时疫医院之救护队，亦随队游行。行至西门小街望云桥时，大雨倾盆而下，但总工会及水警第九队两团体，仍回至原处而散。

——《时报》1927年8月8日

轰动全邑之解除婚约案

本县女中学生刘贵贞，与未婚夫王祥瑞性情不合，在县政府提起控诉，请求解除婚约。王祥瑞亦具状辩诉。一时风声所播，轰动全邑。昨经徐承审员开庭讯问，原告刘贵贞亲自到庭，陈述理由，并请殷国骥律师出庭辩护。旁听者五百余人，女子居三〔分〕之一。被告王祥瑞临时避不到案，原告律师请求缺席判决，庭议以缺席判决，须三次不到，方可允准。俟勒传被告到案，再行讯明核判。

——《时报》1927年8月22日

公立医院之筹备

本县慈善家徐馨甫、徐韦如、潘思齐诸君，鉴于邑中劳动界及贫病者之多，特发起一公立医院。在公立医院未正式成立以前，为救济贫病起见，先行组织一临时公立医院。每日求诊者有八九十号之多。有俟募款有着，即将公立医院正式成立云。

——《时事新报》1927年9月29日

县党部之新职员

平湖县党部新任各执行委员，于昨日（一日）下午宣誓就职等情，已纪本报。兹悉是日宣誓就职典礼举行后，即由指导员刘棣华召集第一次县执行委员会，推定张松年为常务委员兼组织部长，杨造时为宣传部长，俞品璋为农工商干事，黄厚香为青年妇女干事，胡剑英为妇女兼组织部干事，周珣平为庶务会计兼宣传部干事，钱式斋为庶务，陆惊一为秘书处主任。陆未就职前，由张松年暂代。胡剑英未到任前，由俞品璋暂代。推定后，即散会。（十月二日发）

——《时事新报》1927年10月4日

令准试办平湖初级中学

平湖县教育局长徐月璘，呈送初级中学岁出、岁入经费预算书，请省政府核示。省政府以该预算书所列之款，除收入预算书中之县地方公益款以之拨充教育费，有无窒碍，应查明专案声复再核外，余均暂准试办，并令开具该校课程、学制及教员、学生一览表，绘具全校平面图、说明书，各送两份，呈候核办。至学校设备，亦为重要。该校应备之图书、仪器、标本等目录，亦令一并造送二份，以凭并核。收支预算书应补送一份，以备存查。此令业由平湖县县长暂行遵照矣。

——《国立第三中山大学教育周刊》第2期，1927年10月7日

款产委员会成立

本县管理公产公款委员会，经潘更生县长奉令召集，于昨日下午一时，在旧参事会开成立会。出席委员朱岐侯、计咏芝、高晓兰、陈心澍、张静侯（监察）等人。潘县长主席，如仪宣哲就职，并推定陈心澍为常务委员云。

——《新闻报》1927年10月13日

款产会编造县预算

本县十六年度地方岁出、入预算表，前奉省政府指令，暂归县政府编制。教育局等机关，早已遵令造送到县，汇编定当。现因管理公款公产委员〔会〕，业已成立，是项县预算，应归该会负责造送。县政府亦将已成各项移转该会。常务委员陈心澍，连日会同朱岐侯、计咏芝、高晓兰诸委员，将已成各款，详细审查，未成各款，从新编制。一俟完竣，即须呈请省政府核准施行。（十一月七日发）

——《时事新报》1927年11月9日

药品带征教育费

本县教育局昨接桐乡县教育局来函，拟联合嘉属六县，呈请上峰，在戒烟药品售价项下，每两带征教育费四分。兹将原函节录如下：浙江戒烟药品专卖事宜，各县均已设立分处，按期开办。查各县十六年度教育费预算，收支相抵，不敷甚巨。亟应添筹经费，以资弥补。兹拟联合六县，呈请在药品售价项下，每两带征教育费四分。如荷赞同，希于五日内见复等语。现闻陈心澍局长已于今日专函具复，深表同情，协力进行矣。（十七日发）

——《时事新报》1927年11月19日

各区款产委员发表

县政府今日（二十六）聘任计咏芝、王撰春、薛勋阁为城区管理公款公产委员，杨文侯为乍浦区委员，陈心澍为新仓区委员，高晓兰为新埭区委员。

——《时报》1927 年 11 月 28 日

印花税支处成立

平湖印花税支处已于十二月一日在甘河街邮政局隔壁正式成立，发行新票。所有以前已售于商民，尚未贴用之旧票，须加盖商店戳记，限三日内开具清单缴送原发行机关，汇送印花税处。另定分期换发新票办法，如逾限不缴，概行作废。（十二月一日发）

——《时事新报》1927 年 12 月 3 日

党部反对催租旧制

本县对于农佃催租，向由催租公役承办。自国军入浙后，由前县长叶夑光呈准省政府将所有催租公役，一并取销［消］。秋收以后，各租栈因恐农佃顽抗租米，环请县政府恢复。当经潘县长酌量地方情形，另订办法，令各租栈推荐合格公役，录取三十余名，恢复催租旧制。惟县党部方面尚未同意。经第十四次执委会议决，函请县政府撤销。

——《时报》1927 年 12 月 21 日

沪平内河又添快轮

本县闵南、平沪、商业、夜班等四公司行驶沪平一带这冗余河快轮，不下八九艘。商旅往来，尚属便利。现因平邑商业，日臻发达。岁底在即，往来客商必多。曾由平沪、闵南两公司合资向上海船厂订造双叶快轮一艘，船名联益，价约二万八千余元，船身较平沪轮加长一丈，速力［率］相若，为内河杰出之快轮，已于前晚落水来平，今日起开班行驶。沪平道上，交通又称便捷矣。

——《时事新报》1927 年 12 月 28 日

1928年

典业劳资纠纷解决

本县典业劳资两方发生纠纷，为日久已，迄未解决。现经县党部、总工会从中斡旋，双方渐趋妥协。定于本月七日，在县党部签订条件。届时县政府亦有代表列席，以示郑重。

——《时事新报》1928年1月6日

地保畏罪自尽

杨墅坊地保张金德，平日挥霍无度，将征收银漕滥用，亏欠甚巨。保人屠长寿恐遭牵累，曾向县政府征收柜声请退保。现因年关在迩，债务丛集。张金德无法弥补，竟于五日夜服毒自尽。保人屠长寿将负赔偿之责，懊丧异常云。（一月六日发）

——《时事新报》1928年1月8日

催租处难望撤销

本县县党部为解放农民起见，对于催租处表示反对，曾经执委会议决，函请县政府迅予撤销在案。兹悉省政府有训令到县，对于催租处仍须设立，性［惟］严禁吏役需索。如有狐假虎威、压迫农民等情事发生，定予严办，不得徇情。潘更生县长奉令后，将规定之催租役办租路费章租［程］，于十三日再行布告，重申禁令。（一月十三日发）

——《时事新报》1928年1月15日

拆城筑路案之近讯

本县拆城筑路一事，动议已久，未见实行。现闻全县公款公产委员会，已接到县党部公函，略谓拆除城垣，建筑马路，业经执行委员会访外交惯例，请查照办理等语。当经转请县政府核办在案。兹悉县政府方面，已将原案呈送省政府请示，一俟令准，再行核办。

——《新闻报》1928 年 1 月 15 日

农佃仲委宣誓就职

平湖县高级农佃仲裁委员会委员刘棣华、张松年、陆恭良、陈迪、顾家骧等五人，于十四日下午一时，在中山纪念堂宣誓就职。县长潘更生、县款委员会常委陈心澍，及各机关代表多人，咸到会观礼。各委员如仪宣誓后，接开第一次会议，讨论要案多件而散。（一月十四日发）

——《时事新报》1928 年 1 月 16 日

带 征 特 捐

政府今天奉到省令，因为北伐积极进行，军需孔亟，议决在地丁抵补金项下，暂行带收军事善后特捐。地丁每两和抵补金每石，都带征一元。自本年四月一日起，无论新旧钱粮，一律带征。（觉）

——《中央日报》1928 年 2 月 21 日

统捐局长易人

平湖县统捐局长沈汝骥，奉令与财政厅秘书华振基对调。华号祝三，长兴人，已于二十日来平。日内即须接事。

——《时报》1928 年 2 月 22 日

金融界之新消息

平邑商业，年来日趋发达。金融事业，大有求过于供之势。现闻绅富葛继乔等合组一协康钱庄，资本为五万元。现方积极布置，日内即行开幕。

——《时报》1928 年 2 月 28 日

折城筑路案之进行

本县拆城筑路一案，前经县党部议决，函请县政府及款产委员会照办。嗣准县政府函开，请将议决案函送到府，以凭汇呈省政府请示核办。现闻县党部议决办法三条，函复县款产会转送县政府查照。兹将拆城筑路之具体办法三条，照录如后。(一) 县党部、县政府建设科、县款产委员会、城款产委员会、总工会、县商民协会、县商会等机关团体，各推代表一人，并聘请富有经验之人员二人或四人，组织拆城筑路委员会。(二) 指定先拆东门一段，由汤家浜至水洞埭。(三) 其他详细计划，由委员会自定之。(二月二十八日发)

——《时事新报》1928年3月1日

县府劝募公债会议

县政府为续募二五库券事宜，于今日(二十九)午后一时，邀集各劝算员在府会议，讨论摊派办法。结果从前次未经认购各户及认而未缴各户着手施行。一面调查荡田业主，令其按照田亩认购。

——《时事新报》1928年3月2日

荡田业户摊募库券

县长潘忠甲以平邑荡田一项，仅完灶课，向无漕米。此次民田奉令征收军事善后特捐一元，而灶课一项，独未加征，比较民田，负担大相悬殊。故对于此次续募库券一事，决令荡田主按户摊募。已查得一百七十户，拟令认购券额银一万四千一百六十元，已将印[应]收及预扣利息表，函送芦沥、海沙两场知事，请予派员按户收缴过县，以便呈解省方。(三月二八日发)

——《时事新报》1928年3月8日

婚姻不自由之一幕

东门小街德祥顺鞋店主之女小宝，年已及笄，风流成性，与附近某店伙有染，曾经私奔，寻回有案。无如老父顽古［固］，去冬，招一赘婿。从此，篮桥路隔，郁郁不欢。家庭之间，时生变故，遂于今日（十七）午饭时，乘人不备，悬梁自缢身死。（三月十七日发）

——《时事新报》1928 年 3 月 19 日

警所取缔旅馆业

警察所长朱宇程以平邑邻近上海，交通便利，五方杂处，旅馆业若漫无限制，与地方治安，关系至巨。特拟定旅馆营业取缔条例，以示限制。规定旅店、客栈、宿店三种营业，每月须纳四元以下、一元以上之营业捐，并设法限制，以期改善。业已呈准县政府，准于四月份起实行。

——《时事新报》1928 年 4 月 2 日

戒烟药品店设五家

本县承办戒烟药品商店，经禁烟处批准设立者，已有公泰、萃昌、公昌、惠通、宝康等五家。公泰经理徐尚彼，萃昌经理丁兆澎，均设在城区。公昌经理叶鸿英，设在乍浦。惠通经理张寿萱，设在新埭。宝康经理李镜清，设在全公亭。均已领到特许证，先后开始营业矣。（四月八日发）

——《时事新报》1928 年 4 月 10 日

平湖银钱业之沿革与近状

平湖为浙东一小县，东邻金山，西邻嘉兴，南接海盐，北连嘉善，地处偏僻，人口殷繁。洪杨乱前，即有银号之设，营业范围颇广，举凡国家之赋税，以及纹银之交换、信用之放款、不动产之抵押，莫不经营。家头亦夥，最享盛名。而至今老辈尚谈及者，曰杨隆裕银号，曰敦大银号。嗣因洪羊［杨］之役，邑二次为贼据。商界如何，不言可喻，钱业亦由盛而衰。继而仿各处之组织，遂有钱庄之发现。逐渐加增，曰元孚、萃吉、和泰、恒元、鼎元、鼎享等，又呈蓬勃之象，商业亦渐发展。惟税收一项，已不经营。斯时大都以现兑为正宗，而辅币亦只制钱一项而已。其后因上海南振源、北振源之倒闭，银根奇紧，遂互相扰乱挤轧，大批宣告清理。同时随起随仆者，亦不在少数。至纪元前，又呈鼎盛时代。范围最大者，首推晋泰，其次通济等，计有十二家之众。然大都资本短浅，账面极小。盖时代使然也。民国改革，风浪骤起。主持者大都胆小，于是宣告清理，或则因营业上之关系只得收账。辛亥一年，总计收歇者达三分之二，剩者只寥寥四家而已。然因此原因，反力事整顿。适钱业公所于是岁落成，于是凡各种设使，莫不发办。其初行市，辄各自为政。至此乃协谋合作，举凡以前一切混乱积弊，一扫无遗。是时主政者，亦抱履冰之志，力事谨慎。适值各业发展，大为顺利，钱业因之求过于供，乃逐渐加增，几于年有新同行发现。今庚五路日上市者，凡十有四家。然并不因家头多而成艰难。不论新旧同行，账面年有增加，可谓日增加月盛。其谚所谓店多成市欤？抑需要之增进欤？

年来生活程度日高，百物昂贵，举凡外行之货本，莫不加增。而增加之程度，尤非一倍所止。资本方面，虽然加多，然终厌不敷。于是短期之运用，须钱业之是赖。而钱业之一日千里，即基于此矣。

近时之各项商业，虽颇顺利。然与钱业一较，则显分短长。每年之结束，钱业辄占魁首。于是投资者，群趋于钱业家头之多，此亦一原因也。

事实上家头既多，营业上下不得不竞争。然因此之故，外行颇受实惠。盖范围狭小者，常得钱业之维护也。齐卢战事频仍，江浙多事。平邑人民得天独厚，一无影响，因之各业咸抱乐观，于是钱业亦呈欣欣向荣之象也。

今将各庄牌号经理人及地址列表于后：[①]

钱　庄	经 理 人	地　址
新盛	田秉身	学前大街
康大	汤勤伯	同上
瑞源	李庄甫	同上
大成	沈沛然	同上
慎余	沈敏文	同上
同盛	程守如	同上

① 原文无表头，表头为编者所加。

续 表

钱　庄	经 理 人	地　址
同裕增记	陆镜心	同上
志成	孙慎卿	同上
协康	屈仲仙	同上
同裕赓记	徐韦如	同上
恒升	程莲伯	城隍庙
志大	曹佐才	景贤寺东
永和	沈宾来	小街
衡兴	孙级香	同上
德慎	胡谨修	同上

——《钱业月报》1928 年第 8 卷第 3 期，1928 年 5 月 4 日

县款产会常委之更迭

县公款公产委员会常务委员陈心澍，因冀任本县教育局长，提出辞职。经二十三日该会第二次临时会时议决，另推高委员晓兰继任。

——《时报》1928 年 5 月 25 日

外海巡舰将来乍防护

乍浦外海洋面，屡有海盗抢劫，迭经县政府商请省防电调派外海水警局巡舰，〔来〕舰驻防，业经覆电照准，令饬外海王局长派舰防护。日内即将抵乍。

——《时报》1928 年 5 月 25 日

虹霓镇瓜汛开专轮

平湖虹霓镇为西瓜出产之区，每届夏令，瓜商云集。投机家遂开办野鸡班轮船，专运西瓜往申销售，获利甚多。现有杨南琴之江大轮、赵紫云之公余轮，将于

阴历本月二十八日开班。

——《新闻报》1928年7月11日

各地草子市价步涨

平湖各地出产草子，一般客帮，均已纷纷来平收买，市情因之步涨。目下，干净草子，平斛须十四元五六角。沈窑须十五元。庙桥段十五元半。虎啸桥十六元左右。秀平桥十六元半。

——《时报》1928年7月28日

土膏店同时闭歇

本县奉令严禁鸦片，禁烟局亦已撤销。前经该局给照开业之各区土膏特许商店，仍照常售卖鸦片，并未连带闭歇。县警所昨奉县政府令，限各土膏店于七月末日结束，一律停止营业。故今日（三十一日）起，各区土膏店，已同时宣告闭歇矣。

——《时报》1928年8月1日

长途汽车路兴工

杭州公路局前曾派员来平测量海盐至乍浦、乍浦至张堰一带路线，以便兴造长途汽车路，贯通沪杭。现悉此次计划，业已实行，昨有工程师四人到乍，开始工作，亦交通上之好消息也。

——《时报》1928年8月1日

大雨影响秋收

此间今夏雨水连绵，异于往昔。十日午后六时起，天色黄暗，水云密布，忽降倾盆大雨。终夜不休。直至十一日上午九时，迄未停止，至致湖水暴涨，乡间几成泽国。稻及棉花，摧残不少。秋收恐将因之减色，幸在落潮之时，否则为患更巨云。（十一日）

——《时事新报》1928年8月12日

米价飞涨贫民叫苦

平邑米市，节后步步高涨，上白米每石已由八元四角，涨至十元五角。目下尚须看涨，一般贫民，叫苦不置。惟农民秋谷登场，糙米得粜九元五角一石，在此歉收之处，不无小补。

——《新闻报》1928年10月16日

县政府设问事处

县政府鉴于建国伊始，关于行政、司法各项法令，屡有变更，虽经各级政府迭次公布，但各地民众每苦隔膜，辗转探询，既费时间，请托非人，尤滋流弊。为力求民众便利起见，特拟定规则六条，于杂税处内附设问事处。无论机关、团体或个人，如有正当事由，均可按照规则，向该处逐项询问，日内即须布告成立。

——《时报》1928年10月18日

农民银行开始筹备

县农民银行各机关所推筹备员于十五日午后一时开成立会，出席县党部陈迪侯、县商会沈沛然、县商协会高晓兰、县款产会朱岐侯、乍浦商会田润生，列席者县长潘更生，临时主席高晓兰。如仪开会后，票选正、副主任。结果沈沛然、陈迪侯当选，并议决一切进行计划。由正、副主任草拟，交会讨论而散。

——《时报》1928年10月18日

平张将开驶班轮

行驶黄姑塘一带之内河小轮永顺号，现拟变更航线，改为张堰班。每晨由张开平，中经扶行埭、金丝娘桥、全公亭、秀平桥、虎啸桥、潮桥、沈窟、徐埭诸镇，晚间开回张堰。日内即须开班云。

——《时报》1928年10月20日

征收戏捐办法

平湖潘县长以乡间风尚所趋，演剧难以禁绝，特拟定抽捐办法。除审查剧本外，京戏每本抽捐五元、新剧三元、影戏二元。所得捐资，移充各区小菜场建筑费。惟义务演剧筹款而充地方公益者不在此例。

——《新闻报》1928年10月27日

查究青白党及佃业协会

平湖新仓衙前乡间，近有人组织佃业协会及青白党等非法团体，对于佃业理事局所定缴租办法，有所异议。现为县党部所闻，以此项非法团体，亟应查究，以免贻害地方。二日下午，县指委会第二十二次常会决议，函请县政府严密查究。

——《时报》1928年11月4日

农米加息标准发表

平湖各区农米局，十七年份农米加息标准，经款产会二十次会议决定，新埭区每石加息米二斗四升，徐埭区二斗二升，城区吉联区均二斗，新仓区乍浦区一斗八升，大易区、衙前区一斗四升。

——《时报》1928年11月4日

两报同日停版

《平湖公报》及《东湖报》均因经费问题，省指委会未准立案。昨奉县指委会宣传部陆恭良公函，于总理诞日出红报后，同时宣告停歇。今日（十三）停止出版。目下，日刊只有陆部长自办之《平民报》一家，营业异常发达。（十三日发）

——《时事新报》1928年11月15日

1929年

记平湖之游（一）

陆士谔

冬至日，余有平湖之行。平湖多陆氏古迹，此行得与二千年前同祖之宗人相聚，意颇得也。盖平湖支为唐宰相宣公系，宣公系三国东吴华亭侯、宰相逊之后，而吾宗为选尚书瑁之后，瑁与逊在当时已为同曾祖弟昆，故吾宗与平湖陆氏为二千年前一家。考诸家乘，信而有征也。此次邀余往诊者，为平湖巨绅陆纪宣君。甲子秋，余避难来沪，纪宣亦挈眷来沪。其夫人患病甚剧，邀余往诊，遂相认识。由是通庆吊，如旧识焉。其家人有恙，几于非余方弗服。相知之深，可感也。今年十月，纪宣长女公子周澹成君夫人产第七胎，产后病伏邪甚剧。因产时往德济医院，故最初由该医院西医诊治，热势日增，始改延中医。平湖名医延过三人，病不能减。于是改延嘉兴、上海著名中医，病者体极羸瘦。人本阴亏，身热二十余日，粒米不能下咽，群医束手。纪宣于是命其长君理平，来沪延余。余感其诚挚，慨然允之。爰命长男清洁代沪寓诊务，遂于十一日赴平。平沪交通，惟有小轮船。码头在南市外马路，九时半开船。乘客拥挤，几无插足地。开出南黄浦，天朗气清。浦江风帆如织，一幅天然图画也。经闵行、松江、叶榭、朱泾等十七码头而始抵平湖。江宽水阔，二百里水程中未见一桥梁，亦奇观也。入平湖市，始见一石桥。理平告余曰：此李公桥也。[①]此桥一段故事。当时平湖人陆稼书为嘉定县，庭无讼狱，路不拾遗，政绩为天下第一。厥后嘉定人李公为平湖令，李母训之曰：平湖陆公，令吾嘉定，汝所知也。今汝为嘉定人吐气，毋令平贤专美于前。李公谨受教，令平数任，力行善政。自顾才德，终难追比陆公，爰出私财，建此石桥，聊志去后鸿爪。此桥之所由来也。

——《金钢钻》1929年1月6日

① “李公桥”疑为“吕公桥”之误。

记平湖之游(二)

陆士谔

既抵码头,离舟登岸,乘藤轿入城。平湖一县治,而街道之宽阔、店铺之轩昂,不亚松江。且交通八达四通,平沪小轮、平嘉小轮、平乍小轮、平海小轮、平堰小轮,一日皆有数班,故商贾辐辏,市面非常热闹。陆宅在城内南河头。理平告余,此宅为平湖最老之老屋,明权臣赵文华所建,而梁柱梃然,绝无倾斜状态。设不明言,又谁知是三百年前建筑物?亦足见明代工料之固也。理平引余入左厢,陆宅司账龚某与余敷衍。不数语,纪宣出,即为余细述病情。知病者年三十有二,生育频频,已第七产矣。产后颇健,十朝后始病身热。因生产住在德济医院,西医迭进西药,热日剧,改延本城中医,亦不见功。因往嘉兴延名手,服药如水沃石。到上海延过两名医,病反加甚。今延到宗兄,务希念同宗之谊,设法挽救。余唯唯。已而理平陪余到德济医院,介其姊丈周澹成君相见。澹成又述病情一遍,较乃岳纪宣所述而加详焉。入房诊治,病者偃卧于床,羸瘦殊甚。满口皆糜,舌前半脱液,根部苔垢腻色灰,唇口燥裂,两脉弦细滑数,每日午后则烦热,子后则瘥,病历二十多天,热势从未退尽过。胸、脘、胁皆痛,胃呆不纳谷者二旬。

——《金钢钻》1929年1月9日

南门医院开幕

平湖慈善家潘思齐君,医大毕业,历任公立医院医务长,时疫医院医生,及军医等职务。现在南门新建南门医院,及平民戒烟医院,定于本月十日开幕。特备送诊□三千纸,托各机关团体转送贫病。

——《时事新报》1929年1月9日

记平湖之游(三)

陆士谔

四日前,曾用密[蜜]煎导,得解大溲一次。午后身热,即颧红头痛。余曰:此产后伏邪症也。人本阴亏,加之产后阴亏更甚,幸脉虽弦细,犹见滑象;阴液虽亏，元气未竭，犹可设法。于是以西洋参、干霍斛、竹沥、〔半〕夏、川贝母、白术、青蒿梗、生谷芽、白茯苓，并以漂淡陈海蜇、鲜竹茹，煎汤代水煎药，以化痰救阴透邪。次晨复诊，脉见弦滑，舌根部之苔，灰已化白，热势较减，能稍进粥汤矣。于是，于前方中去半川贝、青蒿，加鲜芦根、鲜地栗，因能进粥汤，胸次已稍舒矣。因病势锐减，阖家大喜过望。纪宣已半月不入茶楼，是日特往啜茗。此湖名曰东湖，湖面广阔，水清可鉴。湖中共有小岛三：曰报本寺，浮图高矗，殿阁巍然。曰小墩，亭台树木，有如图画。公园原系文昌阁改建，平人称之曰小瀛洲，风景为三岛最。因在冬令，园中树木均已秃枝无叶。倘在三春，草绿如茵，沿湖垂柳如烟，迎风漫舞，不更添风趣乎。岛中断船十余，高矗湖边如石笋。理平告余，此系私贩盐船，为平人截获，锯断树此，以示儆者。

——《金钢钻》1929年1月12日

记平湖之游（四）

陆士谔

园中风景，以沿湖廊房为最。推窗外瞩，报本寺塔影在左，小墩亭台在右。湖中风帆如织，设月夜游此，必更心旷神怡。理平招余在洋花厅啜茗，谈及平湖之东湖，为陆清献公私产。因言平湖县城，亦为陆氏所建。明代有陆丙者，其母某因贫乏不能自存，挈丙往北谋生。时兴献王方生小兴王，谋雇乳母，而就雇诸母，小兴王均啼哭不愿乳，惟丙母往，小王一见即乳，一乳即睡。于是兴献王遂留丙母。丙母因不能舍丙，辞不就，盖时丙才生二月也。兴献王见丙母乳极富，因令各认一乳。小王乳左乳，丙乳右乳。小王与丙遂成小友，形影不相离。小王既能步，尝与丙嬉。丙为牛，小王骑焉，因号丙曰陆牛。武宗崩，无子，小兴王入承大统，改元嘉靖，擢陆丙为御前都指挥。明之御前都指挥，犹清之领侍卫内大臣也，贵甚。丙母死，丙丁忧辞驾。奏曰：牛不能无绳，臣号陆牛，平湖无城，请圣恩赐一城。嘉靖遂下旨城平湖，命丙监工焉。理平又为余介绍两友，一平湖市党部俞品璋君，一公园主任陆君。陆与余谈修谱事，品璋与理平则津津谈射猎事。盖理平亦精于猎者。游毕回南河头陆宅午餐。饭后，理平之弟叔明陪余往游报本寺。报本寺虽一小岛，而有石桥可通大陆。渡桥至岛，岛外为外东湖，风景不若内湖幽胜。既抵寺门，见有石峰五，矗立寺门外。叔明告余，此为五老峰，乃清康熙帝赐与里人高江邨者。余知高江邨，名士奇，为康熙帝宠臣。其进也，由异路功名。当时海宁陈、松江之王，无不与通声气，纠弹之章无虚日，而终不能支援其位，亦足见江郁得君之专也。入寺，见佛像庄严，宝塔凡五层，高耸半空。

——《金钢钻》1929年1月15日

记平湖之游（五）

陆士谔

转塔之法，掘地极深。实以干石灰浇水令灰涨，则陷下之塔顿高，倚者遂正焉。游毕，天已傍晚，徐步至德济医院复诊。病者热虽仍作，其势已缓，脉亦较和。舌虽脱，已有液，乃专意和阴，于前方去海蜇、地栗，加鲜生地、白术。盖此种阴亏伏邪症，邪退十之六七，即可专意养阴。过于祛邪，正气转伤，不可不顾及也。不意此药服后，病势忽然大变，烦躁无须臾之宁。脘、胁皆痛，彻夜未曾安睡。余次晨得信，即往诊视。脉象果见浮大，□□又起，唇燥舌干。细阅昨方，百思不得其故。急□生石膏、鲜竹叶、西洋参、干霍斛、天花粉、青蒿、□硃、茯神、鲜芦根、竹茹，□液、生津、退热。服后，热势果减，较能安眠。午后，赴薛、钱、吴、□家邀诊毕，又往复诊。脉势已转滑数，口糜已化其半，乃于前方去芦根、竹茹，加鳖甲、冬瓜子。此夜果得安眠。余因急于回沪，令纪宣邀请平湖医张明伯到来会诊。张君虚怀若谷，颇肯采纳□□。十四日晨，遂辞纪宣回沪。临别又往德济医院诊视，脉仍见数，病者言腹痛欲便，余因其体弱，不堪承便气下夺，乃以密［蜜］□导法下其便。方则用玉女煎去牛膝，加洋参、石斛，并令午后延张明伯接诊。计留平湖四日，六进汤药，幸得转危为安。理平送余到船，谈次，始悉前日之病变，因看护者言语不谨，病者大有感触所致。言者无心，闻者有意。病在进出关头，大可虑也。

——《金钢钻》1929年1月18日

记平湖之游（六）

陆士谔

轮船码头在东门外，头班船黎明即开，二班船须海盐班到埠始启椗［碇］。余所趁乃二班船，枯坐舱中殊寂寞。理平为余讲一东门故事。东门外有一小庙，曰王四相公庙。此王四相公者，吾平湖人祀之至今。当清军初入关，平湖僻处东南，人民出作入息，击壤而歌，犹不知有易姓事。一日，喧传新知县到任。市人驻足而观，见卤簿既过，舆中端坐之新官，装束诡异，不戴乌纱帽，不穿袍带，翎顶辉煌，其顶甚锐，四周红缨散垂，群呼奇怪。众中有一银匠，手执铁锥，趁市人呼怪声中，向舆中一掷。不意，此一掷也，竟酿成屠城大祸。盖此掷去之锥，不偏不倚，正中在新官头上，顿时脑浆迸裂，一命呜呼。于是群呼祸事，杀县官法须屠城，多有避而之四乡者。已而省中并不根究，平人始稍稍心安。忽一日，嘉兴与乍浦两路来兵，哗言屠城，立刻开刀矣。于是市人争相走避。王四相公者，面铺中一切面司务也，膂力绝人。闻警挺身出，手一切面大刀，向众曰：毋恐，有我在，汝等速避家中。屠城法，在家免杀。言时急闭东城门，仅闭其一。盖彼时清兵自东门外登岸也。王四相公倚一门之形势，连杀清军五十有七人。刀毁力竭，为乱刀所杀。平人趁四相公格斗之顷，得避者颇多。事后思功，因醵金立庙东门外，香火至今不绝云。一时海盐班到，理平别余登岸，余遂于汽笛声中启椗［碇］回沪矣。

——《金钢钻》1929 年 1 月 21 日

五十年前存款纠葛

平湖白地上马振泰花行，为百年老店。近有唐契桥陆仲康家发现五十年前存款折子一个，计银五百元，写明年利一分四厘。如以复利计算，本利数在万计。现已发生纠葛，将来如何解决，尚待续闻。

——《时报》1929 年 1 月 23 日

大易衙前添设警所

平湖第一次全县警务会议议决呈准民政厅，在大易、衙前、林埭等区添设警察分驻所。县警所长陈中已发表朱澄为大易警所巡官，曹才为衙前所巡官，张荣为林埭分驻所巡官。均已分别率警前往，筹备成立，以卫冬防。

——《时报》1929 年 2 月 5 日

全县代表大会

平湖县第三次全体代表大会于四日上午十时在中山纪念厅举行开会式，报到代表十五人，主席丁济美致开会辞，演说者有县指委陈迪、县长潘忠甲、来宾张柱中等。十一时半散会。下午一时，举行第一次会议。兹纪其议程如下：（一）建议中央迅即规定各县市党务训练班之规则、课程、经费，以便进行案。（二）建议中央从速规定下级党部训练人民行使政权之工作纲领案。（三）呈请省指委会转函省政府通令各县政府、县党部，临时经费亦得呈经省党部核准，动支县税准备全案。（四）建议中央从速明确规定各级党部之政治地位案。（五）刊行党报以利宣传案。（六）建议中央从速规划东方大港之建筑，以实现总理遗志案。（七）建议中央迅即举办学员补习教育案。（八）建议中央确定民众团体经费以科［利］民众训练案。（九）建议中央教育机关人员应尽先任用具有党员资格之党员案。

——《时事新报》1929年2月13日

平湖将建大规模戏院

陈双舌

平湖夙无戏院，然民众嗜京剧者颇多，并有票房之组织。去年，七团体曾演剧筹款，聘请田记大舞台，及中山舞台等，虽天公时不作美，而日夜往观者，犹无立足之地。今岁有邑人方锡章、高晓兰、罗梁才、王畏三、莫叔夷君等，发起建设剧场。兹已得省政府批准，拟将北寺内作为剧场之地址，题名为“民兴戏院”。现已着手招股，每股一百元，共招二百股。征集后，不日将从事建筑。待工竣后，或谓往平津聘请名角。想明春或可一观平湖之新气象矣。

——《时事新报》1929年3月26日

平湖钱庄业调查

在官言官，在商言商。身处钱业，惟有调查钱业耳。

（一）职员

（经理）总理店务一切。主持存放汇划、指挥职员。

（协理）襄助经理，兼任跑街或他职。

（正账）专过清账，月结利息。收付经折，编结红账。

（副账）襄助正账。兼任信房，或他职。

（洋房）记录现洋出入，及轧账。本地同行汇划。

（信房）专司一切信札。或由副账兼任。

(学生)洈扫应对。其他零星小事。

(栈司)送洋送票及兼饭司务。

(二)营业

(期款)订定日期,息子。另立期折。

(往来)随时可欠可存,月底结账。息子照市面而定。由下月初一公会集议。

(存款)随时可存可付,息子订定。

(押款)由介绍人介绍而来。不相熟店号,须以田单,或其他抵押者。长短期均可。

(汇划)分信划票划,略收汇费。由公会集议。

(三)簿账

誊清(约六七本),银洋总登、流水,现洋暂记,出月总登,收介即录,杂项,本票存根,客票留底。

(四)平湖钱业店号

瑞源、恒升、志大、志成、永和、慎余、同裕(赓记)、同裕(增记)、新盛、德慎、衡兴、同盛、大成、康大。

(五)资本

平湖钱庄资本以三万元居多。

——《商业杂志》第4卷第3期,1929年3月

浙江平湖农业调查报告[①]

张宗弼

序　　言

按最近估计,我国农民约占全国人民百分之八十,则农业之重要,可想而知。然农业统计,最形缺乏,前北平农商部虽曾编制统计表,自民国三年至十年共八次,而其数字舛误甚多,诸待修正。故至今我国农田亩数、农产数量,皆无正确之统计以资参考。

至今农民经济状况,佃农缴租数额,须精详研究者,更唯一二大学教授偶经试办,其所得结果,不足以代表全国。故本处自成立以来,即注意搜集农业统计,

① 编者按:本文整理时有删节。

以应此项需要。曾编制农业调查若干种，又以科员张宗弼于农业调查颇多经验，为浙江平湖人，故即以平湖为试办区域，先就农业调查总表第一第二两种，着手调查。一面向平湖县署接洽，承潘县长更生诸多指导，供给各项材料，一面由该科员赴四乡实地调查，并与各乡旧乡董及新编之村长讨论估计，复证之平湖商会会长及陆陈业董事，以所得之结果编成报告表件，此项文表皆已经详细审核。其有可疑之处，面询该科员加以解释。故所得结果，虽不敢谓其完全无误，大约距事实相差不远。唯经此次试办后，表示尚须略加修改，俾以后调查更可合用也。

刘大钧识

一、平湖调查时所用农业调查总表第一种第一号表式

调查区　　省　　县市　　乡　村　　　填表　　年　月　日

特别市　　　　乡　村　　　　调查员签名

估计人姓名　　　　住址　　　　　年龄　　　　职业

I–1　实计或估计全县全乡或全村人民若干户

I–2　共男若干口　　　　　　　女若干口

I–3　实计或估计其中农民若干户

I–4　农民中男若干口　　　　　女若干口

I–5　估计农民中自耕农占百分之几

I–6　佃户百分之几

I–7　半自耕农百分之几

I–8　农工百分之几

I–9　估计全县全乡或全村自己不耕之田主共若干户

I–10　实计或估计全县全乡或全村面积若干方里

I–11　其中已垦面积若干亩……有生产力之田地而未垦者共若干亩……无生产力之田地共若干亩

I–12　估计已垦面积中自耕田占百分之几

I–13　估计已垦面积中佃种田百分之几

I–14　本地每亩合若干弓

I–15　每弓合若干尺　　　　每尺合若干公米尺

I–16　每年雨量平均若干公村［寸］　春　夏　秋　冬

（按当地学校农业试验场传教师或他种机关之记录为准）

I–17　每年气候平均若干度数　　春　夏　秋　冬

（以华氏寒暑表为准）

I-18　本地用农具　　用几年　每件值钱若干　　何处制造　　每年修理费若干

（甲）耕种用者

（乙）耕锄用者

（丙）中耕用者

（丁）灌溉用者

（戊）收积用者

（庚）打簸用者

（辛）其他

I-19　普通每户用耕牛或骡、马、驴若干匹

I-20　每匹价值若干　　（甲）牛　　（乙）骡　　（丙）驴　　（丁）马

I-21　本地缴租、买物用何种货币

I-22　折合货币若干　　货币一圆兑换铜元若干　　每小洋　角兑换铜元若干

I-23　田地每年每亩之负担量按各地土之种类分上、中、下记明之

（甲）田赋若干按土地上、中、下

（乙）地方税捐若干

（丙）村费若干

（丁）每年平均负担若干钱

（按当地习惯以银钱或粮谷计算之）

I-24　初次杀植霜为何期（注明在何即期之前后日数）

末次杀植霜为何期（注明在何即期之前后日数）

I-25　排水之方法为何，试按普通装置与特别装置两种方法说明之

I-26　有特别排水装置之田地共有若干亩

I-27　灌水之方法为何

I-28　应受灌水之田地共有若干亩

I-29　当地之水利如池、河、井、湖等总共能灌溉若干亩

（甲）池水能灌溉若干亩

（乙）河水灌溉若干亩

（丙）湖水灌溉若干亩

（丁）井水灌溉若干亩

（戊）其他水利（名称分别注明）能灌溉若干亩

I-30　本县本乡或本村农民培养蚕茧者若干户　　制造丝者共若干户

所制之丝为何种（各取标样少许带回）

I-31　本县本乡或本村培植茶树及收取茶叶者若干户　　制造茶叶者共若干户（以在本村制造者为限）

I-32　本县本乡或本村栽植花卉者共若干户　　去年栽植花卉之面积共若干亩

去年共收入若干钱　　　　共支出若干钱

I-33　去年平均休田共若干亩

休田系属何种土地

I-34　本县本乡或本村现在存谷共约若干石

（甲）米　　（乙）小麦　　（丙）小米

（丁）高粱　　（戊）莜麦　　（己）时［其］他主要谷粮

二、调查表农总第一号调查报告

1. 实计平湖全县人民二十七万四千五百二十一人，共有五万三千二百七十六户。

2. 实计平湖全县人民共男丁十四万六千五百二十三人，妇女十二万七千九百九十八人。

3. 估计全县农民共有三万九千六百六十户，占全县住户百分之七四.四四。

4. 估计全县农民男丁约有十万零三千二百三十人，妇女约有九万八千八百人，约占全县人口百分之七三.五五。

5. 估计全县农民中自耕农约占百分之八至百分之十。

6. 估计全县农民中佃户占百分之七十五。

7. 估计全县农民中半自耕占百分之十五至百分之十七。

8. 估计全县农民中农工占千分之十五（此指自己全不耕地专恃帮工为生者）。

9. 估计全县自己不耕田之田主，在一万亩以上者，计有三户；五千亩以上者四户；三千亩以上者十三户；一千亩以上者四十六户；五百亩以上者六十五户；一百亩以上者三百余户；五十亩以上者六百余户；其五十亩以下者，大半皆自耕农或半自耕农；完全自己不耕田者，亦不过四百余户。

10. 估计平湖全县面积共一千四百八十方里（连河流及公私建筑等面积

在内)。

11. 实计平湖清丈田亩共五十三万六千二百十亩有奇。有生产力之田地未经垦种者约计有一万九千零九十一亩,无生产力之田地(如乍浦沿海一带之荒山)约计有二万零五百二十亩。

12. 估计已垦面积中自耕田约占百分之二十。

13. 估计已垦面积中佃种田约占百分之八十。

14. 本地每亩合二百四十步弓。

15. 每弓合工部营造尺六尺,每尺约合三百零九密理米突(按步弓长度依据县署所存弓石为标准)。

16. 本县每年雨量,当地各公私机关遍问均无记录,无从报告。

17. 本县每年气温平均度数,各机关亦无记录。惟据私人所记录者言,自一月至三月(阳历)最低温度约在华氏表三十度上下,最高温度有至五十五六度,平均气温约在华氏表四十度间。四月至六月最低温度在华氏表四十度以上,最高温度约在八十度上下,平均气温在六十度之间。七月至九月最高温度在华氏表九十七八度至百度间,最低温度在七十度上下,平均气温约在八十度以上至八十四五度间。十月至十二月最高温度在华氏表七十度上下,最低温度在华氏表四十度上下,平均气温约在华氏表五十度间。

18. 本地用农具如下:

(甲)耕种用者　本县农田于秋收之后,须将田土翻转一次,为农业上重要之耕作,俗称翻寒田。使下层之土翻之向上,以与空气流通而起风化作用。是项耕作,向用大铁搭,亦称铁耙(俗称寒田铁搭)。每把买价自一元二三角至一元五角。用两年须修理一次,修理费每刺一角(四刺)。修理后又可用两年,至第三次修理后,约用一年,不能再用。又春花(蚕豆、菜籽等)收获后。将种水稻之前,亦须将田土翻转一次,俗称翻白田,亦为农事中重要工作。其作用略与翻寒田同。惟翻寒田系深耕,故所有工具为大铁搭,翻白田为较浅之耕作,故所用工具为中等铁搭(俗称尖刺)。每把可用五六年,价值七八角,惟每二年亦须修理一次。修理费与寒田同(每刺一角)。种田、种水稻所用之工具为小号铁搭(俗称摊耙)。将田土摊匀,即行插秧。摊耙每把约值五六角,可用三年。此外种田之前,须将田土犁转一次,其工具统称日犁。分而言之,有以治铁为之者,曰犁镜,曰犁壁。有以斫木为之者,曰犁底,曰压镵,曰犁箭,曰犁辕、犁梢、犁盘等名目。全部约需六七元,可用十余年。又凿沟所用之铁搭,名带翘,每把约值六七角,可用三年,再换翘一次(翘即横于刺端之左右者)。每翘需费一角,可用二年,换三次后不能再用。种油菜及麦或各种蔬菜瓜类,多用小铲刀挖取其秧,用镰锲擎碎泥土,是项农具,每把所值不过一二角,可用三四年至五六年。种蚕豆用石制镈椎(俗名豆杵)打穴,每件所值亦不过二三角,可用十余年。种棉花用木盆盛棉籽,拌以湖泥,曝干后盛以竹篮,携至田内撒播,锄泥覆盖之。木盆,竹篮,锄头,每件各需四五角,可用五六年。以上皆关于耕种所用之农具也。

(乙)耘锄用者　平邑大熟,所种农产物,以水稻为最多,棉花次之,西瓜及姜又次之。水稻于种后一月间即须耘推(推音"荡"),推用木制之推耙,先拨松稻田中之泥土,然后入水,耘除杂草。耘田多用耘稻马,以竹制之,夹于腿膝间所以防稻叶刺伤也。推耙每把需银五六角;耘稻马每副需银三四角,均可用至五六年。棉花田于种后一月间即须削花,削花即锄地之工作,所用工具为锄头,以铁为之。每把约需四角,可用五六年。此皆关于耘锄所用之农具也。

(丙)中耕用者　春熟(即俗称小熟)中种麦之田,每逢雨后将泥土略为翻松。所用之具,有用锄头,或有用镰锲者。又姜田中于种姜后约一月即有碎泥浚沟之工作。碎泥多用镰锲,浚沟则用华锹,每把需价一元三四角。又桑地每年翻土二三次,多在秋冬及初春时节。所用工具多用铁搭中之尖刺。以上皆为中耕所用之农具,其价值及修理费等具见于前。

(丁)灌溉用者　平邑农田以水稻为主,故灌溉之力端赖水车。惟水车有脚踏水车与牛车之别。以牛戽斗水之车,其重要工具为车棚(有无棚者)、车轮(俗称上车)、车厢(俗称下车)、地轴。车棚每搭一次约需七八元,可用十余年。车轮约需二十元,可用十余年。车厢每架需十余元,亦可用十余年。地轴需价五六元,可用十余年。又有鹤膝(俗称链头)、车柿(俗称车辅板)。鹤膝每副一百个,以榆树制,每副售价二元四五角,可用三年。车柿每筒一百张,以椿树制,售价一元四五角,仅可用一年(平邑水车所装鹤膝及车柿多者九十二枚,少者八十六枚)。全副水车约需五六十元。除鹤膝、车柿用之易毁外,其余各件均可用至十余年。脚踏车水车无车棚、车轮等工具,仅有车厢及轮轴,而鹤膝、车柿需数均与牛车同。其价值可减牛戽斗水之车价一半,而耐用年期亦与牛车同。是为灌溉所用之农具也。

(戊)施肥用者　农田所施之肥料,有淤泥,有牲畜粪、人粪、豆饼等项之不同。淤泥皆从河流中捞罱,俗称河泥。罱泥之器,俗称箩头,以竹为之。每件需价一元二三角,可用二三年。又有用麻线网罱泥者,每对约需一元,可用四五年。淤泥罱取之后,于田之一端开浚泥塘,以粪桶挑入塘中,俟其紫厚,再施放于田内俗称白河泥。或以紫云英与河泥搅拌，堆置于田之一端，俟耕种时施放于田内，俗称花草河泥。此项挑运河泥之具，均用粪桶、料杓，以杉木为之。每对粪桶、料杓工料价两元数角，可用十年。施牲畜粪者，或用栲栳，或用箩篰，每件约需数角，可用三四年。施人粪及豆饼者，亦用粪桶、料杓，用粪桶盛之以挑，用料杓取之以灌。是皆关于施肥所用之农具也。

（己）收获用者　收获所用之农具，其施于水稻者用镰锲刈割。刈割以后，用扁担及担绳挑回场地。每副一角，可用一年，曝燥后再行打簸。收棉花用者，采摘后即盛于筐篮（竹制），携回场地，铺于芦帘曝晒之，再以蒲包打包。收麦亦用镰锲刈割。收菜花［籽］不用农具，仅以手拔取。收蚕豆亦然，收采瓜果菜蔬亦均以手摘取，惟收取紫云英用拉耙拉取，拉耙（木柄竹刺）每件三四角，可用二三年。

（庚）打簸用者　稻、麦、黄豆、菜子收至场地后，均用稻床打之。稻床每部约需二三元，可用十余年。稻麦之屑物及草子蚕豆（草子即紫云英子）等，均铺于场地；连枷（俗称枷子）打击之。打击后以勃［孛］篮（竹篾所制）畚箕映［扬］簸之。连枷每把大洋三四角，可用三年。勃［孛］篮每只约需一元，可用二三年。畚箕亦以竹制，每只售洋两角，约用一年。

（辛）其他　以上各项农具之外，尚有晒谷所用之芦簟，翻谷所用之米爬，碾谷所用之木砻。芦簟每张、米爬每把各需大洋三四角。芦簟可用两年，米爬可用十年，木砻每部需十三四元，只用一年（木砻均集股购买无有独家置办者），每部可碾出糙米一千三四百石。糙米碾出后，用风车以分米与谷壳（俗称砻糠），用落白筛或麻筛以分米谷（此为米未碾出之实谷俗称谷头），用抒筛以除粞屑泥珠。风车以木制，每部需银四五元，可用二十年。但每五六年须略加修理，需费数角。落白筛与麻筛皆为竹丝织成，但落白筛、麻筛之眼疏，抒筛眼密。麻筛最小，每只需银四五角，落白筛每只需价一元，抒筛每只一元五六角，均可用三四年。但竹丝裂断时，可以重穿，须费银五六角，又可用三四年。至于量米麦杂粮，普通均用斗、斛（以一百零八合为一石，每石米约重天秤一百四十一二斤）。斗每只需银一元数角，斛每只需银二元数角，均可用二三十年。盛米用栲栳、用巴斗（栲栳可盛米五斗、巴斗三斗），用叉袋（麻布为之，最大者盛一石，普通均盛五斗，小者亦有盛一二斗者），栲栳、巴斗皆为柳条所编，栲栳每只需银六七角，巴斗每只需银三四角，均可用五六年。叉袋新者每只需银三四角，但逐年以苎麻线修理之，每年约需工料银三四分，可用至数十年。藏稻、麦、杂粮种用缸坛，每只三四角，可用数十年。囤米、麦、杂粮用栈条。域称囤圈，有竹篾制与稻草制两种。篾片制者，又有阔狭两种。阔者幅宽三尺，每丈需银四角。竹篾制者可用四五年，稻草制者可用七八年。至运稼、罱泥、装肥料等，均用田装小船，亦称赤膊船。每只需工料二三十元，可用二十年。惟每隔一年，须加修理费一元上下。

以上皆为平邑普通农具之大概。至西南乡、西乡、北乡近年多从事养蚕植桑，所用器具，亦为农业中之一种，兹特连带纪[记]之。当养蚁初生时，置于麻筛中，衬之以纸，以鸡羽或鹅羽拂之。稍长则用蚕篷置于蚕架中，每架可置八九篷。蚕篷每只需价二三角，可用四五年。蚕架以毛竹为之，每架需价一元，可用十余年。分蚕用蚕筷、蚕盘。筷分小蚕，盘分大蚕。筷向杭州僧寺乞取，盘每件需价不过数角，可用十余年。蚕熟时用稻草搭山棚架于家用木凳之上。山棚捆稻草为之，价值甚廉，仅用一次。每稻草一担，可上蚕五十斤，需工料五角。蚕上山时用木盘。蚕室内有生火盆以御寒者，有围芦籭以避风虫，每件约需数角。火盆、木盘可用十余年。芦籭只用二三年采茧、售茧多用草箣，每对需价三四角，可用四五年。缫丝有丝车、锅灶。丝车之上，有方轮，有轴头，有竹豁，有旋钩，有踏板。丝车多以檀树为之。肥丝之车，有丝眼二，其丝以二板为一车。细丝之车，有丝眼三，其丝以三板车为一车。丝车全副每部需价三四元，可用十年。种[摘]桑葚用竹箩，接桑用接桑刀，修桑用凿，治桑虫用刮把铁丝。是项小品器具，每件自一角至数角。竹器者可用三四年，铁器者可用十年上下。采桑叶用桑剪，盛桑叶用竹箣，凉[晾]桑叶用竹篮及芦帘。铁制桑剪每把需价四角，可用五六年。竹箣每对需价三四角，可用三四年。切桑叶用桑刀，每把需价两角，可用四五年。其他关于整理棉花之具，有轧车以去花核，有弹弓以弹棉花，有擀板以制棉条，有摇车以摇棉线，有戽车以戽双线，有经车以经布，有布机以织布，有竹篾以通棉线。是项器具，其制法良窳不同，价值亦各有高下，耐用时期亦因工料之优劣而分年代之远近。以上各种农具，大都皆本地所制。惟华锹多向嘉兴之新丰镇、桑剪多向崇德之石门湾购买，以其制品特良也。

19. 平湖普通农民每户约用耕牛一头。但种田在五亩以下者，往往不饲耕牛。所有田地上浇灌用水，多托其他有牛之农户包水灌田。其种田在三十亩以上者，须喂两牛。

20. 牛有黄牛、水牛两种。黄牛都从台州金华等处贩来。凡三四岁俊牛生出一对牙或两对牙者，最为合用。其壮硕者每头须价七八十元，能戽二十四五亩田之水，可用十四五年。较老者或较瘦弱者每头约需五六十元，可戽十四五亩田之水，约用十年上下。水牛每头价亦不等，壮硕者约需百元，可戽三十亩田之水，可用十三四年。较老或瘦弱者每头约需六七十元,可戽二十亩田之水,能用十年左右。

21. 平湖县市上通用货币,如江南、湖北、广东等省旧铸之银圆,及民国以来袁世凯像银币,与上海华籍各银行所发行之大小银圆纸币,均一律通用。至北洋造币等北方通用之银币,市上虽能行使,但每元须贴水一二分不等。小洋用各省就铸之双角,民国九年来后之新角或私版单角等,除伪质外,均须贴水三四铜元不等。凡购买物件及农民缴租所用者,皆以上述货币行使之。

22. 近来孙总理像之开国纪念币盛行于市上。前项所述之通行货币,与开国纪念币同价使用。国币一元兑换单铜元二百八十五六枚(双铜元不能使用),兑换双角小洋六枚。每双角小洋一枚,兑换单铜元四十八枚。

23. 平湖县田地种类,向来不分等则。惟历来所完粮赋亦有轻重。如民田每亩征银一钱四分零三毫二丝,征漕米一斗零五合有奇。民国十年减赋案内减去漕米一升。现在每亩田实征米九升五合。又东地每亩征银六分九厘六毫有奇,征米六升一合六勺有奇。西地每亩征银九分零七毫有奇,征米七升八合三勺有奇。山荡每亩征银二分三厘三毫有奇。征米二升六合三勺有奇。熟荡每亩征银三分五厘八毫有奇,征米三升九合五勺有奇。所谓荡者,在前朝时代均系海滨淤涨之沙地,硗瘠味薄,故征赋极少。但至于现在,地力均与田地相等,而赋额犹仍旧制,故较之田地,负担独轻。又陆景贤田每亩征银六分二厘,征米七升六合二勺有奇。是为平湖现在田赋科则之所分。至所征银米两项,在习惯上均以当地通用银钱计算。兹将田赋、地方税、村费分别记明于后:

(一) 丁银　每银一两现折征银圆数如下:

(甲) 正税大洋一元五角。

(乙) 特捐六角八角二厘,粮捐三角,浙西水利附捐五分,教育附捐一角六分,建设附捐一角五分,军事特捐一元,共计征银一两,共折收银圆三元八角四分二厘。

(丙) 村费未有。

(二) 抵补金每米一石现折征银圆数如下:

(甲) 抵补金正税(即漕米之改称)大洋三元。

(乙) 小学经费三角,习艺所经费五分,教育附捐三角,建设附捐三角,军事特捐一元,共计征米一石须折收银圆四元九角五分。

(丙) 村费未有。

今假定以赋额之多寡分为数等如下：其负担最重者为民田，每亩年纳丁银正税、省县地方特附捐等五角三分七厘有奇，抵补金正税、省县地方附捐等四角七分有奇，共计在一元以上。次者为西地，每亩年纳丁银正税、附捐等计三角四五分，抵补金正税、附捐等三角八九分，共计在七角二三分之间。再次为东地及陆景贤田，每亩年纳丁银及抵补金正税、附捐等共计在五角以上。最次为山荡熟荡，每亩年纳丁银、抵补金正税、附捐等，计熟荡约在三角二三分、山荡约在二角有奇。

（丁）若以最高税捐额与最低税捐额平均之，每亩每年约负担六角以上。

24. 平邑每年杀植霜初次降下者，约在立冬节后四五日。末次杀植霜降下时，约在清明节左右。

25. 平邑排水方法，普通只用开浚水沟一法。如田地中积水过多须行排泄者，即于田地之近河一端，开一总沟。距河较远之田地，则各开一排水分沟，依次泄入总沟，扫纳于河流。因平邑四境皆河，港汊纷歧，排水甚易，故其方法极为简单。

26. 平邑因河港众多，排水容易，故无特别装置排水方法之田地。

27. 平邑四境均有河流，贯通腹地，故其灌水于田亩间只用水车戽。上水车有棚，棚下有大轮，以牛推之而走，则轮齿与地轴相磨，地轴亦随之而转。地轴之旁，设一下车，一端入于河流之内。下车中设有车辅板，在下车上下两方，依地轴循环而转。下行时入河内，下车之一端而上行，将河水在车辅板间戽起，行至地轴上即所戽之水完全倾入田中。又循地轴而下转，至下车入水后，又取水而上。如此循环不已，即得水以浇灌田中。

28. 平邑所有田地，大概有百分之九十八可用河水浇灌者，大概均系乍浦附近海畔各山间之山地，为数不过万余亩。至全县能受水利灌溉者，约在五十万亩以上。即已经垦种之田地山荡中，能受水利灌溉者，亦有四十九万亩左右。

29. 当地水利，只有河流一项，能灌溉全县田地山荡。至池水、湖水、井水等，无有用以灌溉者。此外亦并无其他水利。

30. 平邑全县农民养蚕者，估计约占全县户数百分之三十五，即得一万八千五百户之谱。因平邑只西南、西北两乡有育蚕之户，其东乡、东南乡等处，占地较广，居民均不育蚕也。至制丝之户，近年因售茧者多，十户中不过得一户耳。即最多亦不过二千户（近年平邑产丝不过一百四五十包至二百包之谱，每包以八十斤计，共得一万六千斤，平均每户制丝八斤）。其所制之丝，以肥丝为多，细丝虽有而较少。

31. 平邑乡农，无培植茶树、收采茶叶者。

32. 平邑乡农，无栽植花卉者。

33. 平邑向无休田名称，凡经垦熟之田，无有任其再荒者，因地少人多，田面价值昂贵，即田主自己不能耕种，亦即租与他人，收取租米或余花租。

34. 平邑正熟以米为大宗。习惯上将谷碾成米后，多数均粜入米行中，及翌年自需食米，再向米行或他家购回。故乡间存米甚少，存谷更罕。据闻十七年年底商会曾经调查存数，约有存米四十二万石、豆麦等二万石，至高粱、小米、莜麦等，均不多见。

调查本表时，实际各节，系向县署第一科、第二科得来。估计各节，由县署第一科长孙雪琴、商会长方瀚等问的。

三、平湖县重要农产物品种类及每亩施工施肥值价报告

本县农产物品最重要者，在大熟为米、棉花、西瓜、毛豆、姜五种；在小熟为油菜、蚕豆、麦、草子四种。兹就各种施工施肥等状况分别述之：

(一) 水稻　每亩耕地一工，插秧一工(茧农总第二号表中合计为耕种二工仿此)，耘草三工，携稻一工，施肥一工(连下种中耕时并计)，戽水二工，刈稻一工，收捆一工，挑运一工，打簸二工，碾筛一工，共计由老谷下种至新谷成米时，每亩约需十五工。其工价自耕种起至耘携灌溉等工，每工约需大洋二角(供饭，四乡多同)。自刈稻至打簸，每工均须大洋三角。收获后之翻寒田，下种前之挑河泥，每工有高至大洋四角者(均供饭，其食品多用鱼肉菜蔬四五样或七八样，除朝午晚用米饭兼备酒菜外，其上午十时及下午四五时间并备点心两次，亦须有酒，故俗称五酒三饭)。碾筛即砻夫做米之工，俗以碾出米石数计工价，有给钱或给米者。给钱有两种。如初秋先取工钱者到碾谷时每石只给大洋一角至一角三四分。如碾米时当场付款者，每石普通给二角，亦有两角五分者。给米者近城或西乡每石只给米二升五合，东乡及东南乡普通每石给米三升，但碾出石数多时，亦有给二升五合者。

种稻之田，其肥料普通用二次或三次。下种前犁地时，或用花草河泥或牲畜粪(猪灰、牛灰等)和入田土中为基肥，每亩约需六七担至八担(每担二角半)，或花草河泥十担至十二担(包工罱河泥，每元约罱水[河]泥一百担，堆置田间一二月，成干河泥十余担，再加花草即挑工等，每担约需二角)。用牲畜粪者，不再用河泥，用河泥者亦同。至头次耘草后，再施人粪数担或豆饼者，但普通则多用二次，总价约三元。

(二) 棉花　每亩耕种一工，做埨一工，削草少者五工，多者七工，平均为六工，浚沟二工，施肥半工，采花一工半(采花多包给女工论斤给值，忙时每斤二十文，闲时每斤十文，每亩收八十斤计算。约需工办，盖每人日采约五六十斤），拔柴一工，共计由下种至拔柴止，普通需十三工。除采花外，各项工价多系二角（供饭）。

棉花种在油菜内，原有肥料颇足，故多不用基肥，惟普通于削草时施用人粪五六担或豆饼二三十斤，计价约一元二角。

（三）西瓜　耕土做塍二工，种瓜一工，削草二工（兼碎土）。施肥约占十工（西瓜田灌溉工最大，如天气干旱时须每日浇水，每亩浇一次，约费两三小时，浇水时即以人粪加入水中灌之，每亩施肥少者二十余次，多者至三四十次，合估约有十工），采瓜二工（瓜将熟时，田野间兽类往往齿食，尚须有人宿于田间看守，此项守瓜夜工，多由农民自任，或倩亲友轮守，俗例多不给钱，故不计入），合计约需十七工。每工亦需二角（供饭不计）。

西瓜田施肥次数虽多，但多用稀薄人粪汁（水七分、粪三分），每亩约需牲畜粪四五担为基肥，人粪十余担至二十担为辅肥。

（四）毛豆　毛豆多种在西瓜田或棉花田内，俗称花沟豆或瓜田豆（表内系按其所占面积分别计算）。但亦有单独种植者，如西乡、南乡一带均有之。前表中纪［记］其农工约有七工。实则耕种二工、做塍一工、削草一工、拔豆一工、施肥半工、打荚二工，合计约有七工半。但普通多不施肥，故估计七工已足。

毛豆不甚需肥料，只于下种之前略施牲畜粪，和如土中，每亩不过五六担已足，每亩需价约一元二三角。至削草时有用人粪为辅肥一次者，但为数甚少，普通多不用之。

（五）青姜　姜为宿根植物，其种植亦在旧历三四月间（立夏节），收获在秋季，为平邑大熟中之主要产品，每亩农作工数约计耕地一工、种植五工（俗称排姜）、做塍一工、搭棚二工（姜畏日光，田之四围以细竹为柱，植于土中，其上覆以芦帘，遮蔽日光，俗称姜棚）、碎泥工半（植姜后，须将田中泥土用镰刀击碎，壅于老姜之四围）、浚沟三工、拔草二工、施肥一工、卸棚一工，合计约有十七工半。此外尚有收姜工，每亩约需五六工。但此项工作，向例皆由购姜者担负，不归农户工作，若连此计算，每亩须要二三十工。除搭棚、拔草、卸棚三项工作均系女工充任外（每工供饭大洋二角），其他各项工作多用男工。排姜每工大洋一角，碎泥每工三角，浚沟每工四角，收姜每工三角，施肥每工二角。

姜田肥料亦不甚多，每亩于耕地时约施牲畜粪三四担为基肥，于削草后再施人粪汁四五担为辅肥。每亩需值约自一元半至二元。惟姜种甚贵，每亩约需两担半，每担值价少者四元，贵至七元，平均以五元计算，约需十二元五角。又姜棚所需帘竹，每亩约需六元，可用三四年。

以上为大熟主要农产品之施工施肥状况。

（六）油菜　小熟中重要农产品为油菜，每亩所需工作如下；耕土一工，做埈一工（耕土之工作，在近城及西乡、北乡，均于大熟收获后用人工将土翻转，俗称翻寒田，在南乡、东南乡产棉区域内多用犁翻土，翻寒田为最用力之工作，每亩约需一工，每工供饭需大洋四角，犁土供饭每工两角），种植一工，施肥二工（油菜最需肥料，普通施肥约四五次，计约二工），锄草一工，收菜一工，打籽一工，合计为八工。故俗称菜八工。但油菜须行摘心工作，所摘之心为苔心菜，售为蔬食品。若连摘心工作并计之，每亩须加二工为十工，除翻土外，每工需大洋二角。

油菜甚需肥料，大概补肥较基肥为多。每于大熟收获后，翻转田土，即行种植，不另加以基肥。及一二月后，须时以人粪浇灌，最多者约六次，少者四次，每次每亩需粪三四担。以平均五次每次四担计，约需粪二十担，值价四元。

（七）蚕豆　耕土一工，做埈一工，种植二工（一人一豆杵穿土穴一人下种），削草一工，拔豆一工，打荚一工，合计约七工。蚕豆不施肥料，故无施肥工。

（八）小麦　耕地一工，做埈一工，种植一工，施肥半工，收刈一工半，打簸一工，合计六工。

麦田施用肥料，大约于开春时施人粪一次，每亩两三担已足，需值半元。

（九）草子俗称花草，即紫云英　撒播半工，收获一工，打簸三工，合计四工半。不施肥料。

以上为小熟（俗称春熟）主要产品及施肥施工状况。

四、平湖县农业经济调查

平湖县田租各乡高低不一。最高者为北乡及近城之民田，每亩起租额普通为净米一石一斗，有高至一石二斗者。西乡、西南乡及离城较远之田，普通每亩起租米一石。东乡之东地、西地，每亩起租，高者九斗，低者六斗。东南乡之荡地（多种棉稻）每亩起租额多者六斗、少者三斗。以三斗者与一石二斗者比，仅及四分之一。然就土地生产力论，三斗租之荡地并不劣于民田。有时棉花丰收，其产品价格且驾一石二斗者之上（如民国十四年棉花丰收，每亩可收值价三十元之产品）。但近三十年来，平湖田主收租多不能照起租额实收，大约都打折扣。在百亩以下之田主，约照租额收七八成；百亩以上至千亩者，约收六七成；千亩以上者，至多收六成（但北乡一带多收七八成），少者有减至五成四成者。故每亩起租一石二斗之地，以六折还租（平均收六折者较多），计还七斗二升。再以市上米价折还银洋，按近两年米价每石约自八元计九元计，每亩最高之租约还五元以上，多至六元。其三斗起租之田亩，六折不过一斗八升，每亩租价不过一元六七角而已。其他每亩较高、较低之租额，大概皆以六折照米市价还银洋。十七年份，浙江新行缴租章程，并各县设立佃业理事局，实行调查各乡农民之正产（即大熟）收获量，按照收获量。佃业各分五斗（如收一石还租五斗）。惟十七年因受荒歉，故再查明各乡收获成数，减成还租（二成五）。计平邑最高收获量为每亩一石五斗（以稻为标准，凡种棉花、西瓜等田亦依此例），应还七斗五升；再减二五，为实还米五斗六升三合；再以米之市价折还银洋。其次者收获量有递减至一石四斗至一石二斗者。最低为九斗，半数四斗五升，再减二五，为实还米三斗三升八合。惟此项收获量以亩为单位，而收租仍以旧日额租每石为单位，不以亩为标准，故十七年份之租额，甚为参差不齐，如荡田最低每亩起租三斗，旧日额租一石已有田三亩有奇，今每石折减后，仅有三斗三升八合，（最低额）是每田一亩还租一斗一升两三合耳，所值不过一元，较之民田中最高额还每亩一石二斗起租；全收获量一石五斗实还米五斗六升二合半之率（每田一亩须还六斗七升五合之谱，约合大洋六元），相差几有一与六之比。

平湖县之田底之价值，向依额租每石计算，不问田之有若干亩分也。在民国十五年，每石额租最高至七八十元（如一石二斗起租之田每石约占地八分有奇，如三斗起租之田，每石约占地三亩三分有奇），最低在四十元以上，中等者在五十元以上至六十元。自十七年田价骤落，最高不过六十元，最低者在三十元上下，盖皆受收租减折之影响也。

平湖县之田面价值，向以亩为单位，不似田底之卖买以额租每石为单位也。每亩价值向以西乡为最低，高者不过四十元，低者约十元上下。东乡、东南乡（棉花地）为最高，每亩高者八九十元、低者四五十元（在五六年前）。至本年田面骤增，价值最高者每亩已超过百元，低者亦在六十元以上。至近城各乡及北乡、南乡一带，田面价值均为中等，每亩最高者六七十元，低者三四十元。惟西乡因连年灾歉，其田面价值仍如五六十年前（尚有以田面让与他人耕种，不收田面价值，每年如田底收取租金或租米者俗称余花租，普通租额比田底之租额略高）。

平湖县农民经济上最受损失者，为金融之困难，以致有种种重利负担，一为售空头米。凡夏秋间贫农于青黄不接之时，急需款项，无处告贷，于是指定其田中之青禾，预卖其收获物品。如市价糙米每石值八元者，预卖空头米每石不过五元。至霜降节交米，其售价约低于市价十分之四上下。一为售卖空头棉花。亦在夏秋间预卖，如市价每担值十五元者，预卖每担不过九元，能卖至十元者已为信用极好之农户。此两项空头卖买，购入者多系乡间有势力者或机关中人为多。一为售卖寒叶。凡农民于年底缺款无处告贷时，则于上年冬季预指卖其所有桑叶，至明年养蚕时交货。近年三四月间（旧历）桑叶价格每担普通约三元左右，寒叶每担价格近年多在二元之谱，约低于现售价格三分之一。惟寒叶交青货，习惯向来只有八折，故实际上低于现货价格每担不过四五角。此项习惯，乡农间互相卖买者亦不少。一为加一钱。农民于蓄养春蚕时无资本购买桑叶，于是向人告贷，预指丝车还钱（俗称敲丝车），为期不过一月。向例借银十元，到敲丝车时还银十一元，故称加一（近年多不缫丝以鲜茧售钱偿还）。如蚕讯不好，收获不足偿款者，则向债主商议缓还，改作十一元之借款。嗣后即每月加二分利计算之。一为米商放米。凡乡农于春初或夏间无款购米向米商赊米时，照米之市价加二三成作价（如市价每石十元者赊米时以每石十二三元计）。以端午节为还款期，逾期不还者，每月须加二分利息。夏至后赊米亦同，以霜降节为还款期，逾期不还者亦每月照加二分利息，亦有高至二分半者。农民之受此项盘剥而终身困苦者颇占多数。

五、平湖县各乡重要农产物亩数表　十八年二月调查

(甲)夏季作物别	附郭各乡亩数别	东乡亩数别	西乡亩数别	南乡亩数别	北乡亩数别	全县合计亩数
水稻	105 115 亩	40 145 亩	38 989 亩	49 748 亩	90 861 亩	324 858 亩
西瓜	4 204	2 293	1 560	3 317	2 138	13 512
毛豆	5 607	3 440	2 599	2 487	3 207	17 340
棉花		68 815		23 216		92 031
青姜	4 204		1 039			5 243
桑树	21 023		7 797	4 146	10 689	43 655
大熟合计亩数	140 153	114 693	51 984	82 914	106 895	496 639

(乙)冬季作物别	附郭各乡亩数别	东乡亩数别	西乡亩数别	南乡亩数别	北乡亩数别	全县合计亩数
油菜	70 076	68 815	25 992	41 457	44 896	251 236
蚕豆	35 038	28 674	10 398	24 873	32 069	131 052

续 表

(乙)冬季作物别	附郭各乡亩数别	东乡亩数别	西乡亩数别	南乡亩数别	北乡亩数别	全县合计亩数
草子	8 409	11 469	5 198	8 292	13 827	47 195
小麦	5 607	5 735	2 599	4 146	6 414	24 501
桑树	21 023		7 797	4 146	10 689	43 655
小熟合计亩数	140 153	114 693	51 984	82 914	107 895	497 639

备考：一、本表内各乡作物亩别系据各乡旧乡董及新编之村长十余人估计而得，并证之商会长方君、陆[稑]陈业（米麦杂粮业）董计君，均经认为可靠。系按各乡田亩数，以百分数计算各种作物亩数。二、本表内各乡田亩数系据县署粮书造串数目列表。三、桑树虽非作物，但在成数地亩中占一部分，故在冬夏季作物后均附列之，以合总数。

——《统计月报》第1卷第3期，1929年5月

袜业纱线被扣

四日晨六时，由沪开回之庆记夜班轮到埠时，装有袜业纱线十余大件（约五百余包）。未知何故，被统捐局扣留。现该业正在交涉发还中。

——《时报》1929年8月5日

米价涨至十四元

旱稻成熟，新米早已上巳[市]，照例出新之时，米价必减低。但迩来米价反而增涨，每石已至十四元。恐再有飞涨之象。一般贫民小贩，均叫苦连天。米店（资本大都作外），因货本过大，亦觉难做。

——《时报》1929年9月22日

浙西各县工商业之一瞥·十三（平湖）

一、工业

甲、概况

新工业有袜厂多家，旧工业无足称道。

乙、出品

线丝各袜及杜纱、小布等。

二、商业

甲、概况

仅线丝袜一种，年销外埠，有七万余打之多。

乙、市镇

东乡有新仓、广陈、徐家埭、韩家庙、周家圩、泗里桥、赵家桥、全公亭、金四娘桥，南乡有乍浦、虎啸桥、庙桥等，全县共计23处。

丙、运输

陆路有至杭州汽车路，全长一百四十里，在修筑中。又有一线，自县城至乍浦，计长二十里，在筹备测量中。水路甚多，如汉塘、海盐塘、乍浦塘、独山塘等，均可通行舟楫，交通称便。

戊、金融

市面钱币行情，以上海及嘉兴两处为标准。

——《商业月报》第9卷第9号，1929年9月

蕃芋税主任被辱[①]

乍浦郑、方、苏、包四埭乡民，依蕃芋出产为大宗收入。贩运出口，向无捐税。讵有郭金福者，向乍浦常关，以年纳一千元，包定蕃芋特税，在包埭设局征收。每担出口，纳洋二分。种户只允每船纳洋二元，为郭所拒。于是激动公愤，由郑家埭首先鸣锣，聚众数百人，将郭架去，沿途殴打，投入粪坑，复以马桶套于头上，游街示众，后又蜂拥至常关寻衅。办事人员逃避一空。公安局闻讯，即由端木局长率警前往弹压，始各散去。

——《时报》1929年10月20日

寺僧卷款逃脱

白马堰陆福寿之子品官，上年在嘉兴绮春阁学业，逃至杭州，投身林［灵］隐

① 标题为编者所拟，原题为《平湖》。

寺，捏名周阿四，求住持僧宝根收为徒弟。初尚安分，近忽卷逃七百元回家，冀与养媳成亲。迨其师侦知，二十日来平寻觅，并将该僧相片投托保卫团团总方菊人。二十一〔日〕率人往捕，讵被跳水逃脱。

——《时报》1929年10月23日

旅馆内之赌案

廿二日黄昏时，公安局据人密报，谓同安旅馆十七号房间，有赌博情事。当派杨巡长率警往拿。赌客系体面商人，当将茶房二名捕送县府，由县判罚洋一百元了案。

——《时报》1929年10月25日

平湖监犯又越狱

平湖通讯　县府候审处日前自脱逃烟犯，政警□□后遍觅无踪。讵十六日早饭时，又有已决刑期一年之烟犯胡金海一名（一说系命案要犯，新仓人，入监四个月），在大监内越狱逸去。经□监守□及同狱犯黄金等，跟踪追寻无着。晚膳后，复由各所长警，遍搜各烟窟，仍不获而返。

——《时事新报》1929年11月18日

1930 年

保安队枪决盗匪[①]

驻新仓之省保安队营长蒋志英，日前追剿盗匪，拿获嫌疑犯多名，内有二名（系新庙坊役蒋金和之子侄），搜出确证，已于前日枪决。

——《新闻报》1930 年 3 月 12 日

一夜内两处被盗

县属钱家圩地方六日晚被匪抢劫商店、住户十余家之多。讵七日深夜，东乡褚泾村农民沈老新及清溪桥乡董倪云亭两家，又遭盗劫，损失颇巨。按倪云亭即倪六相之号，是夜因不肯交出银洋，被匪用火薰烧肌肉。其余家人，亦被匪分别捆扎殴打。由操金山口音之匪首持枪指挥匪徒搜劫，衣饰、银洋尽被携去。而倪之女戚陈氏，亦被劫去衣饰、洋三百余元云。

——《新闻报》1930 年 4 月 10 日

县长赴杭任务

本邑县长方立先，兹因出席全省建设会议，于昨携带议案，搭转[轮]赴禾，转赴省垣。

——《新闻报》1930 年 4 月 10 日

拆除双塔案之反响

本邑北寺前泰兴双塔始自唐清泰中，迄今已届九百九十七年。因年久失修，势将倾毁，危险万分。嗣经议决，由县府函请款产会设法拆除。由合记公司承包

---

① 标题为编者所拟，原题为《平湖》。

拆卸。旋经地方耆绅一度反对后，兹悉上海佛教会王一亭等亦以该塔拆除在即，特电请内政部钮部长及民政厅朱厅长，令饬平湖县政府设法阻止，改拆为修，以保古迹。

——《新闻报》1930年4月22日

金平会剿股匪

本邑东乡一带，土匪蜂起，民不安枕，自方县长电省请兵，二度兜剿后，太保阿书、徐天雄即率众窜入苏境，散布刘家堰桥、八字桥一带。兹悉苏属金山县政府为肃清匪徒起见，特派专员于前日来平与方县长接洽，特派军警四百六十余名，会同本邑省保安队、县巡察队，于二十〔日〕晨进剿。新仓、衙前、全公〔亭〕一带军警，均归营长赵逊时指挥，以便相机剿捕。闻双方业已开火，但结果未明，容探〔明〕再志。

——《新闻报》1930年4月22日

大批海盗被捕解县①

本县东乡各镇，盗匪如毛，掳人勒赎、抢人钱财之事，时有所闻。讵一日上午，乍浦外海有泰记行黄鱼船一艘，驶至金山洋面，被匪船一艘包围，将人船一并掳去。即□盗押同船主到乍索价一千一百元勒赎。讵正在议价之际，海鹰巡舰莅乍，来盗深恐被捕，即驾舟而逸。海鹰舰得讯后，即行追缉，捕获二人，与匪炮激战多时，匪始不支而溃。一匪船遁入菜其港(姚家湾)，②忽然搁浅，被渔人瞥见，乃划船向前包围，擒获四盗，抄出步枪十支，盗尸三具，伤匪一名。据供其余四盗，二人投海溺毙，二人被海鹰舰捕去。嗣后二日报告公安局，由局长端木和率警前往押提归局。方县长得讯后，即派县巡察队一排赴乍迎提，并定于三日到乍验尸。而乍警已派巡长曹连元率队于下午二时押解来县矣。

——《新闻报》1930年5月4日

① 标题为编者所拟，原题为《平湖》。

② “菜其港”又作“菜荠港”。

视察省委同时莅临

县党部第二届执、监各委，定于六日补行宣誓就职典礼。省执委会特派该会秘书姜卿云同志，于五日下午来平，以便出席指导监誓云。而嘉属党务视察员杨云，亦于五日到平，视察本县各区党务。

——《新闻报》1930 年 5 月 8 日

二家被劫食米[①]

衙前缪家宅基之缪阿生家，于前夜突来面蒙假面具之匪徒七八人，手持利刃，破门而入，翻箱倒箧，劫去糙时［米］七袋，及衣饰等物，约值一百五十余元。而赵家桥沈富耕家，亦于是夜突来盗匪十余人，抢去食米八石五斗，呼啸而去。

——《新闻报》1930 年 5 月 8 日

车 夫 罢 工

本邑平安人力车公司黄包车夫，因十六号车夫被警察殴打，激动公愤，于十四日下午起，全体罢工，请求各界援助。

——《新闻报》1930 年 5 月 16 日

二匪解省法办[②]

抢劫新仓牙［衙］前之匪目宋来金、匪犯孟小和二名，日前被驻平省保安队七团二营捕获后，迭经赵营长研询。闻均供认不讳。于十二日下午一时，特派兵士四名，将该二匪押解省垣法办。

——《新闻报》1930 年 6 月 14 日

---

① 标题为编者所拟，原题为《平湖》。
② 标题为编者所拟，原题为《平湖》。

破获匪窟擒匪五名

驻新省保安队七团二营第六连于十一日得公安局侦探报告，派兵一排，开赴青墩庵一带搜查匪窟，结果拿获张来生、宋客人等五名回新。按宋年已花甲，生有二子，均属匪徒。经程连长审问后，张来生等三名交公安局发押，宋客人等二人，则于昨日解送平湖营本部核办。

——《新闻报》1930年6月14日

怡和袜厂倒闭

本城怡和袜厂，系嘉兴哲□卿独力创办，自仓弄迁至西门小桥堍后，历年营业，尚称发达。讵近受战时影响，所出各种丝线纱袜，既无法推销外埠，而纱线捐额又适陡增，致一时周转不灵，已于昨日倒闭。闻总共亏空庄款及存款约四万余元。男、女工之失业者，亦不下千余人云。

——《新闻报》1930年6月15日

起征平粜捐

本县举办之平粜局，预计亏耗约二万余元。经平粜委员会议决，归十九年度抵补金项下，每石带征平粜附捐三角，以资抵补。由方前县长呈请民、财两厅，提交省府委员会第三三一次会议核准，令饬县府照办。代理县长方壮猷奉令后，即于昨日出示布告起征。不敷之数，仍由县府会同委员会设法筹募云。

——《新闻报》1930年8月20日

杭平公路工潮之弹压

杭平公路平乍支线自开工迄今，工资颇有拖欠。曾经虹霓、杨墅两村委会，借垫米粮、工洋，得以维持。不意工头近又以领款无着，不发工资，致激成众怒，一呼百应，包围工头算账。虹霓工程处恐酿祸端，忽［匆］电乍公安局派警弹压。一面劝谕工友，静候设法发给，不得越轨暴动。

——《新闻报》1930 年 8 月 20 日

警察藏土　判处徒刑[1]

前日（廿一）下午县公安局六分所警察王葆真，身藏烟土，经过东小河滑桥附近，行色仓皇，被督察员朱沧波喝住拿获，当交岗警带局解送县府。昨日（廿二）下午二时，由李承审员开庭讯问，据供是项烟土系在鲍家桥刘阿四家赉［拿］来隐匿图吸不讳。爰判侵占罪八个月、私吸罪四个月，并科徒刑十个月，送监执行。

——《新闻报》1930 年 8 月 24 日

新仓戒严[2]

廿一〔日〕晚十时许，新仓军警机关，均得人报告，谓徐天雄、金飞等所部匪徒约六百人，在刘家堰桥一带集合，拦阻大道，检查行人。夜间更甚，并全体武装沿途放哨，希图骚扰牙［衙］前，袭击新仓等情。各机关得报后，立刻戒严，巡查防守各要隘。该镇居民因匪势猖獗，早已如惊弓之鸟，致夜不安枕。得悉前情后，均从梦中惊醒，扶老携小，东奔西窜，一若大难之将临。幸经军警竭力劝谕，始各回家安睡。

——《新闻报》1930 年 8 月 24 日

大批难民临行抢劫

县属乍浦镇，自到刘玉湘、唐延汉所率之河南难民三四百人后，公安局长端木和即派警弹压。指定邑庙暂住，并向各界筹募银洋约三十余元，于廿三日发给，勒令离乍，讵若辈一部约一百二三十人，轰［哄］拥至东门，将张楚成家包围，抢去白米五石，勒索银洋二十元而遁。

——《新闻报》1930 年 8 月 27 日

---

① 标题为编者所拟，原题为《平湖》。
② 标题为编者所拟，原题为《平湖》。

平乍工潮工人押送出境

杭平公路平乍段筑路工人，因向工头索讨欠薪，酿成风潮等情，已志本报。兹悉此事已由当地绅商高潮供给面粉十五袋、银洋若干元，得以维持。虹霓工程处亦领到省款八百元，先将一部工人给资遣散。业于昨日乘轮押赴嘉兴，转车送沪遣散，以免滋事。

——《新闻报》1930年8月27日

沪平夜轮被劫

昨（三十一）晚，由沪回平之新庆瀛夜班转，于一日晨二时许，驶抵胥浦塘附近，突遇盗船二艘，开放排枪，喝令停机，跳入该轮约十五六人（操金山口音），遍搜乘客及拖船货物。结果劫去信客沈洪泉所带票洋八百余元、文华英毛绒二件、新泰套鞋二打半、恒泰祥大绸六匹。

——《新闻报》1930年9月3日

私运布料被获

本邑布类特税局巡船，昨在青阳汇地方，突遇行踪可疑之水贩船一艘，当即尾随至吕公桥附近，喝令停驶。进舱检视，发现大批私贩偷捐之洋布。同时，在大通桥地方，又获一船，当即一并扣留。闻该批洋布，由申运来，共有一千余匹之多。雇偷捐出名之孙六官等二船送货，致被查获。其中，二百匹系本邑昇和祥所购云。

——《新闻报》1930年9月23日

警匪激战

县属新仓镇落乡山塘河地方，于廿九日突来太保阿书所部股匪六七十人，分趁舰船四只，由著匪王阿美（即猪栏［猡］阿妹）率领，通过江苏水上公安队，遂开火接触，即被水警击溃。闻是役水警方面，仅毙一人云。

——《新闻报》1930年9月27日

增加车租车夫罢工

雪飞车行包车部车夫，于一日上午，因资方增加车租五分（包车每日租金四角，今加五分，为四角五分），遂全体罢工，以示抵制。旋经人说项，始于下午一律复工。

——《新闻报》1930年10月3日

盛案复审情形

轰动一时〔的〕王桂英谋杀亲夫（盛补生）案，自经方前县长开棺蒸骨检验，确系毒毙后，死妻王桂英及顾保基、〈银〉钱阿宝等即相继入狱。虽一再开庭研讯，总无头绪。李承审复于一日上午九时开庭覆审，旁听者达二百余人。先后讯问盛桂荣（死父）、王桂英（死妻）、顾保基（桂英之姘夫）、〈银〉钱阿宝（煎药人）、黄锡春（医生）、方宝兴（坊役）、盛九和（妥作）、盛阿福（死兄），审毕已下午五时，遂谕原、被告谓：今日本拟宣判，因人证未全，定三日再行集讯后宣判。

——《新闻报》1930年10月3日

悍匪被捕解县

太保阿书部下悍匪麻子甫德（即屠夫张富根）自太保阿书被剿溃窜后，即自率一股，先后抢劫戴姓、陈姓、周姓三家，及投函沈二和家勒索。新仓公安局长夏振华据人密报后，知藏匿在半路桥张小宝家，当即派赵警长率警乘轮前往，在□星桥上岸，将张小宝家包围，破扉而入。时该匪正在吞云吐雾之际，措手不及，当场就擒，连同烟具，一并带回新仓。并在身畔搜出恐吓信二件，一致金荣生，一致张顺和。函中大意略谓，须助我军饷五百元，否则杀人放火，不准后悔等情。夏局长略审一过，即于昨日备文解县。

——《新闻报》1930年10月3日

盛案定期宣判[①]

万众瞩目之盛补生被人毒毙案，县府复于四日下午一时，末次覆审。观审者达千余人之多，自大堂至法庭，竟无立足之地。旁听席之栏杆亦被轧完。讯至五时方毕，被告还押，候十一日传案宣判。

——《新闻报》1930年10月6日

县长集议募修公园

本邑中山公园四面临湖（即大湖墩），风景地位，均极优宜。但限于经费，致设备未能周美，沈县长有鉴于斯，特于今日下午召集各界，在县府集议募款兴修办法。

——《新闻报》1930年10月6日

盛案业已宣判

全公亭农民盛桂荣诉媳妇王桂英谋杀亲夫盛补生（即桂荣之子）一案，自县内蒸骨检验，确系毒毙后，即由俞、李二承审员一再集审，业已辩论终结，于十一日判决。王桂英判处无期徒刑，顾保基宣告无罪，仍令还押，候过上诉期间，再行交保释放。

——《新闻报》1930年10月13日

监犯作工乘间脱逃

监犯吴阿生本年七月间，因拐案被获，判处徒刑四个月，即将期满。昨日（三十日）由法警长徐康林在监提出，令该犯在县府大堂一带帮作苦工。讵监视不慎，下午一时竟被乘间脱逃。迨觉察穷追，已杳如黄鹤。

——《新闻报》1930年11月1日

---

① 标题为编者所拟，原题为《平湖》。

1931 年

队长诈洋徒刑六月

水警驻平第九队第五分队队长胡瑶，通同巡长索诈乡民洋六十元一案，经受害人向省垣控告后，即奉厅令撤职查办在案。兹悉县府昨又奉到厅令，传胡侦讯。闻结果判处徒刑六个月。

——《新闻报》1931 年 2 月 14 日

围剿平湖股匪

嘉兴快信　此间水警等二区长周伟烈，以平湖著匪太保阿书，时在浙江边境各镇肄[肆]行强劫，日前保安队七团团长亦因劫匪受伤。当呈省请示办生[法]，当奉省方咨请江苏水警率队兜剿，以期歼灭。并指定在嘉兴开军事会议后，出发进剿。现悉该项会议，已于前昨开遵，缘周区长已于昨射[夜]率第五队及六、七、八、九各队干警乘致果兵舰出发，至平湖虎啸桥一带，会同保安队及苏省军警，并力围剿，冀得一致歼灭，而重地方治安。

——《民国日报》1931 年 2 月 24 日

平湖法教士擅筑教堂案

平湖通讯　县属乍浦陈山一带山地，前被法教士韩禄秘密购去建筑教堂。经前省公署省议会及交涉员据理力争，一再交涉，始得停止进行。然悬案十年，仍未能解决。此次浙省教育厅长张道藩奉令视察全省党务，至乍浦参观东方大港时，瞥见该山教堂又在建筑。翌日，公安局长方孟庚又得确报，当即召集驻乍巡察队队长周飞、区公所区长马和等，会商办法。结果除电县请示外，复派武装警察一排，由巡长曹进元率领前往阻止云。

——《时事新报》1931 年 3 月 21 日

城区添设路灯

县长吴文泰于六日下午一时，召集各机关代表及电灯厂负责人员，在县府集议路灯问题，计有方菊人、韩怡民等十余人，由吴县长主席，沈科长记录。讨论结果，决定全市添装路灯四百盏，每盏需电料费二元五角，合计洋一千元。由县府带征两个月店屋捐及住屋捐附加税二成（每月正捐一千四百元，以二成计算，月得二百八十元），两个月共得五百六十元。城区十四里委会，每会各派洋三十元，合计四百二十元，不敷数二十元，由明华电灯厂经理韩怡民一人捐助。所装各灯，限五月十日前一律放光，以重路政而利行人。

——《新闻报》1931年4月9日

保卫团抄获著匪二名

本邑西城区保卫团团总方菊人六日晚得人密报，谓著匪太保阿书之先锋王大块头及大眼阿照（即杨阿照）等二人，现已流窜来城，匿居于西门某店，充当栈司，为匪首传递消息。当率团员一名，前往查抄。果在徐源源糟蛋作内拿获大眼阿照一名，鼎丰酱园内拿获王大块头一名。连夜备文解县讯办。

——《新闻报》1931年4月9日

著匪解平归案

洗劫牙[衙]前镇案中之要犯徐文龙，自被苏属金山县军警捕获解县后，即一再侦讯，供认不讳。惟该匪犯事地点属浙，故于廿一日下午，派警押解来平，由县政府收押云。

——《新闻报》1931年5月23日

平湖教堂案县长查勘后令饬严[行]制止

平湖通讯　法教士寒日落、意教士马立司，在乍浦陈山擅筑教堂一案，自经县党部函请县政府先行制止后，县长吴文泰即于昨日上午，偕同公安局长姜宏勋乘新家驹轮赴乍，当由该镇公安分局长方孟庚率警到埠迎迓，至局中休息片刻，即至陈山亲自查勘一周，令饬方局长严行制止，毋得稍懈，致损国权云。

——《时事新报》1931年6月1日

捉赌拒捕发生风潮

乍区公安局林埭四分所巡长金紫光，于昨日上午，得人密报，谓虹霓镇王庆宝茶馆内有赌博情事。当即带警前往，果获四人。据称系水利局职员，谈判结果，处罚五十元。中有一人，托词往局取款交案，竟唤集该局工人五十余名，手持铁器，蜂拥而来，将长警包围痛殴。一时秩序大乱，巡长金紫光见势不佳，急入茂丰茧厂逃避。工人乃追至厂内，不分皂白，将胡云初（系保护茧厂之警察）抓住，打断臂骨。厂中鲜茧二十余担，亦被踏穿，损失约近千余元。后由杨墅村村长袁良卿排财［解］，各方始悻悻而云［去］。

——《新闻报》1931年6月6日

茂修女中令停招生

本邑茂修女子中学，倡办以来，迄已十载，成绩尚佳。此次省督学张能简莅平视察，对于该校各项设施及基金，认为不妥。呈报教厅，故县教育局已奉到厅令，饬令该校停止招生。

——《时报》1931年6月27日

乍浦钱庄倒闭

存户组织债权团

平湖通讯　乍浦为平湖大镇，海产丰富，商业颇盛。该镇南河滩盛源钱庄，为镇中绅董徐眉轩所设，历年五十年，平时信用甚著。徐氏为沪上巨商，曾任华东银行经理（现因本人营业亏蚀过巨，业已辞去该职），在上海及平湖、海盐各处均设有商号，经营各种营业。乍浦当地人士，无论男女老幼，平时对于徐氏多表信仰，故其所设盛源钱庄，俨然为乍浦金融之中心，历年及收存款，亦因此愈积愈多。不料，徐眉轩近年因某种营业失败，亏蚀甚巨，有计弥补，终嫌周转不灵，而最近金市风潮一起，益复捉襟见肘，处处发现破绽。徐氏平日极好面子，以在沪营业失败，于本人地位有碍，即将内地庄铺资金，暗移沪方活动。其在乍浦之不动产，如房屋、田地等，亦或典质脱售，以资调动。闻其田地数千亩，押某银行四万元，早已成交。此种风声传后，人心渐为摇动。至七月十日，盛源〔钱〕庄乃突以停付存款闻。其他徐所设店铺、本行等，亦同时停业搁浅。乍浦人心乃为大震，因该庄已有五十余年之历史，平时为当地金融命脉之所系，一旦形同破产，使许多存户骤受无妄之损失。其影响固甚严重也。该庄停闭后，徐眉轩已避不见人。经理田润生，亦即逃避他处。所有存户，以静待解决绝无希望，乃有组织债权团之举。殊知徐氏门下之食客，以欲买好于徐氏，冀得事后可索酬报，即不惜丧心行事，倒[到]处恐吓各存户，不许声张，并设法平湖报纸，对此事默不一言。徐曾为省议会议员，乡人本来莫测高深，多惮其势力可通官方。故一经恐吓，即亦默忍而已。而当地报纸，亦忘为民众喉舌之天赋，则甚可怪耳。记者多方探询，知债权人有周老太太者，以积年所蓄，尽付流水，已自杀二次。又有王某者，以存款不能提回，竟因急成病，因病而亡。其家近日正在悬挂白幡痛哭，至为凄惨。其他佣工、仆妇，以历年节衣缩食之所得，一旦被此损失，颇多痛不欲生者。现债权团业已委托杭州某大律师进行诉讼，以期法律解决。

——《民国日报》1931年8月2日

〔第〕八次全县代表大会记

本县第八次全县代表大会于二十日上午十时行开会□。出席代表十八人，县执、监各委均列席。省委指导员吴一飞、主席陈迪、记录陈瑞，开会如仪。首由主席报告开会词，次由吴指导员致训词，旋由县府秘书沈孟养演说。会后即摄影。下午二时接开第一次会议，主席陈恢、秘书长陆恭良、记录黄大觉。讨论事项：(一) 推定伊寿昌、杨造时为主席团主席。(二) 推定陈瑞、姚之英、俞品璋、潘伟、汪蓉舫为提案审查委员。(三) 推定黄大觉、伊寿昌、俞品璋为宣言起草委员。

——《新闻报》1931年8月24日

浙江平湖分场

植棉区域多在临海之东南乡一带，今年棉田面积，约十八万余亩，视去岁尚无多大出入，惟在播种期连日阴雨，致播种时期，较往年略迟数日，大部农民，均在立夏前后播种（五月初旬），此时湿度甚高，播种之后，又连日阴雨，温度低降，平均为华氏五十度左右，以去岁此时温度较之，相差竟至十余度，因此棉芽有未能透出即遭死亡者，厥后继续阴雨，气候时冷时热，变迁甚大，所出棉苗，大部发生根腐病，棉科［棵］萎缩，根部作黑色而腐烂，故今年棉苗甚不旺健，死亡达百分之五十。现补种者甚少，一般农民，均拟间植黄豆，恐棉作歉收，可藉以补救。

——《中华棉产改进会月刊》第1卷第1期，1931年8月

1932年

平湖袜厂罢市

平湖讯　本邑均益袜厂，因私进日货，被前反日会查获，将日货没收，并处货价二倍之罚金，该厂置之不理。复经抗日会议决，于前日会同巡察队、公安局前往，将该厂封闭，袜业公会主席叶粹安，即召开同业代表临时会议。结果除呈请省党部援助外，复议决于翌日起罢市，以示抵制。故全城四十一家袜厂，均于昨日怠业（因戒严时期，改罢市为怠业）。

——《时报》1932年2月16日

日机窥平湖新仓

平湖通讯　十四日上午十时许，有日机一架，自苏境飞来，经金丝娘桥而至新仓，绕翔一匝，行驶缓而且低，下午一时，复有敌机三架过平，飞往西南而去，移时复来一机，向嘉善而去。又讯，驻扎海宁之某师司令部，于十四日拿获汉奸诸林海一名，江北高邮人，年十九岁，当解第一区警备司令部研讯，于十五日下午二时，发交平湖县政府收押云。

——《时事新报》1932年4月17日

保卫团缉获三逃女

本邑西大街炉饼司务阿三之妻阿六，于前日背夫潜逃。同时失踪者，尚有西河滩张姓、冯姓两婢。经阿三及事主报告团警后，保卫团第一区第二甲甲长方菊人，探悉失踪之两婢，系被阿六所诱骗，业已搭轮赴申。遂派干员追踪前往，一并拿获。已于十八日下午四时，趁闵南轮押解回平。

——《时报》1932年4月20日

开会集议救济茧市

县府于十八日下午一时召集县党部、县商会、钱业公会、茧业公会等各机关法团领袖，开会讨论救济茧市办法。

——《时报》1932年4月20日

乍金公路开始测量

沪杭公路当局预期四月将路筑成，浙省方面已委杭平路平乍段工程师林群煌为乍（浦）金（丝娘桥）段主任工程师。业于十六日率队前往金丝娘桥、全公亭、大营、小营一带测量，以便即日动工。将来需用人工，就所在地招雇。闻苏省方面，自闵行筑至金，则用兵工云。

——《时报》1932年5月19日

私进日货限交游街

西大街一新袜厂经理钟文玉，去年私进日货，被前反日会查获，议决日货没收，并罚金八十元。经抗日救国会执行。讵钟不但抗缴罚款，反饰词狡辩，乃由第三次全体会议议决，依照本省奸商私擅轮运贩卖日货惩罚暂行规则第二条丁项之规定，制就“私进日货奸商”高帽一顶，于六日下午四时，会同公安局巡官夏润芝前往捕钟。钟已闻风逃沪。乃责令该厂总账倪某，限五日内交出文玉，游街示众。否则须将倪代表游街云。

——《时报》1932年6月8日

疫势猖獗三小时即死

本邑各区，新进发现真性霍乱。罹疫者，仅三小时而死。新庙镇一日死八名，廊下死十三人。县府为预防起见，特在南门设时疫医院，委潘思齐为主任。昨今两日，城区罹疫而死者，有谢福纪、王德顺、徐大观等十五人。

——《时报》1932年7月20日

平湖的女子

影　呆

真奇怪！平湖似乎是一个特产女子的场所吧？在我们那边，如果一个男子，穷得讨不起老婆，只要能够筹集一二百块钱，到平湖去走一趟，包管你可买到一个年轻的女子，跟着你到家里，拜了堂做你的妻子。还有一般有钱的朋友，有的因为妻子年老了，不能满足他们的性欲，有的因为没有儿子，也只消到平湖去走一趟，买一个小老婆回来。总之，谁要讨小老婆，谁是讨不起家乡的女子做老婆，那么只消到平湖去买一个女子。

神秘的平湖，那边大概有制造女子的工厂，每天在开足了马力，积极的制造女子出来，供人们的选择，否则平湖的女子何多，为何卖不完呢？也许平湖人只会养女，不会养男吧？否则那里来大批的女子，供人家做小老婆呢？在这种的情况之下，平湖的男子，恐怕将起了一个极大的恐慌呢！如果男女的生产率相同，那么平湖的女子，出口的人数，既这样的多，平湖的男子，至少要有一半以上讨不到老婆，做鳏夫了。

谁要到平湖去买女子，走到了平湖的街市之中，到处有年轻的女子陈列着，供你的挑选，在这样的情状之下，平湖的女子，不啻是商品了。而在平湖，自然是一个卖买女子的市场了。所谓卖买式的婚姻，平湖地方，更其是切着吧？女子可随意供人选择，以作妻妾。平湖的女子，未免太可怜了吗？我不知平湖的妇女，一般有知识的，为何不是大声疾呼的起来，打倒这种卖买制度！

这里在观念陈旧的家庭之中，到现在还有只重生男不生女的口号，但在平湖，这口号却可倒装转来，成了只重生女不生男的口号，养了女孩，大了可卖钱。但养了男孩，大了非但分文不值，反而要替他们娶老婆，化［花］费不少的钱。所以，中流社会以下的平湖人，妻子肚皮大了以后，正是早夕默祷，希望养一个换钱的女儿。有的人说平湖人的出卖女儿，主要原因，在嫁一个女儿要陪嫁许多东西。但出卖了以后，非但可免嫁送的费用，反有一笔收入，本来何乐而不为呢？但有的人家，卖掉了女儿，也赔一些嫁送，像金器嫁妆等等。总之，无论如何，平湖的女子，在这种卖买制席之下，未免是太可怜了吧？平湖的妇女界，应当从速的自觉起来，去负起了打倒这种买卖制度的使命！

——《时事新报》1932年7月28日

平湖疫势又炽

本邑疫势，又见猖獗。罹疫者日必二三十起，死亡者占十分之七。故大街小巷，丧家次第相接。昨又蔓延至乍。卫生分会特设防疫所施诊。因药品未到，暂由诚济医院维持。

——《时事新报》1932年8月8日

乡愚闹旱抬木偶请愿

乍浦乡民因天旱河涸，农产枯萎，聚集百余人，至□岐港抬法海观音及海龙王两偶像，于十一日上午步行来平，抬至县府纪念厅请愿。经吴县长剀切晓谕，并允于十二日赴乍会勘后再核。农民始散，惟两木偶仍连轿安放于县府。

——《时事新报》1932年8月13日

呈请豁免土布税

土布免税，早经实业、财政两部明令豁免在案。讵本邑营业税局，忽奉财厅训令，拟开征布税，威隆、寿康、恒泰祥、范泰记等各布庄得讯后，特召集同业，开会讨论。结果，佥以全国各省县土布均属免税，平湖未□独捐，当即具文呈请省府，设法制止，并令财厅收回成命，以苏商困云。

——《新闻报》1932年8月28日

江浙公路国庆通车

杭州平湖段月底完成

嘉兴通讯　江浙两省合作，建筑江浙公路。浙省部分自杭州至平湖之乍浦一段早经通车，其未完成者，仅金丝桥一段耳。本报记者日昨晤工程处处长，据云：公路局长陈体诚日前在沪，奉宋部长面谕，限本月底完成、国庆日通车。故本处日来正积极兴筑嘉兴所属乍浦至金丝桥一段路基、路面，预料九月底决可完成，十月十日正式通车云。

——《民报》1932年9月11日

1933年

平湖视察简报[①]（节选）

二月五日，该员偕治虫专员唐肇廉，视察第二区之红霓堰、乍浦，该区棉地占三分之一，全区冬耕者达70%。六日视察第三区新埭镇及沿途一带，所见以稻田为多，桑地次之，并无棉田。冬作物多为油菜及蚕茧，约占60%，余为紫云英。冬耕者占50%。七日至第四区之新仓镇，沿途视察，棉、稻参半，稻田已冬耕者达70%，植油菜80%，紫云英、蚕豆10%，螟害甚轻，无损失统计。

——《昆虫与植病》第1卷第9期，1933年3月21日

国货流动展览会

——在平湖——

最近沪杭各大工厂，联合组织嘉兴属六县国货流动展览会，至内地各处推销出品。

该会于四月十七日由海盐至平湖，借中山公园开会展览。临时搭盖席棚。事前并发贴种种劝用国货标语，全邑民众前往参观甚众。

加入该会者，有上海南洋兄弟烟草公司，及杭州九纶绸缎店等数十余家，杭州张小泉剪刀店，亦派员加入。

中山公园景色宜人，时值春季，游人尤多，今得该会点缀，愈赶热闹，入夜临时装置电灯数百盏，并以电灯扎成"国货展览会"五字，悬于树上，银花满树，夜景极可观。

园之中央四面厅上，陈列绸缎、布匹，西北之远山近月轩，为卷烟部，发售国货香烟。走廊中多铁床、行军床等，席棚中则各种日用物品，分布陈列，生涯甚盛。

该会预定在平湖展览十日，期满将赴他处。

——《新闻报》1933年4月23日

---

① 标题为编者所拟，原题为《嘉善崇德平湖桐乡视察简报》。

乍浦有日舰发现

乍浦东巷[港]自十五日驶来日舰两艘后，旋即他去。实则因潮落而退，并未远去。且尚有三舰同来，十六日，仍发现于外海，共有五艘之多。县长为防患未然起见，电省请兵，以资镇慑云。

——《新闻报》1933年5月21日

金平湖的写真

东　妇

平湖是浙江省旧嘉属的一县，地方殷富，所以尚有“金平湖”的美名。俗语说:“上有天堂，下有苏杭”，平湖是离开杭州不远的一个秀丽富庶之区，自然当得起这“金”字的形容了。

这里——平湖，离杭州固然只有五六小时车行的路程，但是距上海更近。内河的小轮船，每天可以打转回。汽车来往，尤其便捷。所以，上海的摩登习尚，很容易输染到这里来。

城里汉水桥一带，是平湖最繁盛的市场。有大茶馆、有大旅馆高耸的水泥洋房，有平坦的新筑街道，每天傍晚成万炬齐明，把这一段地方，点缀得和上海的南京路一样的富丽堂皇。尤其是夏季，青年男女，穿着半透明的新装，洒了些薰人欲醉的香水，一对一对的挽着臂、携着手，在灯光下流动展览。这是多么使人兴奋啊！眼前呈现各各不同的俊俏曲线，鼻里送进一九三三年的摩登香水，在新浴后的温和白嫩肌肉上蒸发出来的妙香味儿，怎不使人兴奋而至陶醉呢！

比较幽静而合宜于作情话的地方，是东湖里的中山公园。当此夏季，绿柳笼罩在水泥的曲径上，阳光晒不到坐在绿荫下石凳上的情侣的。而且，湖上的清风，从绿丝隙里只送到伊们身上，是多么凉快啊。四面厅和初月轩，虽然比较欠幽静一点，但是你尽可以和你的情人放怀陶情。这里是天造地设的情场，换句新鲜话说，便是肉的交易所。

最近又有更幽雅的去处——沪杭公路平乍支路汽车站。那么，虽然离城远一点，但是竹林茅屋间已开设几家乡村化的茶酒店，很可以坐坐。你如其脸皮自觉太薄，不敢在上面所说的交易所里和你的情人谈话，尽可以到那边去，保你适意。前几天有一对从上海来的情侣，因为那边地方幽静，是谈情的胜地，竟不肯离去，在竹林里露宿了三夜。即此已足证明是一个好去处了。这几天，红男绿女，都往那边去乘凉觅伴，小茶酒店里花枝招展，肉香馥郁，引得那班伏在火热的太阳底下耘田的臭乡下人，大起癞虾蟆的念头哩。

"金平湖"只不过如此吗？不——这一点点不过是显而易见的千分之一的现实情形罢了，无论什么地方人，一脚踏到平湖，便会见到这一点的。还有稀奇古怪的事物，别处没有的在平湖也有。何况通常而平凡的，自然谈不胜谈了。

——《时代日报》1933年7月20日

平湖杭平路将达南门

杭平公路平乍段汽车向通至发庆庵前临时车站，距城尚有二里之遥，且多乡村小路，致乘客颇感不便。路局有鉴于斯，在新桥港赶筑路桥，业已完竣，并将平乍、平嘉两路衔接，汽车直达南门云。

——《新闻报》1933年9月13日

乍浦设立沙田处

浙省沙田官产清理处，昨始乍绅吴传福（曾任财部沙田局事务所主任）为乍浦沙田官产清理分处主任，吴奉令后，即在乍布告就职。会同处委竹维桢调查官荒沙田淤地云。

——《新闻报》1933年10月2日

平湖班轮船发售来回票

本埠南市外关桥，闵南轮船局及平沪轮船局之平湖班轮船，自即日起发售闵行、叶榭、张泽、松江、佘来庙、洙泾、新埭、平湖等埠至申及由申往上开各埠之来回票，各等俱备，取资较通常单程票为低廉，定期七日有效，便利民行。优待旅客，莫此为甚。以故内地旅客，莫不称便云。

——《新闻报》1933年10月10日

平湖盗卖山地　省委决定清丈

嘉兴通讯　平湖乍浦黄山一带，自发生当地人士勾结土豪将山地纷纷盗卖与欧美人士后，民众即向省呈控。省府特派唐世鉴等赴乍密查。现唐等业已公毕，并奉省令对该处沙田官产，先行整理，以示郑重。一面不时派测丈队前往该处实施测丈。昨日（十三）在乍张贴布告，嘱各山管理人务各于本月十五日起至月底止，径向乍浦事务所登记，以凭〔测〕丈队到队通知领丈，以重产权云。

——《民报》1933年10月14日

乍浦外人盗卖山地

平湖通讯　乍浦陈山之麓，于民国十年被陆星德等，盗卖于法人麻雷斯建筑教堂。经政府据理力争，引起国际交涉。案悬十载，迄未解决。兹据可靠消息，麻以六万元之代价，售于某外人。由王桂和等作中，但出面得主则为华人云。

——《时事新报》1933年12月11日

平湖新任县长接事

平湖通讯　本邑县长张清泽，因贪污枉法，渎赃殃民，被县党部弹劾，经由商会等十五法团，及□案后援会，呈控部院省厅，先后委派丁岐祥（监察院）、谭尚崖（民政厅）、王邦彦（嘉兴法院）等莅平彻查属实，经吕厅长提交第六三六次省府会议，议决调省查办，遗缺调象山县长张周汶继任。兹悉新任县长张周汶，于十三日下午四时，搭轮莅平，下榻于同安旅社。十四日上午，接印视事云。

——《时事新报》1933年12月15日

嘉兴平湖公路元旦通车

本报念三嘉兴电　平湖、嘉兴公路路面工程业已告竣。公路局今（二十三）晨派总工程师来嘉视察，决定二十三年一月一日起，先行通车营业。刻新丰车站尚未落成，拟于车上售票，以利行旅。

——《民报》1933年12月24日

1934年

钱庄宣告停业

平湖通讯　本邑同盛、康大两钱庄，因营业清淡，亏耗颇巨，此次大结束后，资方不愿再开，故宣告停业收账云。

——《时事新报》1934年2月20日

没落中的金平湖

启　宗

在昔号称“金平湖”的平湖，至今也如陆稼书——清贤宰官，平湖人——上匾所谓“时世不同”了（陆稼书上匾是一桩幽默的故事）。表面上，尽管辟马路咧、通汽车咧、开戏馆咧，闹得满天星斗。但自农村的经济衰败下来，这小城市也逃不出“不景气”的圈子。在城里尽多有上几千亩田地的田主，先前他们的佃户不需要你去收租，自会依限送上门来。现在可有些不行，而田主的坐享因此动摇了。金子无非是沙里淘出来的，“糠里头打不出油”，所以这地方渐渐儿不比从前那们［么］财富。

刘姥姥说的好，“瘦煞骆驼比马大”，资产阶级究竟是资产阶级，所谓“拔一根汗毛还比穷人的腰壮”，有不少没饭吃人家的女儿，他们慨然养在府里，取上个菊香或来顺号的名字当作自家人，还要给她的家属整笔几十块钱的款子，像这样蓄婢的人家恐怕要比任何那一县来的多。你只须略为留心一下，就可以看见许多自七八岁以致十来岁的女小孩，穿着不伦不类的衣裳，在墙门首带领所谓官官或宝宝，或在石头砌的好好的河埠上洗涤东西，而这些“鼻涕阿二”式的所谓“贱货”，长成到十六七岁时，必然的——暗地里或公开的一大半形成了粉面红唇的姨太太或姨奶奶。

平湖不愧为小城市中的佼佼者，她什么事业都发达。教育罢，私立中学有上四所。商业以米业为大宗，米行多到五十多家。即如吃素念佛也结了好几个团体，有的逢单双，有的逢三、六、九，大家聚拢在一起，作些“出世”的功德。至于淫业呢，小家碧玉为生活所迫而做“半开门”的不在少数，而且流到上海方面的颇不乏人。其低声俏语称“阿奴平湖人”（音“病悟宁”）者固不减吴侬软语之好听也。

这里的地方事业，自有一班所谓“大夯[亨]”也者一力把持。究竟是鱼肉乡里呢？还是造福桑梓，那末是非自有公论。在下未便武断。总之其包办地方事业的计划由来久矣。“大夯[亨]”之为“大夯[亨]”，却有其特大的脾气。有一次，为了公司轮船开行的钟点不受他的使唤，不惜独资开一轮船，大放其盘。赶到经人调停，方告罢休。平湖究竟是近海的，东部的民气可说是很强悍的。提起了定可使人记得，业已伏法的著名匪首太保阿书就是此间下层的特殊人物。

“大少爷”倘在别处总得是个尊称而多们[么]漂亮的名词，可是在这里却变成了侮辱的称谓，这其中也有一段故事。据说昔时平湖地方富庶之家，一般公子哥儿——大少爷——习于饱暖，惯施其“窃玉偷香”手段，但是逾垣跳墙等本领不济，于是不得不拜贼为师。当年“大少爷”荒唐的下场是变成瘪三。做了瘪三，偷难捉狗还有什么话头。因此，“平湖大少爷”便成为偷儿的别名了。

这里交通的便捷又接近着上海，一切时髦的妇女装饰，此间立刻就可仿效。这似乎不得不归功的[于]此间旅沪的女学生。她们有不少是研究体育，还有不少是研究歌舞。平湖真是个流动的城市。烟、赌、酒的盛行当然在意料之中。报纸篇幅虽小，但是东一家报馆、西一家报馆，舆论机关的发达以人口论也许可算首屈一指的。

废历四月十八日是此间从前的灯汛，当年迎神赛会的盛况有非现在所能想到，闻得老辈传说，那一天为“大王老爷”显圣之期。当倭寇时，他坐城头，下临东湖，洗他的大脚，这样巨人吓的倭子不敢来犯。所以，到了这天，大家挂灯庆祝。城中偌大的北寺中，百戏杂陈作为酹神。富绅大商那时出其珍宝名画，与众共赏。名贵的有珠凉伞、白玉床、唐寅画——以制糟蛋出名的徐源源酱园旧藏唐寅画虎，非常名贵——等等。到如今，北寺已坍塌不堪，真好比“白头宫女话天宝事”，有谁信那个时候的繁华，邻县各地的艳羡，而公[供]上这个“金平湖”的尊号呢！

——《民报》1934 年 2 月 23 日

清理平湖积案

平湖通讯　县长张周汶以本邑民刑案件，历任积压颇多。承审员实无暇清理，故呈请高等法院派员清理。郑院长据呈后，以所陈确系实情，始准派员来平湖清理积案云。

——《时事新报》1934年3月6日

平湖明华电厂组织经过及现在状况

韩怡民　沈嗣芳

按平湖旧有电灯公司，于民国七年成立，设于南门外，用水汀引擎直流发电，嗣因停机修理，违背部章，经北平交通部勒令停业，令饬另行招商承办，本厂于民国十三年呈准设立，厂址于西门外，购用一百二十五匹马力水汀引擎，六十开罗华脱交流发电机，仍沿用旧习为包灯制。营业数年，亏本甚巨，灯又暗淡，至民国十七年十月，因南门旧电厂希图复活，与本厂争控，奉县政府转奉建设厅令，责成本厂换线添机、充足灯光，限六个月遵办。经各股东推举筹备员八人(原举九人旋因莫君不愿担任，故只八人)，从速招股筹备添机，无如因旧厂营业失败，添股既难，招股更无从说起，迫不得已乃于是年十一月下旬开第一次筹备会，决定由各员负责分期垫付款项，另购柴油机器两部，并购买南门外地基建筑厂屋，冒险进行。经种种困难(例如南门外厂基甫经购定开工建筑，忽有县政府教育局于购得厂基内订立运动场界牌，饬警勒停工作之类)，精神物质两有牺牲，至十九年六月始得规模粗具，遂于是月接受旧厂，陆续接火放光。鉴于旧厂包灯制之不合时宜，一律装用火表，颇受用户欢迎。并于是年九月间，邀集旧股东会议，提议旧厂股本作七折归并新厂，如间有不愿归并者，准照六折退股，由新厂负责分期归款等办法，经到会股东议决通过，照案执行。是年十二月又由筹备员第二十二次会议，议决收买北寺石油厂。二十年一月第二十三次会议，复议决将东西旧厂机器及石油厂机器一律贬价出售，以免废弃无用徒耗利息，而吾邑民营电业幸得宣告统一，计接受东西旧厂与收买石油厂机〔器〕，除原有杆木路线等仍照原价接收外，共亏损银一万五千八百二十二元零。

董事会成立后办理情形　十九年七月一日董事会成立后，截止十二月底止，共开常会十次。继续添招新股，制定损益计算月报、现金出纳月报、配电月报、电度月报、电费月报、材料月报等表，交经理督饬经办，职员按月填注，交会审查。并于二十年九月改聘沈嗣芳为主任技术员，十月改聘李国章君为公务主任，更换全体工匠，添换杆线，添装方棚，装设公用路灯，照章检查窃电，辛苦经营，不畏疆御，成绩渐彰。兹将十九年六月至二十年六月，及二十年七月至十二月，营业状况按

月匀计,列表比较如下:

(一)电灯用户及电费收入比较约数:

十九年六月至二十年六月	二十年七月至十二月	比较增减
电灯用户匀计每月九一〇户	匀计每月一〇六七户	增一五七户
电费收入匀计每月四〇〇〇元	匀计每月五二四四元	增一二四四元

(二)事务费及燃料消耗支出比较约数:

十九年六月至二十年六月	二十年七月至十二月	比较增减
事务费匀计每月一七一八元	匀计每月一五四九元	减一六九元
燃料消耗匀计每月八三〇元	匀计每月九六一元	增一三一元

收支概略　查本厂自放光日起,至二十年十二月止,共收入灯费及其他什项银八万四千九百九十六元零,支出事务、燃料、消耗等费六万五千五百七十四元零,收支相抵计余银一万九千四百二十一[二]元零,经董事会议决酌提折旧费一万零八百元,抵补接收旧厂亏损,尚剩旧厂亏损五千二十二元零,并应提各项折旧统俟下届结账再行酌提外,总计盈银八千六百二十六[二]元零,除提法定公积金百分之十,银八百六十二[元]零,并按各股东缴款月日截至二十年十二月底,派给常年一分官利,约六千三百七十元零外,尚盈银一千三百九十三元零,拟并入下届酌量分配。

进行计画[划]　上年八九月间曾拟购备马达,扩充路线,供给电力,兼输画[划]电,以期发展营业。旋因限于经费,且外患迭至,社会金融受巨大影响,一般商业维持现状已感不易,遂作缓议,

二十一年营业状况　查本厂二十年下半〔年〕(前年奉建委会规定以每年一月至十二月为一年度,曾造送二十年下半年三种报告,故本报告亦以下半年为比较),共发电二十一万三千四百四十九度,收入电费三万一百三十六元,用去燃料价洋六千七百七十元,十二月底有电灯用户一千九十四户。二十一年全年共发电三十九万三千六百七十二度(内有日电三万二千二百八十四度),收入电费六万四百六十三元(内有电力费洋六百四十一元),用去燃料价洋

一万四千一百六十三元，十二月底有电灯用户一千一百五十五户，电力用户七户。下年与上年下半年比较用户虽有增多，而发出电灯用电与收入电费反有缩减，缘一二八事变后金融奇紧，市面种种不景气，居家商铺均抱经济紧缩主义，幸电灯为日用必需，营业衰落尚不如他业之甚。惟燃料消耗反较上年增加，一因油价高涨，一因开放日电机力负荷太轻所致。至供给电力兼营画[划]电原为本厂进行，第一届股东大会曾经附带报告，后因种种关系，逐渐预备，始于上年十月十日起开放画[划]电，试售电力。推行伊始，用户未多，此后当尽量设法扩充，凡足为吾邑工商界利用厚生之电动机器，均拟一一提倡，冀以发展本厂营业，增进社会生产。

二十一年工程状况　电学日趋进步，而电气事业设备上完善与安全，亦日无止境。本厂自改聘主任技术员、换掉工匠后，对于发电配电随时留意整理，在过去一年中仅于三月间因风筝线纽结电线，致分金街一带局部停电十分钟，其他别无障碍情形，不可谓非职工悉心改善所致，足堪自慰。至推广线路暨各种设备计加长路线半公里，添设杆木十七根，并于东门外吕公桥、西大街、酱园弄等处分别添设低压线，掉大高压线，原装东门城墙上七五开维爱降低变压器，掉换为一百开维爱，故资产项下增加设备费洋一万三千三百元。再查本厂近来发电最高负荷为一百六十五基罗瓦特，照两机发电容量（一号机一百二十基罗瓦特，二号机一百三十二基罗瓦特），开用一机则不敷，开用两机则耗油不经济，且最高负荷时间必须两机同时开用，无拆卸整理机会，万一发生故障，势必停电一部份[分]，非特失信用户，而本厂经济损失亦颇可虑。爰径[经]董事会议决，添购一百二十匹马力柴油机，及一百二十开维爱发电机全套，俾得依负荷之高下随时掉换开用，减轻发电成本，充足准备电量，而揩擦整理亦得有从容时间。现在已经用分函投票方法，购定孔士洋行柴油机及发电机全套，计价格美金五千二百元，于本年九月全部机件装竣，开始补充电量，现在电灯、电力用户较前日有增加。

二十一年决算概况　查本厂二十年度存该总数为十六万一千四百九十元零，二十一年度存该总数为二十一万四千二百八十八元零，骤视之似增五万二千七百余元，实则比较上年各数增加一万二千七百余元，其他四万元，因负责项下改列资本为十二万元，资产项下添列未收资本四万元（查资本十二万元为本厂计算之额定数，上届照实收数作八万元计算，似未妥善，故本届仿照各处较大之公司办法，分别添列，其实此四万元之数纯系对销性质）。又本年度放出借款五千二百余元，各种欠出债款较上年减少三千七百余元，此截至二十一年十二月底止，本厂抵补接收旧厂亏损，尚有不敷，并应提各种折旧，俟本届结账时再行酌提。曾于上届股东会报告，现因本厂发电设备房屋三种设备，为数已达十二万元以上，若将是项准备金抵消他用，核与取缔规则第六十三条规定不符，复经董事会议决，所有二十年度提存折旧准备金一万八百元，二十一年度提存折旧准备金七千二百元，共计一万八千元，从缓抵补旧厂云。

——《电业季刊》第4卷第2期，1934年3月

清丈处已成立

本县清丈处于二日在县正式成立，主任徐眉轩、总务长张尹兹、会计沈宾来、书记沈正刚等均到处办公云。

——《时事新报》1934年4月4日

乍山地不准卖买①

乍浦官荒山地，业经沙田官产清理处呈准省府，照时价四折，缴款承领省照管业。业户在未行是项手续以前，不得私相买卖。县府昨奉处令，出示布告，并令饬财政局，停止升粮过户，以免纠葛。

——《新闻报》1934年5月5日

平湖的妇女状况

高月心

平湖这地方，也许为大家所不大注意的吧！但是，我们不要小看了它吧，因为他［它］在从前是一个重要的商镇，一切进口、出口的货物，都在这里集中。并且也为倭奴所侵犯过。当时是明朝，这次矮［倭］奴大败而逃，都是戚继光的功绩。而且，它是中山先生所指划的东方大港。将来这大港筑成之后，也许更比上海繁盛得多。但是在现在，却是没有什么人去注意它。这使我们要看一看这地方妇女的状况是怎样。

但我们在未讲这地方妇女的状况之前，不妨讲一讲它的地势。

① 标题为编者所拟，原题为《平湖》。

它位在上海之南，东沿东海，却临杭州湾之口，故形势亦险要。山都在乍浦一带，因为乍浦、新仓、新埭三镇，都是属于平湖，故我们以平湖为中心。近来交通亦称发达，不过尚无火车通达。而小火轮甚多，有通嘉兴的，有通上海的，有通海盐的。而近来更有公路直达杭州、乍浦等地，所以益见兴盛。而且这地方民国以来，从未遭到灾祸，终年太平，有"金平湖"之称。这里要讲到穷，亦未必如何穷。富呢，亦没有多数是富的。所以贫富平均，相安无事。

现在我们应当讲到妇女的真实情形了，读者看了上面的一段，也许更来得明了一点。现在我把它分做几方面来讲。

第一，她们的职业。

讲到职业，却可以说大半是无职业的，倘有职业，亦只是一般劳苦阶级，她们的职业有卑贱的、有中等的，高尚一点的却是一个也找不到，这是因为她们是贫苦的，要生活，只好去做生意。譬如丈夫是做生意的，则一对夫妻还可以过去，若是有了小孩，则多了一个人，当然就多了一份消耗，所以不得不去做小贩。在街上，我们可以看到几个卖花生或卖糖果的女人，她们有着强健的身体、耐苦的能力，终日为生活而奔走街头。

还有一班女子，就是做婢女或娘姨的，她们也是为的是贫穷。婢女们给父母卖了出来，替人家做工作，有不对的地方，就要受捉打，这类女子最可怜！而且她们的年纪小的只有六岁，大的最多到二十岁。娘姨们呢，或者是因为家中受到灾难，或者被丈夫所遗弃，不得已出来替人家做工作，挣几个钱，在这地方，这一类妇女最多，差不多占职业界十分之六。这等妇女是最可怜的。

至于再高等一点，如商店的女店员，或公司中的女职员，机关中的花瓶之类，却一个也找不到。这一半是这小地方，现在还没有繁荣，公司是只有一二个，政治机关和商店都很旧式，不用女子的。一半却是妇女们自己不想去寻这种职业，做这种职业的妇女，当然比较有智识一点，但他们不肯去替社会服务，而情愿在家中守丈夫，一辈子守到死呢！

如上述之外，还有一类女子，却有着一种秘密的职业，那就是暗娼！这类女子，大约年纪还未十分大，而他们却喜欢做这种卖淫事业，因为这里所谓少爷阶级，是极多的，操着这种生活，却有一种意想不到的收入，所以近来更见狂[旺]盛。

在这里比较高尚的是小学教员，他们的生活是极清苦的，而富教员的人却是少到极点。

第二，她们的教育。

这里女子受教育的很少！平湖的学校，是只有二三所，而只有一所是中学。从这一点上，可以知道女子的教育状况了。受教育的，家中还是小康，父母送她们去读书，最多读到初中毕业，因为她们的父母，不以女儿去受高等教育与服务社会的，以为识了几个字，只要写写或自算账就够了。而她们自己呢，亦被这种封建思想所熏染，以为只要将来嫁个乘龙快婿，有吃有穿就够了，何必去苦苦求高深学问呢！

教育如此幼稚，怪不得这班女子一点没有觉悟到自己的责任，而去开辟一条新路！

第三，她们的婚姻观。

婚姻是男女最重大的问题。在从前旧式婚姻，所谓"父母之命，媒妁之言"的时候，当然她们也做［冲］不出这种封建束缚。但到现在，欧风东渐，大家觉悟到旧式婚姻的不满，于是自由恋爱之风，亦渐广行。当然在繁盛都市里，是不消说，大多数已经打破旧礼教观念而实行自由选择了。但在这里呢？可以说一半已经实行了，因为这里离上海较近，任何摩登的风尚必定得去学习学习。譬如，上海女人在马路走着的时候，拖了一只喝［哈］叭狗以为奇，这里的女人们也照样通行起来。所以对于婚姻，一半由自己自主，做父母的也较为开通，但还有大多数，却仍是被父母之命罩住着，而她们自己也不声不响，用一种默认的方法去对付父母，当然如此是得不到好结果的。但这里的情形很奇怪，由"父母之命，媒妁之言"合成的夫妻，却反而安稳过着日子（但恐也有不得发泄苦衷的，因为不甚声张），而由自由选择而结合的，却常常闹离婚，这是因为她们还不十分懂得自由选择的几个重大问题，她们不懂得恋爱和真理，而却像野鸡拖客般的乱择，所以会闹出不幸的事体来！

第四，她们的日常生活。

讲到日常生活，却并不如何奢靡。在一般有闲阶级的女子们，常常叉麻雀以为消遣。这等妇女要算最堕落的了。她们虽然识了几个字，但不肯去研求，也不懂得现代妇女的责任，却天天靠着丈夫的几个辛苦钱去消耗，或者是家中遗有一些财产，于是好像吃之不尽、用之不完地烂用。

还有一种女子，她们专靠嫁丈夫为目的的。这一班妇女，大都不曾受过教育，她们的生活是在整理家务、抱小孩、做一切家里应做的事情。有时空闲，则立立门口，走走邻居，说说日常琐碎事务，这样子消磨了她们的一生。

还有学生们。她们并不是寄宿在校里的，大都是走读，早上八点钟以前，街上满是她们的足迹，大家都去上学了。在学校里呢？因为学校的设备不周，所以她们也得不到甚么有益的、有纪律的生活，是闷坐在教室里，一个一个钟头的过去，她们只以为识几个字就够。我替她们可怜！她们一点没有觉悟到自己的责任。

第五，农村的妇女。

我上面所述，都是生活在城市里的女人们。但这里的人大半都是靠种田吃饭的，所以这里的农村妇女，占着一个极大的数目，她们的生活最神圣，她们有着强健的体格、有着丰满的肌肉、有着秀美的脸庞、有着活泼的举动，她们大都未受教育，而性情都很贤淑。每天帮着父母在田里工作，有空的时候，她们就抱抱小孩，或者自己练习练习缝纫等手工。她们的结束很美丽，头上有时盖着一块手巾，穿的衣服是像从前旧式女子的服装；上面一件短衫，下面一条裤，当然没有裙子。但是她们穿着并不难看，而却能更显出她们的天然的丰美。在乍浦一带，沿海的女子，更其强壮，黑黑的脸孔，圆溜溜的眼球。她们在干着生产事业，而却没有城市妇女的奢华，或者城市妇女的一种骄傲的习气！一切的恶习，她们都没有，她们只有活泼、坦白、勤俭。

但在近来一般农村的姑娘们，都变了思想；她们到城市里去，看到了城市女子的奢华快适，于是也想过起城市生活，她们的城市生活是什么呢？乃是在袜厂当女工。这里的袜厂女工极多，而且都是从农村里来的，虽然她们仍是在做她们的生产事业，但也渐渐地染着了一种不良的习气，就是衣服也比从前两样，是穿着旗袍了，头发虽没有烫，但梳得极光亮。一切的一切，都不同了！这种不良的风气，是谁造成的呢？

总之，平湖的妇女是复杂的，难以一一认识的。由这许多不同的妇女，相聚在这小小的地方，造成了一个妇女的社会，但在现时代讲来，她们是睡着的，不知觉悟到自身的未来的责任。我希望平湖的妇女觉醒过来，但切勿觉醒了之后，像上海的妇女一样，因为上海的妇女，虽然觉悟了，但这是奇畸形的发展呢！虽然她们达到了妇女解放的地步，但她们何尝是真正的负责的妇女呢！她们对于妇女解放的意义太模糊。她们以为能在交际场中出入，打扮得妖形怪状，就算是妇女的解放。这是极大错误啊！我希望今后平湖的妇女，切勿再陷以前的覆辙！

我们看了平湖的妇女情形，知道在中国的女子可以分为二种。一种是毫不知道自己的前途；一种是虽知道了，而却太模糊，以至于在社会上瞎撞。

一九三四，二，十八。

——《女子月刊》第2卷第7期，1934年7月1日

平湖乡愚抬偶像至县府告荒

要求县长拈香祈雨

平湖讯　本邑自入霉以来，天气亢旱，外河早已见底，市河亦已干涸，致时疫流行，鸡猪瘟毙。农民因稻秧需水，无从灌取，莫不叫苦连天。二日午前，忽有乍浦梁庄乡民百余人，将骑龙山九天圣母偶像，抬至县府告荒，要求县长拈香祈雨。张县长坚拒不得，乃令财政局长周郁清向木偶行三鞠躬礼，并赏给乡民茶资十千文，遣令散去。

——《时报》1934年7月3日

旱灾酿成　秋收无望

浙江平湖已两月未雨，河水退落，灌溉困难，水稻未种，棉花、西瓜、大豆等渐呈枯萎，若再半月无雨，秋收将完全无望云。

——《农报》第1卷第13期，1934年7月20日

改进平湖合作棉场之意见

宗　俊

一、场地

平湖合作棉场系就前省立棉业改良场平湖分场改组而成，地址在平湖新仓三叉河，面积名为九十九亩有零，实测所得之标准亩数不过六十余亩而已，其最大缺点有三：

（甲）场地高低不一，低者计有廿四亩，而又分布于全场，工作殊多妨碍。此应改良者一。

（乙）土质不良，所用肥料，向来购于商店或农户，只以便利为目的，而不顾及实际之需要；因此常施流质肥料，缺乏腐殖质，而又不加以深耕，以致土质板滞，无保熟兴疏松力，有碍于作物之生长实大。此应改良者二。

（丙）工人问题，本地工人，懒惰成性，又乏爱护力，管理稍欠周到，工作便受影响；况农忙时，男工少，女工多，而女工效力与男工相较，往往相差三分〔之〕一、此

应设法改良者三。

改良之意见有二：

（甲）迁地为良　环境不良，难谋发展，无可讳言；最好另在乍浦地方选择相当地点，设立大规模繁殖区。

（乙）整理原有场地　如不能迁，则原有场地须加以整理。查场地原系租用，本年合同期满，田主理应收回；但因经济破产，无力收回，而田亩太小，亦不愿收回；现为整理计，应限期取赎，否则收买归诸公有，俾得变更地形，将大小埂岸尽行毁除，分成四大区或六大区，每区四周各开深沟，以利排水与灌溉；并分期填平低田，以三年为满，每年八亩，每亩需工六十工，计费洋百元。其所需之土，即由高地搬入，经费则由每年积余金拨用。

二、栽培法

一年两熟制，实际收入反不如一年一熟制，但农民已成习惯，颇非一时所能改变，本场应提倡改良，以作示范。此其一。

肥料施用之不当，前已言之；而增加腐殖质，改良土壤成分。此其二。

本地冬作物注重油菜，而油菜植科发达。有碍棉作之生长，应变更方法，将一尺二寸之距离改为二尺四寸，而将一尺八寸之距离改为八寸，如此则株数并不减少，而工作便利多多，且棉作亦不受影响。此其三。

三、推广方法

1. 设立合作棉田

本场鉴于百万棉不适宜于本地种植，爰改用早熟种之江阴白籽棉；现查乍浦一带种植美棉，颇相合宜，故同时在乍浦设立合作棉田，面积暂以三百至五百亩为度，俟办有成效，再图扩充。

2. 恢复农村小学

本场原有农村小学之设置，嗣因经费无着停办，现为训练农民子弟，改良植棉计，以应予以恢复，俾植棉新知识得藉以灌输于农民之脑海中，以辅助推广事业之进展；学生中之优秀者，并可养成合作棉田之指导人才。

3. 举行展览比赛会

为唤起棉农之兴趣起见，应在棉花秋收以后，举行展览或比赛会，将合作棉田所产棉花，展览比赛，其成绩优异者，得酌给奖品，以资鼓励。

4. 设立引擎厂

本场备有足踏轧花器五架，仅足供本场轧花之用；如欲供给当地农民及合作棉田轧花，以期保留纯种，则有设立引擎轧花厂之必要。

5. 办理合作运销

组织运销合作社，介绍销售农民所产之棉花，俾得公平之价格，而不致受花商之操纵垄断。

上述诸端，皆为发展本场之要图，尚渐［鉴］高明者有以教之！

——《浙江省建设月刊》第8卷第1期，1934年7月

浙江平湖的蚕桑业

吴晓晨

浙江湖属一带，桑园遍地，成为中国著名的育蚕区域。平湖恰恰是浙西育蚕区域的终点，从平湖以东，离城三十里以内，育蚕的农家，还到处可见。可是，再向东行，到了江苏金山县就没有养蚕的人家，连桑树也无人种植。再正确点说，浙西育蚕区域，东部的终点，是在平湖县属韩庙、新仓等处。

桑　育蚕是平湖四乡农民收入的主要来源。所以桑地差不多家家都有，少的可采十余担，采到六七十担的也很多。从前叶价昂贵时，平均每担桑叶可卖三元半至四元，那时鲜茧的价格，每斤也在六角以上。在四五年前，盛行预先买卖桑叶的办法，通称为卖“寒叶”，因为农民在年底时，需用现款，预先将明春自有的桑叶出卖，每担“寒叶”定价只有二元。当时，蓄有现款的人，都预先定购，交易很盛。这两年来，叶价跌落，甚至无人过问，这种卖“寒叶”的交易，遂无形消减。

蚕种　平湖县属，还是差不多全育土种，育改良种的不到十分之一。原因是由于改良种食料较费，售价虽比土种略高，核算起来，土种比较可以获利。土种来自余杭，分“糙绵纸”和“白棉纸”两种。“糙绵纸”比“白绵纸”大一倍，两种蚕种性质略有不同，育户育蚕认育一种，绝不敢贸然改育他种。平湖全县“糙绵纸”蚕种占百分之六十，“白绵纸”蚕种占百分之三十，改良种占百分之十。育户育蚕，少的养半张或一张，多的养到三四张。蚕种价格在三四年前蚕业发达时，“糙绵纸”每张售三元五角，现在跌至二元。赊账的还占十分之九，因为农民当时开始稻作，需款正急，所以没有现购能力的农民居多。蚕种账惯例是到阴历六月底结束，普遍在赊买时加上二角以上的利息。

育蚕　育蚕从孵化到上簇成茧，如天时正常，只须二十八天。每张“糙绵纸”可产茧子一担半，需用桑叶约二十担。从前茧价未跌时，普通蚕茧一担可售六十

余元，若桑叶每担三元半，每张“糙绵纸”约可收回三十元。蚕有变化，就是例外。要减轻成本，只有预先定购“寒叶”，无力定购“寒叶”的育户，只得临时购买，非但要忍受高价的操纵，并且因为需款很大，大多无周转能力，不得不求助于高利贷。这里盛行高利贷，叫做“加一钱”，借洋十元，要还十一元，期间以一个月为限。育户将鲜茧售出，即须归还，如此短期内，收加一利息，是蚕汛时极普通极寻常的现象，一张“糙绵纸”的蚕，要放四十余竹筐，筐的价格，在从前每只卖五角，单是这一项器具成本，就已很大。农村房屋简陋，设备不全，蚕起变化，半途倾弃，也是常有的事。这一项损失，是无从计算的。如育户人少蚕多，也可以雇蚕忙。浙西很通行，都是妇女，名为“做蚕忙”。工作约二十天，一直到蚕事结束为止，每人工资由六元至八元，要以蚕汛好坏、茧价涨落为定。

丝茧销售　平湖四乡农民售卖鲜茧，与湖属育户略有不同。平湖收买鲜茧的茧厂特别多，所以育户都将鲜茧出售，并不自己缫丝。因为这种形势，由来已久，现在育户的缫丝器具已经没有，缫丝的技能也已消失了。鲜茧非但不能延搁，多搁一日，重量就要轻了许多。所以无论茧厂收价怎样苛刻，育户也非出卖不可。西路湖属一带就不同，那里还可自己缫丝，早年开设茧厂，限制颇严，浙江曾规定二十里路内，只可建茧厂一所。那时，平湖全县只有茧厂五所，后来当局忽然开放，任人民自由建厂，不加限制，平湖茧厂由五所增至二十二所，可是当时茧捐浙江较江苏为重，江苏每担只纳捐五元，浙江需纳十元五角，所以在苏、浙交界，与平湖、嘉善毗连的江苏境内，也开了十几所茧厂，高价吸收平湖一带鲜茧。后来茧捐废除，改办营业税，但丝茧事业受经济恐慌影响，已一败涂地，虽营业税比茧捐每一厂要减轻三四千元，亦无济于事。平湖茧厂从前大部分由上海丝厂备款到内地来收买鲜茧，也有当地人集资收买，所收丝茧，通称“余茧”。茧厂用人繁多，开销极大，收买愈多，成本愈能减轻。例如收一千担鲜茧，开支需五千元。收二千担茧，五千元虽不足，但所差有限，只增加燃料运费而已。茧厂这样多，大家竞争收买，于育户非常有利，然而平湖育户不能缫丝，绝不能囤积待价。

经济恐慌给予平湖蚕桑的影响　三年来，丝价暴跌，丝厂相继停工，从前争先恐后到内地来收茧，现在竟无人问津。平湖附近原有三十余家茧厂，上年只开九家，目前丝价每担不及五百元，以此数核计茧价，每斤只值一角半左右。因此育户不愿多养，桑叶卖五角一担，亦无人要。现在农民大都自己有若干桑叶，只养若干蚕，卖“余叶”是毫无办法了，“寒叶”交易也早已停止。向来放“加一钱”的高利贷者，也不敢任意出贷。平湖的合作社范围很小，大多只办消费合作，借款纵有办理，但须物品抵押。蚕桑业这样的无望，平均每家育户要损失五十元以上，桑树原须年年补植桑苗，施加肥料，才能茂盛，农民既对蚕桑业大大地失望，谁也不愿去加肥培植，甚至多数农户将桑树伐去，改成竹园，以致全县桑叶产量较从前减少了百分之四十左右。

——《新中华》第2卷第15期，1934年8月10日

乍浦发生抢米案

县属乍浦镇于二十九日上午八时，忽来饥民二百余名，闯入南河滩各米店内抢米，县长张周汶据报后，即偕公安局长吴一青、警察队长周鹏飞，率队雇车驰往弹压。基干队等均出防，武装梭巡，县城亦警戒，以防意外云。

——《新闻报》1934年8月30日

平湖县整理田赋会议审查报告（二十一年十一月三十日第二十七次常会通过）

查平湖县整理田赋事项系于十月二十一日在本会开小组会议，由该县财政局函送调查报告及整顿意见书并派田赋征收主任出席，说明已共同讨论审查完竣，兹特作成报告，提请公决。

一、征收概况

该县田赋共额征正税银元二十八万一千二百八十三元，与现在造串应征数比较，缺额约为一万八千七百余元，近三年实征数不分年分[份]通算，约年征二十四万元，至当年新赋收数不及四成。据报，短征原因由于逃亡故绝者有之，无力完纳者有之，玩[顽]户抗欠者有之，员役隐匿者有之，全县征粮户名共有十二万七千八百户，仅设征收总柜一处，未设分柜，业户完粮，惟大户自封投柜，但属少数。柜上有时因掣串不及，暂给收据，嗣再凭据换串，其余未完之户，系掣串由征收员（即旧庄书充当）负责具领转发坊役（即乡警性质），按卯收缴征起赋款，由柜缴局，转缴县金库。征收员役薪工，不分收数淡旺，一律照实收征费内提给。每年征册版串，均由征收员查造。推收事务，由征收主任及各征收员兼办。至鱼鳞图册已散失不全，前清同治年间开办清粮丈有八卅册，其内容似鱼鳞册，但未办全。现存局者，不过十之二。其余由原架房（即旧庄书家）保存者有之，散失者亦有之。

二、整顿意见

该县财政局所提出之整顿意见，以自十七年实行“二五”减租后所有本县各坊役已无兼办催租之责，无催租费可资弥补，而业户自封投柜者日少，不得不着佃催收掣串，催收之户愈多，员役往返川资有加无已，致有亏及正税者。如十九年分[份]已掣串未缴款者，约银八千余两、米三百余石。现拟切实查追，以杜中饱。查平邑征收公费，支配于征收员役者，年只六千元。以现有征收员三十人、坊役一百五十人平均计算，每人每年仅得三十三元之谱，欲求成绩优良，免除侵挪之弊，势非加给公费不可。拟请援照民国四年浙省颁给督促令状各户准收二角之成案，现拟减收银元一角，藉资补救。

三、审查结果

(一) 查掣串征收不免有择肥避瘠之弊，坊役收粮习惯，有先给粮串，后收粮款者，亦多有压款不缴及隐匿不报情事，应由局切实改革，多设征收分柜或流动柜，带串征收，一面严定考成，责令经征员役切实催缴。

(二) 业户将粮款缴纳后，务须当日给串，不得另给收据，并应于串上加盖年月日完戳及经征人员名章，以符定章。

(三) 征起赋额应照章逐日由柜径缴县金库保管，不得交由该局会计处转缴。

(四) 该县造串亩分比较原额计差三万八千九百余亩，田赋正税缺额达一万八千七百余元，究竟是否荒缺无征，抑系隐匿飞洒，册稽既失，稽考自应遵照本省整理土地进行方案，于本年内筹定垫款，举办清丈。一面赶将丘地图册编造完成，庶得就地问粮。

(五) 各县征收公费之支配，本会已另议整理通案，该局应候厅令遵办。

——《浙江省财政月刊》第7卷第7、8、9期，1934年9月

平湖县征收田赋应行调查事项报告

(一) 按平邑征收区域原分八十八坊，每坊坊役一人至三人不等(即乡警性质)，负有催收粮赋之责，现在循旧办理，并无变更。

(二) 按平邑原有各坊，其区域最大者共占面积八九里，内有田地一万一二千亩，又最小者共占面积不及半里，内有田地四五十亩。按照全县原额共有田、地、山、荡五三六二五〇.〇〇八一亩[①]，内计田四四四一三八.九〇三亩，地

① 原文如此，疑统计有误。

八二四七五.九〇三亩，山五三五七.三四一亩，荡四二七七.八一六亩。现在造串粮分共计四九七二五二.八〇九亩，比较原额相差三八九九七.一九九亩。

（三）按平邑原有鱼鳞图册，系清康熙年间绘制，自洪杨之后，即已散失不全。迨同治年间，开办清粮，丈有八廾，全县本未完成，现在鱼鳞、八廾二册归财政局保存者有之，由原架房保存者有之，散失无考者亦有之。

（四）按平邑旧有征册在民国元年份已一律吊存县署征收柜，由柜凭册造串。

（五）按平邑征册向由征收员查造，均非义务性质，并带造每年版串十二万七千八百户上下期田赋册串，每户纸张工料印刷工费一分九厘七毫，全年共需册串费约计二千五百元。

（六）（七）以上六、七两项已于第五项内叙明。

（八）按平邑征粮户名，全县共有十二万七千八百户，向系散户，以土地所在地为纲，分别照册查造，一户一串，并无寄庄习惯。

（九）按平邑田赋照原额田、地、山、荡亩分，以现行改两、改石为元折算，共应额征正税银元二十八万一千二百八十三元，与现在造串应征数比较，缺额约为一万八千七百余元，此项缺额是否原荒，未经清丈，无从查悉，且无荒册可以查挤。

（十）按平邑近三年来实征数，不分年份通算约年征正税银二十四万元，较之造册应征数计，短征不及一成，其短征原因，逃亡故绝者有之，无力完纳者有之，玩[顽]户抗欠者有之，员役隐匿者有之。

（十一）按平邑仅设征收银米总柜一处，地点在县府纪念大厅东，此外并无分柜设立。

（十二）按平邑自封投柜之户，实居少数，所有未完之户，由征收员负责领串，发给坊役，每坊一二人不等，着佃催收。

（十三）按平邑掣串催收之户，由征收员负责具领转发，坊役按卯收缴。以前坊役于催收田赋外，兼办业户催租，得费贴补，尚可维持生活。自十七年份起，实行“二五”减租后，坊役已无催租之权，而催收田赋按卯缴款，往返川资，在在需款，以致有亏及正税者。此项亏欠已另具意见书，藉资补救。

（十四）按平邑柜收粮款逐日记明征册，登入流水簿（即掣串簿），掣串给业收执，其已掣之串，由征收主任及征收员负责盘对。未掣之串亦由征收主任派员保管，如一时掣串不及，暂给收据，凭据换串，尚无收款后先给小票或竹筹、铁牌等事。

（十五）按平邑银米串内应盖年月日完戳及经征人员名章，大都未遵定章办理，不独平湖一邑如此。其给奖加罚各红戳尚无遗漏情事。

（十六）按平邑自财政局成立后，已设有县金库，每日收取现款，由会计处收转金库，往往不敷抵拨各项经费，积欠累累，实无余款保存可言。

（十七）按平邑只有总柜一处，并无分柜设立，其总柜征收主任及司会、管串、掌册、经征员役，应领各月薪工，不分收数淡旺，一律照实收征费内提给，每月按照征起数具领发给。

（十八）按平邑推收所由总柜主任暨各征收员兼办，所有各粮户户折于民国四年分发给。嗣后并未换发，现推收户粮系凭验契执照税契及其他合法证件，照章换给户折。此外，并无另发其他凭证，亦无庄夫名目私自推收情事。

（十九）按平邑从前所办土地陈报由县派定专员办理，尚未完全办竣，只能作为整理之参考。

（二十）按平邑丘地图册奉令俟旧府属首县试办一二都图后，于本年十一月内一律开办。同时，并令正式清丈先就列在第一期之嘉兴、吴兴、平湖、海盐、长兴、萧山、余姚、海宁等八县，限于本年内筹垫经费，自当遵期分别办理。

——《浙江省财政月刊》第7卷第7、8、9期，1934年9月

平湖县整顿田赋意见书

按平邑田赋照十六年份造串，应征银六万三千九百四十九两零，又米四万四千五百二十五石零（以后逐年稍有递加），截至现在止，已征银五万八千二百十九两零，又米四万零二百八十二石零，未征银五千七百三十两零，又米四千二百四十二[三]石零，已征合九成以上，未征不及一成。十七、十八、十九等三年，剩串数比较十六年份所征尚不相上下，其各年剩串约居一成左右，此一成之短征，逃亡故绝者有之，无力完纳者有之，佃户抗欠者有之，员役隐匿者有之，业已遵照追缴田赋办法，积极进行查追。惟查十七年份起，实行“二五”减租后，坊役已无兼办催租之责，无催租费可资弥补，且业户自封投柜完纳者日见减少，不得不着佃农催收，而掣串催收之户愈形增多，员役往返川资亦即有加无已，以致有亏及正税者，如十九年份已掣串未缴者，约银八千四百九十五两，又米三百十七石。现拟督同征收主任，责成各征收员及坊役，按坊切实查追，以杜中饱。查平邑征收公费，每年实征一万六千元左右，内除补拨本局经费四五千元、科

造册串经费二千四五百元，又征收主任、管串、掌册、司会、杂用等项四千余元外，其于征收员役公费，每年实止六千元。以现有征收员三十人、坊役二百五十人平均计算，每人每年仅得三十三元之谱，以之仰事俯蓄，实有所难，欲求征收成绩优良、免除侵挪之弊，势非加给公费不可。第征费奉有规定，各征员及各坊役自不得转向民间妄加浮收，拟请援照民国四年浙省颁给督促令状，每户准收银元两角之成案，现拟减收银元一角，藉资补救。假如掣串催收五万户，每户收银一角，共可得洋五千元，即每员役年得二十七元零，连原有公费三十三元，每人每年共有六十元零之收益，庶促以稍赡身家而维生计。兹就管见所及，聊贡刍言，藉供采择，是否有当，敬请

公决。

平湖县财政局局长　童第德

——《浙江省财政月刊》第7卷第7、8、9期，1934年9月

农民借贷所与合作社之关系及平湖农民借贷所之概况

丁眉孙

在去年举行合作宣传周时，兄弟曾将本县农民借贷所创立之经过，及九个月间之放款情形，约略报告过一次。一年以来，本县之合作事业，显见进步，农民借贷所之工作，亦比较繁多，合作社与借贷所之关系，日见其密切，农民对于合作社之认识与信仰，亦日见其清楚与坚强，此可为农村经济之前途欣幸者也。农民借贷所之业务，由其本身观之，实无独立的性质，盖借贷所唯一之业务，即为贷放资金于合作社，故一县之合作社，如未组织成立，则借贷所即无开办之理由；又如一县之合作社，虽已成立，而组织尚未健全，或社数尚属寥寥，则借贷所即无发展之可能。换言之，借贷所而无合作社为之尾闾，则资金失其运用之途，即无何种业务可营。故农民借贷所者，依农村信用合作社之成立而存在者也。

但借贷所虽因合作社而存在，而合作社则并不因借贷所而失其独立之作用。合作社之本身，在学说上，及事实上，均由其成立之理由与必要，更有其独立经营与自由发展之可能。尤其在今日农村经济濒于破产之中国，欲求挽救农民垂绝之生计，合作社更为迫切之需要。

合作社之口号，曰：人人为我；曰：我为人人。此即所谓人类互助之义。充此精神，可以跻世界于大同之域。所谓发展农村经济，所谓增进农民生活；自能胜任

愉快，达到自助助人之目的。凡我饥寒困苦之农民，欲图打破当前之难关，解决自己生活之问题，其必纷起以促成合作社之组织！更从而健全之、扩充之。能使一乡之农民皆为合作社之社员，则一乡之经济有发展之望矣。所谓救济农民，其道盖舍此莫由。

合作社可以其股本经营各种生产事业，初无须专赖借贷所之放款，以为活动之根源。但以目前本县情形而论：合作事业，方在萌芽。合作社之组织，尚多未臻健全。社员之能力有限，社会之信用未孚，仅恃股本一项以为运用之资，势必一事无成，等于无社。于是借贷所之作用，乃与合作社发生密切之关系。

本县农民借贷所成立于念一年九月十九日。是年十月一日，开始营业。念二年一月实行放款。其间经过情形，业经呈由县政府转报建设厅，并在去年举行合作宣传周时，报告于大众。惟恐邑人对于借贷所之内容，尚有未能明了者，今再约略言之：

本县借贷所之权力机关，为董事会。董事会之组织，以县长、建设科长及合作事业指导员三人为当然董事；另由县府函请地方士绅，以富具救济农村之热忱，或由相当经济上之信用者四人，为聘任董事；而以县长兼董事长。并由县党部推派代表一人为监察人。董事会之下，设主任一人。主任监督指挥所属职员，直接对董事会负责；并受县政府之命令，处理本所事务。下设总务、营业、调查三股，照章各设股长一人，股员无定额。现为节省开支起见，以合作事业指导员兼任调查股长。总务、营业二股，以股长一人兼任之，不设股员。近因合作社日见发达，借贷所之工作日见增多，拟于二十三年度起设置义务股员一人，限于经费，暂不支薪。董事会之董事监察人及主任，概为义务职，并无出席费或膳食津贴等开支。盖因农民困苦至此，不欲以此减少救济农村之经费也。其他办公费、调查费、修理费、杂费连股长工役薪给等一切开支，照二十二年度岁出预算书，全年共计五百三十四元；决算为五百二十九元八角七分八厘。此为在本县各机关中职责较重，而开支较省者。

本县借贷所之资本，即为农民银行之基金，系由田赋项下带征而来，由财政局解交农民银行筹备处，再由农民银行筹备处解交借贷所。最初借贷所之资本为五千元。其中三千元，尚系由治虫经费项下转借而来。其后续由农行筹备处先后拨来三千元，又借治虫经费一千元，故截至本年六月底，即二十二年度终了止，本所资本共计银九千元。最近又由财政局解交农行筹备处转来银一千元。尚有财政局征存未解之农行基金约一万元。故本所二十三年度预算，约计至少可得资本一万二千元。

借贷所放款一项：其在二十一年度者，以前曾有报告。自二十二年度开始，即念二年七月起：在七月份内，计贷出信用放款七百四十元；保证放款六百七十元；八九两个月，贷出信用放款八百元；十及十一月，贷出信用放款三百二十五元，保证放款二百元；十二月份贷出保证放款二千一百五十元，抵押放款二百二十元；二十三年一月，贷出保证放款二千四百七十元，信用及抵押放款各二百元；二月份，贷出保证放款七百五十元，信用放款六百元；三四五之三个月，贷出保证放款二百三十元，抵押放款二百元；六月份，贷出保证放款二千五百元，抵押放款一百二十元。总计全年度带出各种放款，共银一万二千三百七十五元。除陆续到期收回者外，现在实有放款银八千四百六十五元。

存款一项，尚不发达，本县借贷所之营业章程：除普通存款外，兼办储蓄。一元之微，即可开户立折。但因农民对于储蓄，观念甚为薄弱；且值农村经济极度枯竭之际，农民终岁辛劳所得，尚不足以图一饱，何来剩余金钱，以资储蓄。是固无可讳言者。故本县借贷所所收存款：最多时，只一百二十余元。现被陆续提回，仅存二十余元。借贷所方面甚愿努力唤起农民注意，促进其储蓄之兴趣。同时并吸收普通之定期或不定期存款，及社会上一般人之储蓄存款。盖本所经政府担保，资金稳固，信用确实；不但无停办之虞，且将扩充而为农民银行。且利息丰厚，提取便利，有为普通之商业银行及钱庄店铺所不及者。故农民之存款，自以放入农民借贷所为最适当；即一般人民之存款，亦以放入本所为最安全可靠也。

本县借贷所之概况，大略如此，合作社与借贷所之关系，又大略如彼。我人欲求挽救农村经济之衰落，惟有组织合作社。欲觇合作社之发达与否，惟有考察借贷所之营业发达与否。我人当努力以求借贷所之发达，以促进合作社之健全与普遍，以救济农民于饥寒困苦之中。今值二十三年合作宣传周开幕之始，谨高呼平湖合作社万岁！合作运动万岁！

——《浙江合作》第31期，1934年10月1日

喜出望外之秋收

今夏苦旱，田土龟裂，预料秋收必歉，不意今届霜降，乡农还租，较往年为好。据记者调查，除乍区一部及庙桥北有二千余亩颗粒无收外，城区及三区最丰者每亩收获三石有奇，次之亦有五叉袋（即二石半）。二、四两区较次，起码者仅一石

二三斗，丰者亦有双石。棉花今年收成亦好，每亩可收二袋左右，每袋最低价为十二元。据乡农谈，今秋之意外收入，全赖夏天奇热，害虫均遭晒毙所致。刻下糙米粜价为八元四角，较往年涨三元八角，租栈佃户还租，每石还洋四元一角起至七元五角止，较往年平均涨七角。

——《新闻报》1934年10月25日

商界请愿减团捐

本县保卫户捐自改为商店团捐后，捐额亦自百分之一.五增为百分之十，经各店请愿后，由县党部开会调解。允自廿三年度起酌予核减，但县府因列入预算，仍照旧征收，各店遂一致缓付。讵二十六〔日〕晚，绮春阁主邵雪舲忽接县府传票，其案由为抗捐。各公会得讯后，即于二十七日在县商会召开紧急会议，计到十七个法团代表、三十余人，议决向县府请愿。散会后，由商会主席方锡章领导各代表向县请愿，由县长张周汶亲自延见，当面解释，仍不得要领而返云。

——《新闻报》1934年10月31日

参选舞弊停选举

本县参议员本定二十一日在各乡镇公所选举，二十二日在各区公所开票。讵城区启元镇，舞弊暴露，经人电控于民厅，总府为尊重民意起见，令启元镇缓办选举，重行公民登记。改二十八日选举，一区展至二十九日开票，镇长鲁韧初亦被免职云。

——《新闻报》1934年11月24日

县参议员选出

平湖通讯　本县参议员额定十八名，除六名由县府呈荐、民厅聘任外，其余十二名，概由民选。原定念一日选举，念二日开票，嗣因启元镇舞弊暴露被控，县府乃令重行登记发票，改定念八日选举、念九日开票。于是晚九时始全部完竣。当选者一区为王卿、陆理平、潘景明、王似华，二区陈迪、陆明之、庄剑士、田润身，三区陆继修、张展也，四区马其彬、张松年等十二名。闻城区选举，因被土劣把持，民众均放弃选举，永凝镇共三千〇念一票，除该镇职员投八票外，其余民众仅投三票，而三票被选为名娼筱阿嫒及筱明星等二人，股票比例为三百分之一。

——《时事新报》1934年12月2日

平湖联合仓库开幕

嘉兴十九日快讯　平湖县信用合作联合社，曾于去年举办农业仓库，成绩既佳，颇得乡民称誉。本年该会加紧进行，特向上海商业储蓄银行，商借款项八万五千元，以其全县各镇遍设仓库，惠利农民。双方合同，既已签订就绪，呈县手续，亦已办理完竣。昨为实行开幕日期，七处同时举行。其第一仓库设于平湖湖丰堆栈，第二仓库设于新埭，第三〔仓库〕设于清侯林家埭，第四〔仓库〕设于广陈镇，第五〔仓库〕设于白米村，第六〔仓库〕设于大小营乡，第七仓库则设于曹家港。并推定城中恒升钱庄为总理收付事宜。将来裨益农民，预计当非浅鲜云。

——《民报》1934年12月20日

平湖编查店屋捐

平湖讯　县公安局此次奉令整顿店住屋捐，乃派员重行编查，讵编查员不估租价，任意填报。商界稍一声辩，即遭申斥。不得已于二十三日下午三时在县商会召开临时会议，拟向县府请愿。令饬公安局纠正，再行覆编，以苏商困云。

——《时报》1934年12月25日

1935年

各地新闻事业之沿革与现况·平湖

谢阿乌

平湖为浙江省旧嘉属六县之冠，素号文化之邦，然新闻事业发轫甚迟。正式称报者，唯民元自由党所办之《自由月刊》，第出版未满半载，即告停刊。直至民七秋间，谢阿乌、汤又新创设《平湖日报》。当时因印刷所缺乏对开机，每日仅出八开式两张。出版约两月，该所添置新机，始改四开式一张。因事属创举，广告与售报所得甚微。故开办一载，亏累甚巨，不得已让渡他人，而谢、汤旋亦离乡他适。其时又有张某发起《民声报》，江某发起《平湖新报》；至民国十年，发行日报者有五六种，即《武[鹉]湖公报》《民声报》《新民报》《平湖日报》《平湖新闻》等，而办报者大都为无钱之文人，是以经费一项，彼此皆感竭蹶，故其寿命最多不过数月。十二年后，鲁灵光殿巍然独存者厥惟《民声报》一家而已。斯时社会对于报纸渐觉需要，广告亦日发达，故《民声报》至十六年被党部封闭，积有盈余五六百金。洎乎民十六党军奠定江浙，首先出版者为《平湖日报》。缘《平湖日报》在民十三时因揭载民党消息，遭军阀勒令停刊。至是由党部转咨县府启封，并仍委谢阿乌主持。同时因出版不受拘束，接踵而起者如雨后春笋。至民十七夏间，有《平民》《大同》《日日》《新开》《东湖晨钟》《大公》等七家，然未逾一载，封者封，闭者闭，新闻事业又转入衰落时期。民十八后，又有《平湖商报》《小平湖人报》等相继出版。二十一年起，又因发行报纸手续甚简，仅须向中央呈请登记即可出版，故不识字之流氓地痞，亦竞起办报。在去年秋间，以弹丸小邑，日报有十余种之多，兹志名称如下：《小平湖人报》《商报》《新商报》《平湖报》《平湖民报》《大华报》《社会日报》《民言报》《平报》《民众日报》《平民日报》等十一家，此为平湖自有日报以来之最盛时期，亦即平湖报界行将破产之时。以神圣高尚之新闻事业，而有流氓地痞羼入，宁有好结果耶？至今投机者虽大半已被淘汰，然尚不能彻底澄清。现所存者为《平湖商报》《新商报》《小平湖人报》《平民日报》《平湖民报》等六家。其中设备较全，营业尚佳，只《平湖商报》《小平湖人报》两家耳。

——《报学季刊》第1卷第2期，1935年1月1日

平湖两钱庄倒闭

平湖城隍庙前恒昇钱庄，开设已有三十五年之久，近因营业不振，连年亏折，此次大结束时计算短折已逾八万以上，股东俞某，不欲赓续垫本，议决停业清理。于二月八日起，开始登记债权，并函促各债务人从速偿欠。

又永和钱庄因受市面衰落影响，亦宣告收账。

——《中行月刊》第10卷第3期，1935年3月

击退倭寇纪念

平湖通讯　废历四月十八日（即二十日），相传为汉大将霍光在平击退倭寇纪念，故每年例有庆祝之举。本届循例于二十日起，悬灯三天，以资庆祝。灯彩均向上海定制自动机关，活泼如真。客帮慕名而来平者，途为之塞。轮船均添开班次，输送观客云。

——《时事新报》1935年5月22日

平湖调查记

张毓鸾

尝闻平湖为浙东名埠，南至乍浦、海宁，东至新大［埭］、新仓，西至嘉善、嘉兴，北至苏省之洙泾、佘来庙，水陆交通，商务云集，其最著者，有米行、茧行、木行、竹行、酱园等等。久拟往观未果，月前黄主任云僧得友佘君西涯介绍当地士绅书，乃于二十二日晨十一时，偕鸾搭沪平汽车往游，经南桥、新市、柘林、金山嘴、金［全］公亭、乍浦等镇，抵达时已二点钟，入城访款产处主任王君撰春。沿街各商店悬灯结彩，游人如鲫，市面甚热闹，尤以东大街为甚，如苏之玄妙观、上海之小东门。晤王君后始悉是日为汉霍光大将诞辰，相传将军曾显神在平抗倭，民为纪念前功，年年此日，悬灯庆祝。晚近数年，各业虽不景气，而灯彩更觉新奇，所费谅必不赀，似已失去纪念之意义，而为有力之广告矣。并探悉农村方面，向来除植棉、稻、菜籽外，以养育蚕桑为副业，农民皆甚富裕。自丝业失败兼逢连年旱荒，农村经济枯竭万分，地主之地租已积欠数年，而粮税又不可稍缓，因是每亩普通地价自

六七十元跌至一二十元。至于金融方面，原有钱庄十七家，现存者不足十家，查搁浅者原因不外受丝业之失败与田价跌落之影响。地方行政经费亦甚枯竭，时须财政局设法垫借，即教育经费亦欠三月云云。

兹就见闻所得分析如下：

交通　平湖系一水陆码头，交通极便，自沪往平，轮船约五个钟头，汽车约四个钟头可到。

城南有浙江公路局长途汽车西通嘉善，南至杭州，北达上海。

城东有平沪轮船局南至海盐、海宁而达杭州，东至新大[埭]、新仓、泖泾、闵行而达上海，西北至嘉兴、嘉善而达苏州。

农产　米、菜籽为大宗，副业养育蚕桑。

商业　酱园业每年交易约在三四十万元。颇发达，年年盈余，其他如米行、木行、竹行，营业尚佳。

金融　钱庄约十家，银行一家。

——《新语》第3卷第12期，1935年6月15日

县府解散公会

平湖通讯　本邑茶店业，前因援助品芳茶园，罢市二天。经县府派员饬查结果，该业公会分子复杂，似有抗捐之嫌。执委徐子鹤，曾犯杀人罪，甫行假释出狱，讵又唆使罢市。除将徐逮捕，判处徒刑一年外，复呈准省府，于念七日派科员胡芳圃、王国桢二人，会同公安局警士，驰往该业公会，将文件一并封存带府，解散该会。一面咨请县党部，转令该业重行组织公会云。

——《时事新报》1935年6月29日

县府裁局增科

平湖通讯　县府为集中行政力量起见，特呈准省府，将教育、财政、公安三局及保卫团裁去，在府内增设教育、财政、警卫三科，定七月一日开始办公。教育科长内定为乔殿祥，财政〔科长〕周郁清，警卫〔科长〕徐励。县府对于此事，现正积极进行，定月底派员接收各局，而公安局警士，原有一百六十四名，经厅委莅平甄别后，及格者仅六十余名，暂留候用者三十余人，被淘汰者逾三分之一。省府以某

项关系，令县仍照原额云。又区教育员时大珏等四人，因现行《组织法》并无是项员额，故亦一并裁去云。

——《时事新报》1935年6月30日

筹设浙地分行[①]

平湖通讯　杭州浙江地方银行，近拟在平设立办事处，办理银行业务，及管理县金库事宜。刻已派员来平，寻觅相当房屋，以便筹备成立云。

——《时事新报》1935年7月9日

新运演剧筹款[②]

平湖通讯　新仓运动场因讲演厅及运动器具年久失修，故定七日起，雇歌剧团，演剧筹款四昼夜。所得票资，悉充经费，俾便整理兴修云。

——《时事新报》1935年7月9日

小窃戳毙事主

平湖通讯　褚泾乡农民胡春林家于八日晚，忽遭小窃光顾，觉察后即行捕捉。该窃见势不佳，即用刀向胡春林猛戳，致胡惨遭非命。胡子阿照，即飞报乡公所，始将该窃拿获，名叫郑小五，解送县府核办云。

——《时事新报》1935年7月11日

东乡命案迭起

平湖通讯　近日东乡一带，命案迭出。如方张氏之被德人汽车辗毙、胡春林之被小窃刀戳而死，已有命案二起。讵官田乡叶宝兴之媳林氏，于十日下午，因与人口角，致羞愤交集，竟萌厌世之今，背人投河自杀。迨家人觉察捞救，早已气绝

① 标题为编者所拟，原题为《平湖》。
② 标题为编者所拟，原题为《平湖》。

身死矣。

——《时事新报》1935年7月12日

命案开棺验尸

平湖通讯　乍浦长安桥方家堰方金奎之母方张氏，于六日下午，在沪杭公路乍浦站附近，被上海谦信洋行德人龙布答所驾之沪市二九七九号汽车，撞倒辗伤，延至九日毙命。兹悉该德人肇事后，即向乍公安局缴纳保证金一百元，并车照一张，始得暂释。迨张氏死后，金奎遂报告公安局请究。嗣得德人洋二百元，始秘密入殓，移棺回家。县长张周汶据报后，于十日亲往验尸，讵方宅门窗紧闭，不得其门而入。嗣县长饬警，勒传金奎，并责令将棺提解乍浦木场候验。十一日上午，张县长又搭车赴乍，在木场搭厂，开棺检验。棺盖一启，臭气四隘［溢］，尸身已腐，蛆虫满棺。验明生前被汽车辗毙属实，填明尸格回府，预备咨请驻沪德领，传拘该德人到案，依法严办云。

——《时事新报》1935年7月13日

会勘乍风景区

平湖通讯　乍浦黄山一带风景区，自去岁被参谋本部划为要塞区后，即行封锁。兹悉是案经乍商会及各法团及地产商之呼吁呈请，已有重行开放之可能。军政部委员孙伯坚、何立凡，参谋本部委员徐听禅、徐剑痴，省保安处阮震西，乍澉［澉］防守司令王皞南、炮四团长孔庆桂，浙官产处王士峰等，已联袂来平。在海滨俱乐部一度会议后，即赴黄山一带会勘，将风景区移东，自高公山起，至独山止，实行开放，另辟出入公路。里蒲山起至汤山止，仍行封锁，禁止游览。俟各委分别覆命后，即以命令开放云。

——《时事新报》1935年7月27日

匪徒白昼劫米

平湖通讯　苏浙边境之全公亭东冰厂桥柏树坟附近，十一日下午三时许，有一装载食米十余石之小船，向东驶去。忽遇持枪土匪七八人，被迫停舟。该匪即登船搜劫一过。因别无他物，故仅将食米全数掮去云。

——《时事新报》1935年8月14日

潜逃经理被获

平湖通讯　甘河街恒裕增纸号经理邵伯康，因侵吞存款二万余元，无法弥补，于本月三日，逃避无踪。该号因此于五日宣告清算，并登报悬赏四百元通缉。兹悉驻平水警队侦得线索，于十一日派嘉禾巡舰，驶往西塘桥□乡，将邵拿获，业已迎提到队核办云。

——《时事新报》1935年8月14日

戒烟所已结束

平湖通讯　县立戒烟所于十五日奉令结束，由县府派县立医院董事潘思齐接收。所有戒烟事宜，划归县立医院接办云。

——《时事新报》1935年8月18日

代表大会开幕

平湖通讯　本县第十五次全县代表大会，于九月一日上午九时，在县党部行开幕礼，出席代表黄大觉等十九人，列席省党部指导员顾佑民，县党部执监委员陈迪、陈恢、丁裕长暨全体工作人员。来宾计到县长张周汶、保安第三中队长赵明、棉织业公会主席张新庵等五十余人。主席陈恢、记录陈惟锵、司仪居明生，开会如仪。陈主席报告开会宗旨，暨第七届执监委员任期已满，延至今日开会原委后，即由顾指导员致训词。次由张县长报告施政情形，保安队代表马君连致惠训，末由党员代表李祝华演说。嗣即礼成摄影散会。下午接开第一次会议云。

——《时事新报》1935年9月2日

警队出发剿匪

平湖通讯　五日夜十时许，水警第六队队长方懋仙，接钟埭电话，谓嘉善大云寺丁家栅附近，发现股匪四五十人，长短枪械俱备，似有南来图劫模样等语，当即令饬嘉禾巡舰升火，率领所部巡船，星夜驰往痛剿。县府得讯后，当即电告省厅，一面督饬警队戒备，择要布防。今晨（六日）一时起至天明止，城厢内外，均派武装岗位。保安中队长赵明，亦率队出防。截至记者发稿时，水警尚未返队。闻股匪知已有备，向北远遁，故未接触云。

——《时事新报》1935年9月7日

部长莅乍游览

平湖通讯　军政部长何应钦于七日上午十时，由杭搭车莅乍游览，在海滨菜馆进膳。下午一时，始乘原车返沪云。

——《时事新报》1935年9月9日

新任承审接事

平湖通讯　浙江高〔等〕法院以本县民刑案件之繁，较已设法院各县为尤夥，承审员一人之精力，办理检察、审判之责，实难胜任。故另委朱仲铭为承审员，与原任杜承审员分掌民、刑事件。朱于十七日下午莅平，即晋谒张县长，请示一切，即行视事。

——《时事新报》1935年9月19日

各校筹商索薪

平湖通讯　本邑各校经费，乡镇已欠一载，县区亦有六月。虽一再呼吁请愿，但仍无发放确期。故各校代表，定念一日召开茶话会，商议办法，以便达到发薪目的云。

——《时事新报》1935年9月19日

暴徒劫犯掳警

平湖通讯　第三公安局长钟骏元，于念三日下午，得人密报谓，泖口镇毛裕昌南货店，有吸食鸦片情事。当饬警长汪国庆率警四名，驰往拿捕。果将人证并获，正拟带局覆命间，店主毛仲康，忽纠集暴徒三四十人，将烟具抛弃，人犯释放，并将长警等一并掳去。在江浙交界之处，褫去长警制服，用绳捆缚，藏于粪船中，任意殴打。钟局长得讯后，即电县府报告。由张县长电令乡长毛桂昌设法，营救脱险，狼狈而返。内有一警，竟裸体回局。念四日上午九时，钟局长亲率受伤之汪警长及警士李文杨、姚子献等，搭轮来平，向县验伤，并晋谒张县长面陈经过情形。闻是役长警方面，失去子弹念九粒、大洋四元二角、小洋八角、铜元一枚云。

——《时事新报》1935年9月27日

师长莅平视察

平湖通讯　陆军第五十七师阮师长，于念八日上午十时，由禾搭车抵平视察。县长张周汶、公安科长徐励、水警队长方懋仙、警察队长周鹏飞、三四二团长李翰卿等，均到站欢迎。县府并派警察队前往照料，团部亦派兵一排保护云。

——《时事新报》1935年9月29日

地政学院在平湖实验土地政策

中央政治学校地政学院，历年研究地政，卓著成绩，现以民生凋敝，本党土地政策亟须实行，即将研究之所得，拟具方案，由该院萧主任商同浙江省主席黄季宽氏，在平湖实验本党土地政策，而以该院研究员汪浩先生任县长，并在院内组平湖地政实验设计委员会，现汪君率同毕业学员多人，日内前往接事。查汪系湖南人，曾留学俄、法、德等国，回国后在党工作及在院研究地政历有年所，学识经验，均极宏富，办事亦颇精干云。

——《新闻报》1935年10月18日

格格不相入之平湖农村建设

吴晓晨

在目前疮痍满目的中国，正渴求建设工作底推进，尤其是危如累卵，急待拯救的农村。不过在这头绪茫茫、独生产教育高唱入云的当儿，一谈起建设，就令人想起了往年西湖博览会教育馆门首的长聊，很够玩味：

定建设底规模，要仗先知；做建设底工作，要仗后知。

以先知觉后知，便非发展大中小学不可！

办教育的经费，没有来路；受教育的人才，没有出路。

从来路到出路，都得振兴农工商业才行！

从这望文生义，而复含蓄无穷的联语上，可以知道关于建设工作的展开，其先决条件：须普及教育，要普及教育，更须振兴农工商业；在农工商业尚未振兴，教育无从普及以前，也就根本谈不到建设。即使罔谈建设，那末无异树高阁于沙漠、构危楼于浮筏，一经风起，沙飞浪涌，倾圮无遗。在这支离破碎的中国，虽然在救亡图存的口号下，正欲努力于建设工作的进展，但为实施建设所必要的条件，谁也知道没有完备，那就等于缘木求鱼、舍本逐末，结果恐还是徒然！我们看了平湖农村的近状，就不禁发重大的疑问。

平湖在嘉属各县中，素称是一个商业盛、乡底厚的县城，更以地形的适当，像去年空前仅见的旱劫，平湖犹似别一洞天，未曾因酷旱而影响农作，东部花地，反因滴雨不下而丰收，在这般良好情形之下，平湖地方的一切设施，应该怎样有声有色，可是按之事实，又大谬不然：

现在不要说别的，只须把有关建设大计的教育事业，来介绍一下，已足使我们瞠目而有余。这几年来，自政府以及各界，对于推广教育的声浪，差不多已是无人不知、无人不晓的一件紧要工作。那知中国人做事，每尚议论，而少事实，往往玄之又玄，明知是不着边际的空论，反要大声疾呼，虽非立异，却类鸣高。就是拿办教育事业来论，须先求经费的充裕，然后方可步步振作。岂知目前的教育经费，非特没有的款，而全恃出乎情理的苛捐杂税来挹注，所以号为堂堂教育的本身，反形成一种有力的剥削。如平湖初因教费收支不敷甚巨，乃于原有田亩附捐、花捐、茶碗乐捐等外，又增加一种初为试办，继则延长的亩捐，依照田亩数目纳捐，每亩五分。后来又创一种所谓学谷捐，而这种捐税的对象，都以农田为基础。近年来农村的衰落，因农作物价低贱，丝茧事业一落千丈，已是摇摇欲坠；经不起再增加这种额外的需索，遂致农村的破产，成为无可掩饰的事实。因此对于捐税的支付，在这心有余而力不足的情形下，也就不得不延宕延宕。虽经县府皇皇告示、一再晓谕，但农民处境困难，实在限于力，非肓于心，所以结果，还同泥牛入海一般。可是这样一来，别的不打击，至重且大的教育事业，将根本发生动摇，教育当局在这巧妇难为的境地下，那得不左支右绌；结果只有将教员薪金暂时欠一欠。那知在平湖当小学教员，谁也知道是一种最清苦的生涯，每月自八元至十二元的教薪，尚有不供膳宿的。做教员的，本来不是来求名，家里又没有偌大的家私，很多仅恃此区区薪水，来俯蓄妻孥，经不起一欠，就要膏火难继。于是各区教员，实在迫不获已［已］，不约而同向教局索薪，停课、罢教等声浪，也闹成一片。但是教育局长生财无道，应付无方；各位小学教员生计所关，也就不免声势汹汹，局长忝居一县教育之主宰，一时未甘示弱，遂说列位都是列身师资的知识阶级，也该知道此地是教育局，不是造币厂。而教员们在盛怒之下，也异口同声地说：教育局果然不是造币厂，可是我们也不是机器人。像这样供人喷饭的笑料，实在不一而足。但是筹划教费，任你去左计右想，总归是点金乏术，而教员们坐索，逼讨形势，更觉严重，乃有将无法收取的亩捐，责令教员直接向农民征收以抵教费的办法。然而我们要知道，此项亩捐，向由素称具有征收干才，而又农民惧若豺狼、敬若神纸［祇］的坊役，挨户收取，尚且一筹莫展，今以文弱书生躬亲跋涉，虽然俛首低眉，试问家徒四壁的农家，那里能够因为是枵腹从公的教员，而慨解仁囊呢？最后还是一文不名，这条路宣告失败。然而各校欠薪的程度，却一天加重一天，城区各校，因观瞻所关，尚勉力支持，而教薪也差不多积欠半年。农村里的小学校，在平湖本来分布得很广，但是欠发的薪水，或因无关宏旨，所以更较城区为多。乍浦区有已达十八个月，尚未领得分文的。因此当教员的，衣食所关，觉此非久计，纷纷另觅枝栖。农村里的学校，遂也欲不停课而不能，教育事业，是何等重大的事情，不道［得］已继农村破产之后而破产。并不独平湖一地如此，附近如嘉兴、嘉善、海盐各县，所遭的命运，正复相同。而目前高唱生产教育的先生们，方如醉如痴；而江河日下的教育事业，已腐败到这般地步，还不急起挽救，那真腾笑万邦。本来在不久已［以］前，农村里的学校，因无力购置风琴，竟把音乐一课从缺，这种令人叹惜的事实，岂是满口普及教育的先生们所能梦见？

在另一方面：数年来一致提倡的合作事业，却有显著的进展，这是不容我们否认的。对于发展农村经济，增加生产效率，在目前病重如山的农村，当然一时间难奏特效。但主持人员，殊能努力，除为灌输合作智识，成立合作讲习会。须提倡供给事业，运销一切农作必需之肥料，如豆饼、麸皮，免受中间人之渔利。更筹设农民借贷所外，又推行农业仓库，分设各区，上海银行特贷款八万五千元。惟此项营业，适与典当栈号针锋相对，而仓库旨在挽救农行取息较低，栈号显然处于不利地位，照理栈号营业，应同此一蹶不振，岂知栈号因质价较仓库为高，致营业反较仓库为盛，此实出乎常理之外。于此可见，农民因欲以少质多，虽明知相去悬殊，而甘受高利之刮削。农村经济之枯竭，可以想见其严重。

去岁大旱。惟棉田反告丰收，省政府有鉴及此，特注重生产建设。因此建设厅决意在今年全省拟推广棉田十五万亩，平湖一县，计划推广区二万亩，并有在澉浦设美棉育种区的传说。不过平湖三叉河本办有合作棉场，因县款停发已一年，经费无着，场务停顿，虽由杭县棉业实施区技术股派员主持；旋即奉令停办，闻或将并入美棉育种区。像这般虎头蛇尾的款毫无的建设，有等奉行故事吧！况年来人民已深知多一建设，人民即增一负担。所以像最近举办保甲事业，政令皇皇，不可或缓，可是保甲经费，筹措无方，乃有人建议征收仪仗捐，或迷信消耗捐，闻迷信消耗捐，已经民厅核准。似这样杀鸡求卵的措施，农民那里有苏息的机会呢？

——《农村经济》第3卷第1期，1935年11月1日

平湖稻作歉收

该县西乡莲泺乡、东乡、瓦山乡等处，本年螟害甚烈，早稻可算无收，晚稻亦仅二三成，惟实施区之收成约在95%以上，其邻区未抽穗者，占15.5%，白穗占11.4%。

——《昆虫与植病》第3卷第31期，1935年11月1日

商会选出委员

平湖通讯　县商会自党部派员整理后，即于六日召开大会改选委员，计到代表一四三人，列席县府监选员朱运曦、党部指导员丁裕良。主席方锡章，领导行礼后，即开始投票，至下午五时始竣。结果，陈迪候、干凯军、张秋爽、潘梦飞、沈兰田、陈荫奎、汪蓉卿、朱竹峰、陆镜心、钱荣卿、金藕生、程养涵、罗量才、高登孚、方锡章等十五人当选为执委。张丰受、李子原、郑辅周、韩怡民、施凤石、徐筱如、徐若舟等七人，当选为监委云。

——《时事新报》1935年12月7日

平湖的租佃制度和二五减租

吴晓晨

平湖县多大地主，因此佃农特多，永佃制也非常发达。据最近估计：全县农

民，自耕农只占百分之十五，尚有百分之八十五，都是佃农。佃农何以这样多？永佃制的普遍也是原因之一。永佃权俗称田面，田面的价格，高低不一，有时竟超过田底。它的价格，有时每亩高至百元以上的；而田底的价格，倒不过四五十元。大概农田愈少、人口愈多的地方，田面的价格也愈高昂。力量薄弱的农民，受此永佃权的束缚，能有田可耕，已属万幸；那里再有余力来营求田底呢？不过农田受了永佃制的限制，地主买卖土地，只能移转收租权利，并无权力更动佃农，这似乎也给佃农以相当的保障。田面同样可以买卖，向分活契和绝契二种。大概起初都是活契，预备有钱时候赎回。活契有规定的期限，四年或五年到期并可通融再转几年。如果实在无力收回，则再加价杜绝。田底和田面的界限异常清楚，地主买卖田底，佃农固然无从异议；佃农买卖田面，除非拖欠陈租，地主也不得干涉。

基上所述，可见佃农也有一部分的地权。所以他们所缴田租，也须分为两部：一部份[分]是田底的大租，一部份[分]是田面的小租。按照二五减租条例规定，田租有大租、小租之分者，大小二租，合计不得超过百分之三七.五。平湖佃农有因人丁关系，而将田面租给人家耕种，这种佃户承种以后，除对地主缴纳大租以外，并且要对占有永佃权的佃农，每亩缴纳五斗米的小租。田面可以取得五斗米的收益，原已成为惯例。不过佃农如无特殊原因，不愿把田招人耕种；他们对于自己所有田面，当然不再计算小租。地主利用这点，要求佃农缴纳全部田租，在佃农方面也唯地主之命是听。过去从未因此发生争论。

平湖田赋也和邻近各县不同，如果佃农未曾依期缴租，地主即可将其应纳田赋推出，由县着承种的农民自己去缴纳。农民缴纳了的田赋，虽然可在田租中间扣除；但因经过役吏转手，每亩总要损失二角多钱。收租是以霜降为头关，那时早稻刚刚登场；过了霜降，租价就要增加。从霜降到阴历年底，要经过头限、二限、三限，三个关节，租米也随着一再增加，每限要加一角或二角。这种额外勒索，也是违背二五减租条例的。

平湖有田地出租的人家，不论田地多寡，均设租栈。租栈上面，冠以各家所特有的堂名。收租是以现金计算；在嘉兴、海盐等处则均收米谷。平湖从前亦收谷租，改收现金的历史尚短。因为在这十余年来，大地主的田地，愈积愈多，而租栈收租，又要佃农亲自挑到地主家里缴纳。有些佃农相离极远，如再携带米谷，岂不异常麻烦。而且各租栈的收租，又有一定期限；在限期前三四日，农民大宗依期赶进，各大租栈都是门庭如市。倘然仍收米谷，在手续上、时间上、地位上均极困难。所以常把应收米谷数量，按照市价折合现金，叫做折租。倘然佃农积欠租米，连续至二年以上，田主一方面将田赋推出，一方面再请求县府追索，名为差办。催租差人行动虽很强悍，农家也要敬若神祇，但是效力依然很小。不过差人到来，农家须先开支一笔路费，这是佃农欠租的一笔例外损失。假使地主急于收租，撤佃另召，以为这样可以一劳永逸，实际也是梦想。因为任你去怎样召种，同村中的农人大多不愿无端结怨，结果往往还是无人承种。

平湖租额，向来是由各租栈自由开价；而且租栈和租栈之间也不一律。可以遂心所欲、予取予求，因此相去天壤。这是因为平湖地方，地主虽多，大小不一。有数千亩甚至一万亩以上的阔地主，也有一二百亩或仅四五十亩的小地主。这些人家，中着“书香”余毒，大多不事生产。全家衣食，泰半依赖租米收入。可是只有几十亩田产的地主，租米收入不够全家衣食，于是只有提高租额，尽量剥削佃农。平湖田地，十分之七握在大地主的手里，这些大地主们因为衣食丰足，而且旧道德的观念极深，所以大多不愿抬高租额，算为儿孙积德。同时永佃制的存在，也是租额差异之一极重要的原因。有些地方，田底价格，既然只占全部地价的三分之一，地主自然不能勒索高额地租。所以平湖租额大小不一，相差竟达一倍以上。含辛茹苦的佃农，对于租额的大小向来没有抗议的勇气，只有任人宰割而已。

自从民国十八年起，浙江推行二五减租。可是结果平湖农民非但没有因此受到利益，反而因此遭殃。原来平湖因有永佃制的关系，大地主的租额往往是在百分之三七.五以下。到这时候，大地主们以为有律可援，纷纷增加田租，虽然二五减租条例规定百分之三七.五是大租、小租的总额，只有田底的平湖地主，应当在这三七.五中间再减去五斗米的小租。同时减租条例又曾明白规定，原定租额在百分之三七.五以下者，应照原额征收，不得藉口加租。可是这些规定，地主可以装聋作哑，佃农当然也是弄不清楚。于是地主叫着：“政府已有命令田租应收百分之三七.五；如果按照原额收租，就是违反法律。”农民不知内幕，信以为真；因此反而起来反对二五减租，发生许多纠纷。至于负责调解纠纷的乡政人员，他们大多自身就是地主，自然绝不愿意揭穿这种秘密。

平湖县政府自己也有许多田产，特设款产处以管理田租。近几年来，各大租栈的租额虽然已经提高；但是款产处的租额比较各大租栈还要提高些。政府可以如此，地主当然也就不算违法。且自丝茧破产以后，农村经济岌岌可危，租务弄得不堪收拾。尤其因为米价跌落，各租栈的收数短少，支出则反年重一年。例如田赋增加，每亩已达一元五角以上。而且省府派募公债，以至当地需用款项，常常依照田产多寡，责令摊认。似此重重负担，实在也是难以胜任。因此田租虽加，地价还是一落千丈。向来大家以为，田地是万世产业，争先收买，现在对于田地则皆掉首不顾。所以二五减租实行以后，农民固然因此受到许多意外灾殃，地主也仍不能挽回他们没落的命运。结果农民们的血汗，只是通过各租栈而滚滚外流，去填世界经济恐慌的深潭而已。

——《东方杂志》第42卷第24期，1935年12月16日

筹设行政区署

平湖通讯　本县自区公所裁撤后，县与乡镇间，似缺少联络。推行新政，殊感困难。兹悉县府拟将九镇三十三乡，划为三区，在乍浦、新仓、新埭三地设置区署三所。一月份即可实行云。

——《时事新报》1935年12月18日

县府辟侦查庭

平湖通讯　县政府承审员自九月份起，增为两人，但法庭仍仅一所，殊难分配民刑案件。县长汪诰[浩]，乃勘定候审室后空屋，改作侦查庭。业已布置就绪，定一月份起，刑事侦查案件，改在侦查庭侦讯云。

——《时事新报》1935年12月18日

1936 年

平湖将办土地登记

嘉兴六日快讯，平湖县政府以本县为地政实验区，对于一切土地政治，自应力谋改善，积极推进，以期早日完成。城区五镇二乡土地已经测量完竣，定于最短期间，举行登记。登记各种手续，异常繁重，故决招考登记人员，先期施以训练，俾能胜任。兹已拟定招考简章，令发镜心初中等校，遵章保送三人赴县应考云。

——《平湖将办土地登记》,《民报》1936 年 2 月 7 日

县府捕捉野犬

本县家犬第二期登记，原定廿四年十月十五日截止，十六日起，捕捉无照野犬。嗣因县长更调，此事遂无形延搁。兹悉县府于二十一日上午起，派警督同清道夫，四出捕捉野犬。击毙后，即予掩埋云。

——《新闻报》1936 年 3 月 24 日

婚变案审律师

本邑富家子陈宗渭，与官家女王琰华婚变一案，轰动全县。先是王因未婚夫陈宗渭另与某女士订婚，虽入讼法庭，控陈诱婚背约，但无与陈解除婚约意。律师罗扬范，忽代王书面警告陈某，并与陈、王签订解除婚约契据，致陈、王控案发生疑义。王遂以罗伪造文书为词，状控县府。于廿四日上午十时开庭侦讯。旁听者达四五百人。记者席于八时前已被女同胞盘据[踞]。由杜承审员点传王、罗到案对质后，即令王当庭书写各[名]字，等候检定笔迹后核办云。

——《新闻报》1936 年 3 月 27 日

平湖杂谈

永 和

我们若提起了平湖的话，我晓得一定有许多人，他们的脑海中会立时现出平日所企望羡慕的“金平湖”三字。金平湖究竟是怎么样的，我现在约略的提出一些来与诸位谈谈吧！

平湖是浙省东面的一个县市，面积辽阔，土地肥沃，城市居民多富裕，乡村农民因农产丰富，粗布白米亦可无忧。如遇丰年，更有储蓄。是以邻县人民羡其富丽，替他取了这个堂皇壮丽的“金平湖”徽号。

人口——平湖因县境辽阔，交通便利，人民多，购买力强。外省人民，来平经商者，颇不乏人，且日见增加，近三四年来，人口增加速度，实可惊人。据最近户口调查所得，总数竟达三十万左右。

交通——水道——平湖位居沪杭中心，县北有泖河，通上海黄浦，为全县第一大港，今已辟为平沪航线，现有客轮二艘，一停平湖，一泊上海，每日行驶转回一次。又夜轮一艘，专装平沪进出口货物，停泊平湖，二日行驶转回一次。内港河流，港身很开阔，储水很丰足，凡重要航线，先后都有轮只航驶，现在有宁绍、新平、乍嘉……等十余艘之多，此外支流纵横，贯通全县，水道交通，可说已走上特殊发达的地位了。

陆道——近几年来，浙省公路汽车，已先后通车的，有平嘉、平乍两路，平湖与邻县及本县各乡镇之陆上交通，因有上面水道交通发达的缘故，所以都靠水道为主，陆道为辅。除公路外，大都是穿田越地的，狭仄屈曲的泥路，如一经天雨，即泥泞难行，苟不熟悉路径者，辄有迷途之憾，此实交通上之美中不足。

教育——中学——平湖现在全县有初中三所，二所是县立的，男女生兼收。办理以来，有很显著的成绩。自社会的不景气，农村的破产，声浪传遍大地，再加上年的旱魃肆虐，经费收入，突觉奇绌，以此影响校务，不能尽量的发展。经费奇绌，虽是其中之一大原因，余外的细小因果，当然也还不少哩！

一所是私立的，专收女生，办理的课程成绩，也还算不错。不过他的学生，大多穿着时代化的旗袍，做得又摩登又称身，脚上穿着一九三六年式的镂空革履，头上的青丝，化了高贵的代价，宝贵的光阴烫得蓬蓬松松，表示她们是一个现代的新女性。这种现象，虽是万恶的社会环境所造成，但是学校方面，未闻有干涉或劝导的设施。这点，我认为是该校行政上的一大缺点，亦是该校办理上不得法的原因。

小学——全县有五十余所，也不算少，不过只有几只完全小学，规模较大，办理亦较完美，确有相当的成绩。此外，则大都无成绩之可言。察其原因，总不外经费关系。这种教育上不好的现象，也非我们平湖一处，浙省各县大都如此。

风俗——平湖本是文秀之邦，重文学。县属多秀民，天生聪颖。农民都能耐苦，夫耕妇织，一家工作，其生活当算优裕。年来农村经济破产，加以上年旱魃为灾，是以农民生机[计]甚感恐慌，才萌来城谋生之念。年来城区有袜厂之创设，先后已成立大小十余家之多。里面工人，都用女子，是以乡下姑娘，上城中袜厂摇袜者，如雨后春笋，日见增加。平湖县民，向崇俭朴，但近来交通便利，且近上海，奢华之风不难输入社会。一般富家子女，专事浮华，尤以妇女服装式样，极尽奢华，为他处妇女所不能企望。社会好事之人，形其奢侈，加以“小上海”的徽号。而一般小家碧玉、贫苦妇女，不能予取予求，与流入歧途者，不胜枚举。是以风俗日见奢淫颓废。

我们观了上面几点，已可知道，这几年来，把一个富厚俭朴的“金平湖”，一变而为万恶虚荣的“小上海”。总之，现在的平湖，已不是十年、二十年前的平湖了！

——《礼拜六》第635期，1936年4月11日

筹设土地银行

县府前为推行土地政策起见，拟将农民银行股款，移充土地银行。经呈准民厅，商得财、建两厅同意，积极筹备。如进行顺利，今年十二月间，土地银行可望成立云。

——《新闻报》1936年4月25日

提灯宣传禁烟

城区五镇两乡，于十七〔日〕晚举行提灯会，宣传禁烟。是晚六时半，参加人员万余人，手持灯彩，在教场集中。七时左右，大小街交通已为观众阻塞。七时出灯，进南门经直街、甘河街折朝东，经东小街，出老东门，经横街、后街，进新东门，

朝西经学前街、东大街、西大街，出西门后，折回上桥，由西小街朝东，蜿蜒三里许。灯彩悉备，应有尽有。十八日晚继续举行。四乡来客，络绎不绝。旅馆及酒、饭店，莫不利市三倍云。

——《新闻报》1936 年 5 月 20 日

《平湖民报》被封

邑人毛圻主办之《平湖民报》，因登载金□徐燦□家烟案，毛即于二十〔日〕晨被捕，由县府发押，下午即将该报发封，并将报头吊案。新闻界闻讯后，即由计尚英领衔，电请闽浙监察使署及浙省府、高〔等〕法院等，请求派员彻究。按毛现任励志会常务理事及区教育会常务干事。此次被捕发押案由，为破坏禁烟云。

——《新闻报》1936 年 5 月 25 日

平湖县土地银行组织大纲

第一条　平湖县政府为推行土地政策，扶助农民经济，设立土地银行。

第二条　平湖县土地银行以三十年为营业期限，期满时得呈由县政府转呈财政、建设两厅核准延长之。

第三条　平湖县土地银行资金总额，定为二十万元，收足半数开始营业。前项资金总额，得呈由县政府转呈财政、建设两厅核准增加。

第四条　平湖县土地银行资本，除以田赋正税项下带征县农民银行股本全数拨充外，其余以整理地籍后田赋溢额拨足之。在资金未收足半数以前，由县政府筹借拨补，其办法另定之。

第五条　平湖县土地银行，设于县政府所在地，必要时得于区署所在地设置办事处。

第六条　平湖县土地银行，设监理委员会，以委员五人至七人组织之监理平湖县土地银行一切进行事宜，其章程另定之。

第七条　平湖县土地银行置经理一人，由监理委员会得委员三分以上同意之推选，呈请县政府任命之。经理有渎职情事时，经监理委员会委员过半数之同意，得先行停止其职权，呈请县政府查办。

第八条　平湖县土地银行之放款，专供扶植自耕农，与发展农业生产之用，其规则另定之。

第九条　平湖土地银行之放款，以低利取息为原则。

第十条　平湖县土地银行得为下列业务：

一、收受各项存款。

二、办理储蓄。

三、办理汇兑。

四、办理信托。

五、办理农产物储藏。

第十一条　平湖县土地银行不得为下列业务：

一、有投机性质之营业。

二、购入或承受各项公司之股票及债票。

三、直接或间接经营各项工商事业。

第十二条　平湖县土地银行于必要时得呈由县政府转呈财政、建设两厅核准，发行债券，其办法另定之。

第十三条　平湖县土地银行每年决算分为两期，以一月至六月为上期，七月至十二月为下期，每期应编具下列表册书类，提交监理委员会核定，呈由县政府转呈财政、建设两厅备案。

一、营业报告书。

二、资产负债表。

三、损益计算书。

四、财产目录。

下期决算应加具赢余分配表。

每月终，应编具营业统计书提交监理委员会审核。

第十四条　平湖县土地银行，每年于纯益项下提百分之五十以上作为公积金。

第十五条　平湖县土地银行详细章程另定之。

第十六条　本大纲得经监理委员会议决，呈由县政府转呈财政、建设两厅核定修正之。

第十七条　本大纲经县政府呈请财政、建设两厅核准施行。

——《平湖县土地银行组织大纲》，《地政月刊》第4卷第4、5期合刊，1936年5月

漂染业大会记

本县漂染业公会经党部派员整理后，于廿五日始告完成。廿六日上午十时，召开会员大会，选举职员，县党部派俞品璋为指导员，县政府派程定邦为监选员，县商会派陈荫奎为代表。结果，周剑青当选为主席，阮安成、任炳荣当选为常委，郑德茂、王文忠、陈尚发、周世忠当选为执委，沈和生、张庭香当选为候补执委云。

——《新闻报》1936年8月28日

防 空 演 习

平湖防护团团本部，为指导民众防空常识起见，拟于十一、十二两日，举行防空演习，届时并实行交通管制、灯火管制等。

——《新闻报》1936年11月7日

厅 长 莅 平

民政厅长徐青甫，于八日晨九时许，偕同海盐县长张韶舞、平湖县长汪浩等四人，乘浙字第十一号汽车，由禾［杭］来平，在县府召集县府所属公务员及镇长、保甲长等训话，并由海盐张县长演说。至十一时始毕。下午二时赴〔海〕盐，转道返杭云。

——《新闻报》1936年11月9日

平湖县之租佃制度

蒋　廉

今年春间平湖县政府曾会同地政学院，举办全县之土地调查，自四月初旬开始工作，至六月底即告完成。现在调查材料正在整理研究中，兹将其中关于租佃制度之一部分，先行发表，以供关心地政者之参考。

一、佃农数额

一地方租佃成分之高低，可由土地集中之程度而觇知，如果土地集中之程度愈高，则土地之分配即愈不均，而租佃情形亦必愈为广泛。此为必然之势。平湖多大地主，因之土地异常集中。据吾人最近调查，该县地主之占有土地在一万亩以上者有一户，在五千亩以上一万亩以下者有五户，在三千亩至五千亩之间者有十二户，在一千亩至三千亩之间者有三十七户，在五百亩至一千亩之间者有六十六户，在一百亩至五百亩之间者有一百五十七户，总计共有地主二百七十八户，共占有土地达十九万二千六百九十九亩，均占总耕地面积五十万七千零二十七亩中百分之三十八左右，而其户数仅及总户数五万四千六百二十二户中百分之〇.五。由此可知平湖土地集中程度之高，与大地主人数之多。然此犹仅就一百亩以上之大地主而言，其在一百亩以下之中小地主所占有之土地面积，尚未计算在内。此种情形，足以反证租佃情形之普遍与广大。查全县农民户数之分配，据此次吾人实地调查所得，全县农民户数共为四万二千二百六十户，其中自耕农仅为一千零八十户，约占总农户百分之二.四八。自耕农兼永佃农为七千五百七十四户，占总农户百分之一七.九二。（未完）

——《中央日报》1936年11月17日

平湖县之租佃制度（续）[①]

蒋　廉

纯粹永佃为二万一千六百七十五户，占百分之五一.二九。永佃兼佃农为六千四百五十四户，占百分之一五.二七。佃农为二千零四十九户，占百分之四.八五。地主兼自耕兼永佃兼佃农，为九百二十户，占百分之二.一八。地主兼永佃兼佃农为三百七十七户，占百分之〇.八九。农业劳动者为一千八百零四户，占百分之四.二七。若以永佃农、永佃兼佃农及佃农三者合计，共有三万零一百七十八户，竟达总农户百分之七十一.四一。平湖佃农成分高，可以想见。

二、租佃期限

租佃期限可分为永佃、定期租佃与不定期租佃三种。其中以永佃制最为普遍，盛行于全县各乡镇。盖平湖地权已分割为田底、田面之二部分，其租限异常清楚。田底权属业主所有，田面权属佃农所有。所谓田面权，即永佃权，亦即永久耕作之权。凡农民之执有永佃权者，苟无积欠田租情事，业主不得任意撤换。永佃

---

① 编者按：本文在整理时有删节。

权为所有权之一部分，与田底权同样可以自由移转让与，不受业方之限制。此项田面权最为农民所需要，故田面价格常超过田底价格，在新仓区及乍浦区之东南乡，田面价格最高时，每亩达百元以上。现时亦达六七十元。至田底价格，普通仅三四十元，少者仅十余元，尚无人过问。

田底、田面权之分割，为时已久，当地老农，只能略述一二。据一般人之意见如下：

（一）明末清初之时，人民流离失所，逃亡殆尽，荒地甚多，无人承种，旧有业主乃招集客民，奖励其垦植，约定垦熟之后，准由佃户永远耕种，以酬其改良土地之劳。

（二）最初官荒垦熟之时，地权原属一人，厥后田主经济艰窘，无以维持生活，势不得不出让其土地，但又不愿绝卖，沦为无产之徒，遂以田地为借款之抵押品，而以收获物之一部分充作利息，仍得保留永久耕作之权，由是整个田权，遂截然划分为田底、田面之二部分。

（三）佃户向业主租田时，须缴纳一种性质类似而高于普通押租金之田价，因而取得永久耕作权。

定期租佃，即佃户于规定期间内，得租用土地，其期限大概为四年或五年，定期租佃，佃户须纳押租金，俗称召价，如果佃户欠租，田主得在召价内扣除。

不定期租佃，即不规定租用土地之期限，地主得随时收回租田自种。如佃农往往有因劳力不足或暂时出外谋生而转租其土地，此种佃农返还家中，得随时撤佃自耕。惟此种不定期租佃，多于事前有口头约定。

三、租佃契约

佃户向地主租田，照例须邀请中证人向业主说合，订立契约。契约可分口头及书面二种。口头仅占十分之三，书面约占十分之七。租约内容，大概包括以下数项：（一）立租契人姓名；（二）业主姓名或户名或栈名；（三）田亩面积及坐落处所；（四）租物种类及数额；（五）缴租时期；（六）荒歉缴租办法；（七）订约年月；（八）中人及代书姓名。

上述各项内容，第一、二、三各项文字，可以无须解释。第四项租物种类，须说明“干圆好米”，或“原砻好米”等。第五项缴租时期，应注明“秋收成熟”“霜降节”或“冬至节”等字样。第六项荒年缴租办法，说明“倘有水旱虫灾各照天命”或“倘遇虫伤大旱悉照大例”等。在叙述上列八项之后，通例加上“恐后无凭立此租约契”等类字样，以结束全文。此后即书明订约年月及中证人、代书姓名，并各人须画押。

租佃契约形式，有以下数种，兹分别述之。

（一）谕佃据。由业主出立，交佃户收执。据内仅说明佃户应缴租额，而不规定业主应尽义务。故与双方订立租约之意义，完全不同。

（二）租佃契。由佃户出立，交业主收存。惟佃户于订约之前，往往须代原佃户偿还欠租，此项欠租数额甚大，非与普通押租金可比，且并不于契内叙明，即由业主承认佃户有永远耕作权为交换条件，此后如不积欠租额过巨，业主不能任意撤佃，佃户并得自由转租其耕作权。

（三）召佃据。召佃据即召种田地之据，由业主出立。据内规定出租年限及召价数额，所谓召价，即押租金之意义，为佃农取得佃权之一种暂时保障费用。

（四）赙佃契。此为租进田面之契，由佃户出立。契内除规定一般租约应有之事项外，并须注明佃户应缴租额，称为“赙费”“佃费”，有二种：一种系于租种前缴纳，称为“现赙”；一种系于租种后缴纳，称为“赊赙”，惟前者行之较少。

（五）放租契。占有永佃农之佃农，得转租其田地，称为放租。由是佃农即变为佃主，而得向承种田地之佃农，收取租息。

（六）佃田契。由承种转租地之佃农出立，交与占用永佃权之佃农收执。此种佃农所缴租额甚大，除对原有业主须缴大租而外，并须对第二业主缴纳小租，俗称余租。

（七）退佃契。业主收回租田时，得责令佃户立退佃契，其用意在使佃农表示情愿放弃耕作权，而并无纠葛之意。

兹将上述各种契约式样，列之于下，以次参考。

（一）谕佃据式

立谕佃据○○○今谕到○○乡○○圩佃户○○○额租米○石○斗正，自接到通知之后愿各到○○栈纳契还租，勿再拖延为要。此据，计开。

民国○○年○月○日。

立谕佃据○○○（押）

中人○○○（押）

（二）租佃契式

立租契○○○今因缺田播种，情愿央中租到○○栈平湖○○坊○○圩水田（或荡田）○亩○分，额租米○石○斗○升，自种之后，待至秋收成熟之际，即将干圆好米一并送栈，不致拖欠。倘遇水旱虫灾，悉照大例。恐后无证，立此租契存证。计开　车基水根悉照老例。

民国○○年○月○日。

立租契○○○（押）

见租○○○（押）

代笔○○○（押）

（三）召佃据式

立召田面据○○栈今将坐落○○坊○○圩水田○亩○分，额租米○石○斗，凭中召到○○处名下耕种，三面议定，时值估计召价○○元，自召之后，任从耕种还租，倘有拖欠，将召价扣除，五年为期，期满或收或召，届时双方定夺。此系两愿，各无异言，恐口乏凭，此召田面据存证。计开　水道由某姓佃户田内通过。

民国○○年○月○日。

立召田面据○○栈（押）

中证○○○（押）

代笔○○○（押）

（四）赙田据式

立赙田据○○○今因缺田播种，情愿央中赙到○○栈名下水田○亩○分，三面言定，每亩赙费米○石○斗（或洋○元），俟霜降节届，一并纳清。倘有水旱虫灾，各照天命，恐口无凭，立此赙田据为证。计开　车棚由业主借给，水道由○姓佃户田内通过。

民国○○年○月○日

立赙田据○○○（押）

中证○○○（押）

代笔○○○（押）

（五）放租据式

立自愿田面放租据○○○今所有田面○○坊○○圩水田面○亩○分，业主某栈额租米○石○斗，种户○○○情愿央中将田面放租到○○处耕种，三面议定，历年大租霜降节到栈还租，小租寒露交付，每亩○元。耕种之后，倘有拖欠，另行出租。此系两相允洽，各无异言。恐后无凭，立此自愿田面放租据存证。计开　四至　原车起水原根出水。

民国○○年○月○日。

立田面放租据○○○（押）

原中○○○（押）

（六）佃田契式

立佃种契○○○今因缺田播种，情愿央中向○○处佃种○○坊○○圩水田○亩○分，自佃种之后，言定每年缴纳正余租米○石○斗正，待至秋收成熟，即将干圆好米照额交清，决不拖欠，恐口乏凭，立此佃种契为证。

计开　佃种年期言定○年为限，过期续议，佃种人下种以大熟开始，佃种人至满退佃，以收起春熟移交。

民国○○年○月○日。

立佃种契○○○（押）

中证○○○（押）

（七）退佃契式

立退田契○○○今因无力耕种，情愿央中退到○○栈○○乡○○坊○○圩水田○段计额租米○石○斗正，自退之后，任从耕种放租，并无反悔。恐后乏凭，立此退田契为证。计开　交田面契一纸。

民国○○年○月○日。

立退田契○○○（押）

中证○○○（押）

四、田租高度

田租数额，各乡高低不一，相差悬殊。以城区及新埭区各乡之水田为最高，普通每亩起租额为一石一斗，有高至一石三斗者。新仓区及乍浦之西南各乡水田为较低，普通每亩约一石起租。新仓区、乍浦区东北各乡水田每亩起租，高者九斗，低者七斗。沿海各乡之荡地起租最低，不过四五斗，但荡地早经垦熟，其生产力并不亚于水田，如东南乡之荡地，多种植棉稻，在棉价最昂之时，每亩可得价值二三十元之收获物。

近十余年来，平湖业主已不照起租额数实收，如佃户能依期还租，可以照原额打一折扣，大概在百亩以下之中小地主专恃收取田租以为生活者，所打折扣较少，约为八、九成。百亩以上至千亩之大地主，折扣较多，约照租额收七、八成。其在千亩以上之大地主，则仅收五、六成。故每亩起租一石二斗者，如以七成计算，佃户仅须还租八斗四升。

往昔佃户还租，均缴米租，近二十年以来，已大半改钱租，即将应还米租，依照市上米价，折还银洋。按去年冬季米价每石八元计，每亩起租一石二斗之田，以七折计算，应缴纳租八斗四升，折合米价为六元七角二分。不过以五斗起租之田，以七折计算，应缴租八斗四升，折合米价为六元七角二分。不过以四五斗起租之荡地，因原定租额已低，仍照原额折价缴租。

自二五减租推行以后，平湖农民，并未享得利益。依照二五减租条例，佃农缴租不得超过农地正产全收获量百分之三七.五，实际上平湖地主早已打成收租，及二五减租条例施行，地主以为有例可援，反而增高租额。例如，每亩一石二斗起租之田，依旧例七成计算，仅须缴租八半四升，今依照二五减租规定，以正产全收获量百分之三七.五计算，即须缴租九斗。虽减租条例曾明白规定，凡原定缴租数额在百分之三七.五以下者，应仍照旧例收租，不得藉口加租，而地主竟置若罔闻，纷纷增加租额，不再予以折扣，惟于决定每石折租标准时，略较时值米价为低。是以实际上平湖并未实行减租，佃农反因而加重负担，引起种种之纠纷。

佃农以田面转让他人耕种，为常有之事。此种佃户承种以后，除对原业主缴纳大租以外，并须对占有田面权之佃农，缴纳小租，俗称余花租，其租额普通每亩四斗，合之大租即为一石三四斗。依照二五减租办法，凡缴租有大小租之习惯者，其缴租数额，大小租合计不得超过正产全收获量百分之三七.五，惟地主仍照向例收租，并不遵守此项规定。在佃农方面大多不甚了解二五减租之真意，即稍有明了者，亦无勇气提出反抗，故此类转租佃农所受痛苦尤重。

与嘉兴及海盐接壤之各乡，多有外县业主，此等业主为收租便利起见，往往采取板租制，所谓板租，即业主与佃农订明缴租数额，不问年岁之丰歉与米价之高低，每年均照订定额数缴租，虽田地颗粒无收，亦须照缴。不过板租数额较普通租额为低。

五、缴租时期及方法

佃户缴租，大约在秋熟收获以后，以阴历霜降节为头限，过霜降后即须增加租额。从霜降至阴历年底，须经过二限、三限限期。每过一限，须每石加价一角，过三限以后，即不再加。如经过三限而佃户仍不缴纳者，即由业主派人下乡催收。

有田地收租之业主，均设租栈，在租栈之上，均冠以各业主之户名或堂名。在每年秋收后不多数日，各家租栈，即用红纸条书就“本栈择于阳阴历某月某日起限至某月某日止限”等字样，悬于门首，此即表示各租栈开始向佃户收租之意。每家租栈不仅收自己田租，并代其他业主收租，因为平湖有百亩或数十亩之中小地主，不便单独设立租栈，遂委托大租栈代收，各家租栈均设有经理一人，称为账房，专为业主管理田产及收租事务。从前业主收租，亦多收米租。近二十年来，除乡间业主间有沿旧例收米租而外，其居住于城市中业主，均已改收钱租，此因收取米租，城乡相隔，路途辽远，佃农携带谷物，往返不便，缴租手续上有种种麻烦，所以将应收米谷数量，按照秋收前十日平均米价，折合现金，即所谓折租或折价。

折租标准，向来由各业主自由开价，无一定准则，高低相差颇巨。大抵拥有数千亩之大地主折租标准较低，而数百亩或数十亩之中小地主所开折价较高，乡间地主较城市地主更高，此因乡间地主得随时对佃户施用压力，以撤佃相威胁，任意提高租额，予取予求。去年县款产会规定折租为五元七角，普通业户所开折价为五六元不等，而北乡某处地主有提高至七元数角者，所以平湖租额大小相差甚远。（未完）

——《中央日报》1936年11月24日

局长被控

乍浦秤放总局局长兼芦沥场场长李象鉴，近忽被人控告于省垣，谓有舞弊达万元情事。当轴据报后，即派委来平密查。

——《新闻报》1936年11月26日

平湖县地政实验概说

汪　浩

一、引言

我国以农立国，土地问题极其重要，故总理孙中山先生尝言之："要想革命成功，预先要解决土地问题。" 近年来，因受世界经济不景气影响，我国农村经济濒于破产，土地问题，尤有急待解决之必要。顾欲解决土地问题，须自土地整理开始，盖地籍不明，经界不清，土地政策无由推行。而土地问题即无由解决，农村经济即无由繁荣。语云："行仁政必自经界始"，良有以也。

我国土地整理，开始极早，夏禹划野分州，参定土壤，分为九等，配为配则，实开土地整理之滥觞。此后历代相沿，史不绝书。其著者，明万历六年，通令全国清丈土地，限三年完成。此后，迭经变故，土地失所整理，地籍更失根据。洪杨乱后，东南各省，地籍粮册尤为紊乱，不仅人民负担，有失公允，而农村经济，亦大受影响。民国肇造，政府对于土地整理，即颇注意。三四年间，有全国经界局之设立，顾以事属初行，未见成效。至十七年，北伐成功，立即注意土地整理之推行。十九年，有《土地法》之颁布。廿年，有中央地政机关之筹设。而各省县市之地政机关亦于此时纷纷成立。但当时以地政之未统一，土地整理方法之未尽善，及此项人才之极感缺少，各地工作，仍鲜成效。自廿一年十月，中央设立地政学院。二十二年一月，地政学会成立以来，不仅在理论上，有所发扬；在方法上，亦有所改善与发明，且培养大批地政干部，分发各省工作，故土地整理进展甚速，江苏尤为显著。去岁全国土地委员会成立，从事大规模之土地调查与研究。自五全大会后，中央又设土地专门委员会，以为全国地政之最高领导机关。凡此皆足资证明中央解决土地问题之决心，亦足以觇我国土地改革之迅速进展也。

浙江土地整理，政府早有决心，土地陈报失败，继之以丘地编查；土地查报失败，又继之以土地清丈。顾曩以计划未周，方法未善，历时甚久，费未不赀，而成功无几，殊可惋惜。自黄主席主政以来，百废俱兴，土地整理亦渐有起色。为欲彻底实行本党土地政策，解决土地问题计，乃商同中央地政学院，划平湖为地政实验县份，盖冀将理论与实际，互相联系，将研究机关与行政机关，打成一片，期获事半功倍之宏效也。

平湖位于浙西，东界金山，南临海滨，与海盐接壤。西连嘉兴，北邻嘉善，与松江为界，疆界甚为复杂。全县水陆面积，约二百九十余万亩，陆地约八十万市亩，人口约廿七万。年征田赋约五十一万元。康乾间，亦曾清丈，顾以年湮代远，鱼鳞册遗失殆尽。洪杨乱后，所造之八爿册，亦以保管不善，散失不全，或漏入书吏坊役之手。因此地籍不明，纠纷蜂起。田赋征收，飞洒诡寄，弊端百出。人民、政府俱受其害。民国十九年，曾举办土地陈报，不幸失效。廿一年十二月又开办土地清丈，至廿四年八月，因经费无着，全部工作，又告停止。

浩自二十四年十月廿二日，奉令来平，实验地政，迄今已期年矣。以县政之复杂、环境之困难，及个人能力之棉［绵］薄，其间惭无若何特殊成绩之表现。惟以航空测量如期完成，土地登记进行顺利，颇引起关心土地问题人士之注意，考查采询者纷至沓来。爰将本县实验情形，由诸同仁分别论述，编印专刊。非敢矜千虑之一得，特欲抛砖引玉，藉以就正于诸专家耳。今谨先就其大者概论之。

二、准备工作

初来平湖，环境欠佳：第一，县政远未上正轨，千创［疮］百孔，诸待整理。第二，地政基础甚坏，其经费不仅无着，且积欠二万余元之多。第三，过去土地陈报完全失败，继以土地清丈，复时作时辍，鲜见成果，故地方人士对土地整理，甚为怀疑。环境如此,欲求地政实验之成功,若非改弦更张,积极准备,万难有成。爰划廿四年十一月至廿五年二月为准备时期。此四月中所作工作,有如下述。

(一)地政机构之调整。平湖原设清丈处,主管地政事宜。吾人以为地政范围广大,决非清丈处所能包括。且清丈处亦不为县政府机构之一部,指挥殊欠灵活。故即将其撤销,而另设第三科主管之。科之下设总务、清丈、登记三股。事权既属集中,指挥亦甚灵便,故其工作成绩甚优。

(二)地政经费之筹措。吾人到平之初,地政经费,积欠甚巨,致使各种业务,无法办理。爰一面整理廿二年随粮带征之测绘半费,约得二万余元;一面严追田赋,在解足省方比额外之追起欠赋项下蒙省拨借三万元。此外,又向地方银行抵借三万元(以利率过高终未动用)。经费方有着落。平湖实验地政,在经费方面,既不能如江宁、兰溪两县有中央及省方充份[分]之补助,且无江苏办理地政各县储款以待之条件,而是本苦干、穷干之精神,开源节流,有以致之也。

(三)各种计划之订定。欲实验成功,不仅须有勇往迈进之决心,且须有精密之计划。吾人到县之后,即根据实际情形开始计划。计所计划者如下:第一,关于清丈者,首为航测计划。平湖除工人测量约十一万亩外,尚有六十余万亩。决定采用千分一之航测。业务包括航撮、控制点、纠正复照,及调绘四项。经费每亩五分四厘,时间规定六月,精度规定二百分〔之〕一,委托参谋本部陆地测量总局代办。其次为户地补测,规定本年十月完成,求积规定本年十一月完成,摄影制图规定十一月完成。以上三项业务,由本县自办。第二,关于土地登记者,有:1. 土地登记与地籍调查同时举办;2. 登记区段之划分及开办程序;3. 土地登记分期完成;4. 改善登记方法;5. 契据审查;6. 发状。在此计划中,规定全县土地登记,须于本年十二月底完成(以上各种计划请详见《平湖县廿五年度地政计划》)。

(四)各种章则、表格、簿册之编印。关于土地整理之章则、表格、簿册,虽有中央及省方各种法令之规定与各地办理土地整理之先例足资遵循与参考,但各地情形不同,拟订殊费踌躇。经吾人数月之研讨,所编印者有下列各种。

1. 关于清丈者二十种,即《测丈人员考成给薪及实施简则》《地积计算实施规则》《制图实施规则》《绘算人员考成给薪暂行规则》《业务联销考成给薪暂行规则》《复查复丈暂行规则》《户地调查单》《复丈声请书》《复丈通知书》《复丈关系人通知书》《复丈结果通知书》《地籍一览表》《地籍图表》《计算面积用纸》《求积业务检查报告表》《求积业务检查旬报表》《清丈股业务旬报表》《清丈股业务月报表》《清丈股每月工作报告表》《职员考勤表》等是。

2. 关于登记者八十三［五］种，即《平湖县政府第三科组织规则》《平湖县土地登记暂行规则》《平湖县政府土地登记处组织暂行条例》《平湖县政府办理土地登记程序》《平湖县县政府所属各机关人员协助办理土地登记规则》《平湖县办理土地登记协助人员考绩规则》《平湖县政府土地登记附设问讯处规则》《为开办土地登记告民众书》《为土地登记再告民众书》《收件簿》《土地登记检查表》《日记簿》《日报表》《旬报表》《月报表》《调阅证件单》《更正声请书》《异议声请书》《声明异议须知》《合并地号声请书》《声请合并须知》《延期声请书》《复丈声请书》《平湖县政府土地复查复丈暂行规则》《复丈费收据》《复丈通知书》《复丈关系人通知书》《复丈结果通知书（附图）》（两种）《复丈结果关系人通知书》《逾期催告书》《过怠金收据》《接管布告》《接管通知书》《接管土地租约》《接管土地他项权利〔声〕请书》《土地登记通知书（附委托书）》《业主核对测图规则》《声请登记人遵守规则》《所有权声请书》《他项权利声请书》《声请文件收据》《声请文件封套》《登记抵押权时应注意事项》《代书人员服务规则》《审查员办事程序》《契据审查应注意事项》《土地登记契据审查须知》《审查报告书》（二种）《契据审查工作旬报表》《契据审查工作月报表》《调查单》《补缴证件通知书》《保证书》《公告头》《公告尾》《发状暂行规则》《发状组组织暂行条例》《为发给书状告民众书》《审核书》《领取书状通知书》《具领土地权利书状应缴纳各费一览表》《领取土地权利书状须知》《保证书》《切结》《土地所有权状》《他项权利证明书》《所有权封套》《他项权利封套》《土地权利书状费收据》《发状组检查表》《公告簿》《共有人名簿》《入户表》《所有权人索引簿》《地段索引簿》《移转登记声请书》《变更登记声请书》《涂消登记声请书》《登记费收据》《登记费征收簿》《估价委员会章程》《地价调查表》《地政促进会规程》等是。

以上各种章则、表格、簿册，虽未尽善，但对实际应用，当称适当。

（五）干部之训练。有治法尤贵有治人。本县主要干部，虽多为地政学院员生，但下级干部若不健全，各种工作恐不易推行。爰于本年二月开始干部训练，计前后训练者：有登记员共六十人、计算员十八人。此种干部，大多为平湖各地优秀青年，地方情形熟悉，复加严格训练，又获地〔政〕之知识与技能，故其工作成绩，甚为优越，吾人得力于彼辈者殊多。

（六）工作效率之提高。对地政人员之任用，一以人才为前提，严格考核，汰拙取优，并厘定各种作业定率。如过去求积手续，有六次之多（即第一读、第二读、换算、拼图、抄地籍表、核对地籍表），故每人每日仅成七十五丘。但自吾人改为一人二读而严格检查辅助之，合换算、算图、抄地籍表、校对并计在内，规定每人每日成千分之一测图二百丘。今且增至二百廿丘矣。

全部准备工作，当不止此。然知此，则可得其梗概也。

三、清丈之经过

平湖县全部水陆面积，据浙省陆地测量局之报告为三百七十万亩，其中应行清丈之陆地，约八十万市亩。自民国廿三年二月开始直至廿四年十月吾人到任时止，经时廿月，花费四万余元，除小三角测量完成外，其他作业完成者极少。详见下表。

项　目	完成亩数	未完成亩数
图根测量	一四九八一二	六五〇一八八
户地测量	一〇五四〇〇	六九四六〇〇
求　积	三三三〇〇	七六六七〇〇
制　图	一〇九九二	七八九〇〇八

观上表，完成者甚少而未完成者甚多，吾人为缩短时间、节省经费及测量准备计，乃采用航空测量。

航测开始于三月十九日，其各种作业之起讫情形，列表如下：

	开始日期	完成日期
航　测	三月廿三日	四月六日
测　点	三月十九日	五月四日
纠正复照	四月六日	七月底
调　绘	五月廿四日	八月底

航测之结果：时间约五月半，经费每亩五分四厘，精度约百分之九十九以上。其所以能得如此效果者，固由于平湖地势适于航测与计划之周密，但近年我国航测技术之进步，亦其主要原因之一。

至于户地补测、求积及制图三种业务，其起讫情形如下：(1) 补测，八月开始，九月完成。(2) 求积，七月开始，十一月可完成。(3) 制图，采用摄影制图，八月开始，十一月可完成。

在四月中，能将此三种业务完全完成，不谓不速。至其经费，补测每亩约费四厘，求积每亩约费五厘，制图（五十四万张户地印图在内）每亩约费五厘六毫，经费之节省可概见矣。

就全部清丈工作而言，自航摄以至于制图，所费时间不到九月，所用经费每亩不过六分八厘六毫，而精度亦甚准确，事半功倍，此在我国，似尚鲜见。

四、土地登记进行情形

清丈之后，举办土地登记，此为土地整理一定之程序，盖不如此，则清丈即失其效果，地权无由保证，而土地政策，亦无由实行矣。顾土地登记，事权繁重，欲求有成，非有充分准备不可。吾人自到平之日起，一面准备清丈，同时即准备土地登记，本县土地登记之计划，共分四期：第一期，开办城区五镇二乡之土地登记，盖此区土地已由人工测量完竣，计自本年三月十六日开始，至八月底完成；第二期，开办乍浦区土地登记，计自八月份开始，至九月底完成者，已有乍浦镇及清司、虹墅两乡，至十月底完成者，有全公〔亭〕、大小营、大黄姑、庄山四乡，其余各乡，定本年底完成；第三期，开办新仓区土地登记。计自九月廿日起，至十月底完成者，有金丝娘桥、三叉河、衙前及新仓一镇，其余各乡预定年底完成；第四期，开办新埭土地登记，计自十月十五日起，已开始者有新埭镇及新泖、埭西两乡，余定年底完成。根据目前进行情况，本县土地登记可全照计划完成。

登记经费，在吾人计划中，规定每亩二分二厘。但根据实际统计，在九月底以前每亩只费一分八厘，照吾人登记之经验，在城市所费比在乡村为多，今者较大城市，均已登记完毕。此后每亩单价，当更低廉矣。江苏各县土地登记，只登记所有权，而本县则所有权及他项权利均行登记，内容实较江苏各县为大，而每亩单价似不如江苏各县之多。

本县土地登记之能顺利进行，约有下述之数原因：

(1) 由于组织之改善者：第一，各区登记处主任，除城区由登记股主任负责外，余三区均由区署长兼任，如此，不仅能运用乡镇保甲，且能动员全区行政力量；第二，各镇乡登记组织，大多以二登记员为一组，运动灵活，随地流动，常处于自动之地位；第三，乡镇登记处极为简单，一切总务费减至极小限度。

(2) 由于方法之改良者：第一，手续极端简单化，一切不必要之手续，皆已省去；第二，登记限期缩短，根据吾人之经验，登记期愈长，人民愈加推延，爰将限期缩短，结果甚佳；第三，按保登记，每保登记限期规定只二三日，极易动员；第四，严行考勤，各登记员之工作，每日规定至少二百丘，每日有日报，旬有旬报，超过者奖赏，不及者处罚，收效甚大。

（3）由于干部之健全者：本县所有登记员，大多选拔本县优秀青年加以相当训练而充任者，故第一，能刻苦耐劳并易于指挥；第二，熟悉本地情形而言语无隔阂；第三，曾经训练，对于登记亦有相当之学识与技能。吾人认为此数十登记员，不仅目前从事土地登记，将来且可为本县地政基本干部。

五、土地调查

在我国农村统计材料极端缺乏条件之下，土地调查不仅可以帮助土地整理工作，且对一般县政建设有极大之意义。本人到县后，即商请中央地政学院共同进行，即调查工作系划由县政府担任，而调查整理工作则划由地政学院担任，盖将研究机关与行政机关打成一片，冀获事半功倍之效也。

土地调查之主要内容，决定为土地之性质、人口之分布、土地分配及利用状态、土地金融情形、租税负担情形、业佃关系、农家收支情况、农民教育程度，及其他之一般农村经济情形。调查之范围，不仅限于农村，而是以县为单位，每户均予调查。此种调查，在我国今日，尚属罕见也。

调查工作，开始于本年四月初旬，计有曾受相当训练之调查员四十九人，每乡镇以派一人为原则，区域较大者则派二人。同时令乡镇保甲长尽力协助，县府主管人员及各区署长负责督导。先宣传，继开始实际调查。经时三月，于六月底全部完成。计查竣全县四十三乡镇、五百七十六保、五万七千一百三十五户。此外，并查填乡镇概况表四十余份、租佃制度调查表六十余份、特种调查表二十一份。调查费用，系在地政经费项下请准动支，合制印表格、宣传品、调查员俸给及川旅费，总计不过二千五百元。

调查完结之后，即将调查所得，送由地政学院整理研究。现闻整理工作已竣，研究工作亦将完成，将来出版，对吾人之供［贡］献，量非浅鲜！

六、土地金融机关之筹设

实现土地政策，土地金融机关极关重要。故本县对土地银行之筹备，未尝一刻忽视。惟［唯］一方因基金之缺乏，一方受一般法令之限制，未能实现，乃将土地金融机关任务，改由本县农民银行兼理之。本县原无农民银行，近由吾人之努力筹备，兼承省府之破格帮助，已告成立。所有业务，除农民银行应作之业务外，兼作土地银行之业务。一俟土地整理完竣，地政基金充实，土地银行之业务当可扩大，而对于土地问题之解决，当更有极大之意义。

七、结论

以为过去土地整理，用钱太多，费时太久，故一般人多认为一县土地整理，非有数十万元之经费与数年之时间，不能成功。其实在我国目前土地整理技术进步之下，如主持得人，用钱不必多，费时不必久，即可有成。即以平湖而论，根据吾人实际经验，清丈内外业全部完成，费用不过五万余元，为时不过半年，登记内外业全部完成，预定费用不过一万三四千元，为时亦不过半年。若将清丈与登记开始时间互相衔接，两共不需一年。本县航测自本年三月开始，而登记决定在本年十二月完成。其时间两共不过十个月而已，其经费两共不过六七万元而已。吾人实验之初步成绩，殊可打破一般人对于土地整理需钱甚夥、费时甚久之错误观念。

吾人进行土地整理工作，尚称顺利者，当不无原因，其主要者，得如下述：

（一）上峰领导之确实。本县为地政实验县份，在理论方面，有我国地政最高研究机关——地政学院之领导。如各种主要计划之决定及其方法之改善，所得地政学院之指示为多，尤以萧青萍主任之指导最切。在执行方面，有省府及各厅之领导。如各种重要工作之推行，省方均予详切之指导，尤以黄主席之指导最为确实，甚至破格予以扶助。本县实验地政之所以能得初步成绩，此为最主要之条件。

（二）计划比较精详。欲成一事，不仅应有苦干之决心，尤贵有精详之计划。吾人对于本县土地整理计划，曾经再三加以研讨，其决定不仅根据一般理论，而尤注重实际。吾人有整个土地整理计划，使清丈登记各种工作互相衔接。各部分又有各种计划，使每部分工作能单独进行。在各种计划中又各有一定中心工作，各有一定进度，以便于在某一时间内动员全力以求完成。溯自吾人开始土地整理工作以来，见诸计划而不能执行者尚不一见，盖由于事先之慎审研讨而然。

（三）执行力量比较集中。本县为地政实验县份，对于土地改革工作，不是用一部分力量，而是用整个行政力量以推进。如在其他土地整理县份，推行地政工作者，不过是土地局（如江苏）或地政处（如浙江），但在平湖，则以县政府整个行政力量策动进行，因而收效甚大。举例言之：推行地政，必须运用乡镇保甲，在其他土地整理各县，乡镇保甲对地政多处于协助地位，平湖却早将推行地政定为乡镇保甲主要任务之一；在其他各县整理土地，非筹足专款不敢开始，在平湖则可运用全县财政力量。平湖此种运用整个县政力量推进地政，似为其他整理地政县份所不及。

（四）地政干部比较充实。本县行政主管人员，大多为地政学院员生，对于地政虽不敢谓均有研究，但亦俱非外行。且下级地政干部，均由县政府考选本县优秀青年加以相当训练后充当，不仅娴熟本地情形，且具有地政之相当学识与技能，而于工作进行精神一致，易于指挥，尤为难得。

（五）领导比较具体、管理比较严密。吾人实行“五到”——眼到、耳到、口到、手到、足到——领导。以土地登记而论，不仅各区登记主任、地政科长须亲自督导，即县长亦不时下乡实地指导。且各人划有一定之工作，限于一定时间完成，勤于检查，严行考成，故工作效率增高。

地政工作，范围甚广，本县初步整理工作，虽已略有头绪，而改革工作，犹未开始，尚望社会人士，多赐指教，以底于成。

——《地政月刊》第4卷第11期，1936年11月

平湖县之契据审查

李镜吾

确定产权，杜绝纠纷，则为整理土地之初步必经过程。否则无基厚墉，必至徒劳无功。但产权如何而确定，纠纷如何而杜绝，舍缜密审查其契据外，其道莫由。盖契据为有力之凭证，如能辨明真伪，即可判别是非。《土地法》中有契据专员之规定，足见对于审查之重视。

各地习俗不一，契据种类各殊。如北平之“铺底”，为全国所仅见。欲求详尽，可撰专书。今仅就浙江平湖一县之契据，略加诠释，并究其复杂之原因，加以检讨。

一、清代单契

清代之官契及执业田单，可考见者如左。

（1）清时官契　清初浙江省布政使司颁发各洲［州］县，凡民间典卖移转，照章投税，即用此项官契填写，无须另立白契。

（2）现管执业　此系乾嘉时颁之田单，俗称老爷单。

（3）遗失补给执照　嘉庆中，因原执业单遗失，呈请补给者，经保邻查复具结无异，则发给此种执照。

（4）补换执业　道光中，因前项现管执业不乏破旧遗失者，遂换给此种补换执业。

（5）执业印单　同治、光绪年间颁发，俗称新业单。

（6）抄号　因业单遗失，凭官谕论架书，由册上抄出都圩号码及亩分为凭，谓

之抄号单。如有移转，加盖现管现业等木戳，下注业主姓名。

（7）拆号　因欲分拆亩分，由架书将业单扣销一部分亩分，另给抄号为凭，故名拆号，或称拆单。

（8）垦单　承垦民间荒地，由乍浦海防分府及本县发给此种凭单，并借给种籽、口粮，五年垦熟，收回垦本。

（9）清季官契纸及契尾　清季由浙省布政使司制定三联官契纸，颁发各州县编号，转发城乡殷实铺户，凡民间典买田产房屋，听其购用。立契成交后赴庄推收，于两个月内呈县。由县于契内价值数目及骑缝价数，加盖县印，照价完税，粘给契尾，将中联截给业户，上联缴司，下联留县。

二、民国以来之证件

（1）不动产登证书　民国二年，浙省各县办理不动产登记，发给此项证书，有私有及共有二种。

（2）不动产移转税证书　民初浙江财政发给。

（3）寺庙登记证书　遵照浙省寺庙财产暂行登记条例发给。

（4）民国官契纸　民国成立以来，虽犹二十余年，两官契纸式样屡经改易，据所见已有八［六］种：（子）民初浙江国税厅筹备处制发之新契纸；（丑）民四买契；（寅）民八买契；（卯）民十五买契；（辰）民二十买契；（巳）民二十三卖契。又典契式样与买契同。

（5）验契执照　民三及民十七，财政部会令各省验契。浙省亦遵照办理，于人民呈验旧契时发给验契执照。惟浙省不限于各该二年结束，各县恒继续办理。本文所附民七验契执照，即民三验契之继续。民十九验契执照，即民十七验契之继续。

（6）补税执照　验契时，如系未经投税之旧契，须照章补纳，发给此种执照。

（7）承买官产部照　由地方政府查明，估定地价，承买人缴价登记，报厅转部给照。

（8）承买官产省照　省有公地，由财政厅转呈省政府给照。

（9）沙田管业执照　向官产处承买淤积门田者，今亦由财政厅转呈省政府给照。

（10）承买籍没地证书　承买没收充公财产时，由县公署发给此种证书。

（11）户折　由县公署发给，为农户承粮之证据，原用木版。后政［改］铅印，嗣以发现伪造，仍用木版。

（12）粮串　系征收田赋时所发之收据。历年式样不一，间用木版，民二十曾改铅印，旋以发生弊端，仍用木版印制。

（13）管业执照　民二十四以前，办理浅[清]丈完毕之处，依浙省之规定，发给此种执照，并附户地图。

（14）保持证　前项执照，于共有土地，除交由其中一代表人保管外，另发此种保持证，交其他共有人收执为凭。

（15）完纳田赋证　发给前项管业执照时，同时发给此种证件，凭以完纳田赋。

三、灶地单据

（1）位牌　嘉庆初因荡地契券，年久遗失，呈请查注，经架书印注后，由县署发给。

（2）宪照　此系灶地之管业证件，嘉庆中，由两浙江南都转盐运使发给。

（3）给业新执照　同治兵燹后，芦沥场所发。

（4）给业执照　同治兵燹后，海沙场所发。

（5）业单　民十六，海沙场所发。

（6）户折　近年芦沥场公署所发。

（7）纳照　芦沥场完纳灶课之收据。

四、佃地单据

（1）佃照　凡佃耕淤积地者，由官厅给以佃照。兹所见有乾嘉时所发者三种，及同治经洪杨之后呈请补发者一种。

（2）佃抄及佃租　该两种格式及用纸，与民田之抄号完全相同，内载佃地面积及佃租银数。

（3）佃租执照　系完纳佃租之收据。

五、水港单据

（1）水港执照　清雍正时，由县呈请院司，准给港户印照，各照旧址管业，完税取租。

（2）港税业单　同治兵燹后，各户港照，大都遗失，乃重行查明，发给此种业照。

六、地籍图册

图册虽非契据，然若图册完整无讹，如遇争执，按图索骥，可以立决，其重要与契据相等，故附于此。

（1）鱼鳞册　清康熙清丈时所造，今已存者无几。

（2）八廾册　同治兵燹后官智民造，今多散于民间，虽多方搜集，难窥全豹。

（3）土地陈报图册　民十八举办土地陈报时所造，仅区域数乡镇。

七、契据复杂之原因

平湖土地契据之繁多，观前所列，已可略窥一斑。今试考其复杂之原因，略述如次。或因立法未尽妥善，以致推行发生困难，远者姑不具论，如民二开办不动产登记，后改验契处办理，发给浙江新契，既又改发验契执照（平湖办理登记验契与他处举办时间略有参差）。凡经登记或验契者，除填给私有不动产登记证书或验契执照外，并于其旧契据上，加盖登记讫或验契木戳，如其旧契未经推收投税者，仍须重行补税。盖当时以税收为目的，其他概非所计。兼以平湖历来采用卖九典六之最高税率，民间遂多隐匿不报，或巧立名目，避重就轻，如加写找补契（亦称随我［找］契），至再至三，或以卖作典，以多报少。又有业经投税，而承粮户名未改者。有承粮名户业经改正，其实并未投税者。此中原因，不外苛索与行贿。又如征粮之后，不给正式粮串，而以白纸写一收据之类，殊难缕举。复次，过去官府，每多敷衍塞责，初或雷厉风行，大都鲜克有终。兼有土地经界不明，又无册籍可考，一旦如遇争执，惟以架房庄书之言是从，盖不如此，更无所依据矣。而架房庄书之中，自然良莠不齐，遂致上下其手，弊窦丛生，如伪造抄号，几成为公开之秘密。人民贪图小利，自愿供其中饱。官府受其蒙混，整顿无从着手。历时既久，积重难返，以致每次举办一事，从未能彻底实行，归于一致。遂成为现在复杂之最大原因，而不能划一也。

八、民间重视旧契据

政令时有变更，每次未能彻底，已如上述。民十八之土地陈报，又复有始无终，以致失去人民之信仰，兼以朝令夕改，几至无所适从。如业经登记或验过之业单抄号，本已失其效用，不过仅以证明产权之来历而已，而民间仍极重视之。又如民廿三举办清丈后，发给图照，于其旧有契据上业经加盖作废木戳，而民间照旧珍藏，且以之作抵押之保证，反较新图照受人重视。此固于一般民智太低，然官府自身丧失信仰，亦难辞其咎也。不过因民间之重视旧有契据，遂发生无数弊端。例如，以一丘土地所有之契据或伪造抄号，分别重抵，引起纷争，比比皆是。非熟习［悉］情形、富有经验者，不易判别其真伪，确定其权利关系也。

九、厘订各项审查规则

契据复杂，弊端孔多，今欲确定其产权，杜绝永久之纷争，则审查时，当如何慎重将事，始克勿负厥职。如关于户名、坐落、面积、四至、价值、来历、共有权等，以及使用状况、每年收益，及契据是否齐全连贯，均逐一厘订规则。如有疑问，不符或欠缺者，即行派员调查，或通知业主前来询问，取具笔录，或补具保证书、证明书，必俟手续完备，毫无疑义，始予公告。同时并注意他项权利，盖平湖田地，除极少数之自耕农外，其余十九均有永佃权（俗称田面权），又业主大多设有租栈，田产较少者，亦每附入他人租栈。故业佃双方，素不谋面，佃户向租栈缴租，甚至不知业主姓名。如其佃户（田面权人）私相移转典押，业主更不易知。双方填报姓名，几至无一相符。又他项权利五者之中，抵押情形最为复杂，如辗转或错综出抵，代为清偿，或借契抵押，标的为数宗土地，或为其中之一部，以及近年农村破产，田价低落，每因原抵价高，遂多避不肯赎。凡此种种，皆有详细之规定，务期各得其平，以杜将来纷争，减讼累。此等审查规则虽已不惮烦琐，屡经修改，可谓业已“尽其在我”，然仍不敢认为满意，缘各地之习俗不一，理想每不合于实际也。

十、结论

平湖为浙西大县，俗有“金平湖”之称，但考其历办登记或验契，均各短收，从未彻底，致使契据复杂紊乱，达于极点，弊窦丛生，纠葛时起。兹不惮繁复，再就其成因，归纳分析如次：(1) 历办登记或验契，只在能裕税收，又复朝令夕改，自失信仰，且未通盘筹划，故无一次彻底。兼以有始有终者，殊不易睹。事过情迁，几致淡焉若忘。(2) 过去腐化官僚恶习，每以敷衍圆滑为能事，又因立法亦有不尽妥善，遂难切合实际，推行困难，不谋改进。(3) 旧有册藉，丈量编造，均欠精确，矧多散佚不全，更难稽考，庄书丈生，私家所藏，则每秘为怀宝，不肯示人，盖恃此作弊，遂其中饱也。(4) 民间重视旧契，对于县印业单，辗转交执，而以契纸为无足重轻，故虽迭经颁布整顿办法、奖惩条例，税收仍无起色。(5) 民国成立，对于不动产移转税率，仍沿前清卖九典六之制，后虽通令各地酌量情形，准其略减，但平湖仍照此卖九典六之最高税率征收，又复时有附加，因税率过高，民间遂多隐匿，延不推收，或仍寄存原户承粮，以致产权混淆，户粮失实。(6) 税率过高，大多隐匿规避，否则亦每巧立名目，避重就轻，以买作典，以多报少或只税正契，不税找契，虽厘订告发惩处条例，民间视同具文，因事不关己，非有私怨，而又深悉底蕴者，绝不肯出而举发。(7) 平邑东南滨海，海沙、芦沥两场之灶荡，乍浦海塘之沙田，虽历次清理，亦从未能彻底。面积究有若干，始终不能确定。又与民田犬牙相错、互嵌，各种管业证件，亦复种类繁多。(8) 民十七，财〔政〕部据江苏财政厅呈请参照民三江西设立验契总处，司查验旅户田房契据，拟定验契税办法大纲。第六条载，旅居商官人等，不能于产业以在地呈验者，准于居住地缴费验契，通令全国，同时举办。平湖旅居外埠者甚众，或因道远，或以事羁，大多就近呈验，各处发给执照，或契纸，虽大同小异，但亦稍有不同。

平湖此次整理土地，乃系实验性质。一切程序，悉遵《土地法》中所规定。登记之前，既有精密之航测，昔日册籍，已不能如奇货之可居。蠹吏之中饱，人民之规避，皆无所施其技矣。办理登记同时，并注重抵押权。发状以后，取销［消］契税，而代以千分之一登记费。无论沙田、灶荡，一律彻底清理。于是旧有弊端无形消灭，一切困难，悉数解除。但积弊过深，骤改匪易，审查不慎，恐受混蒙，故审查契据，应重经验，不重学理。只在洞悉弊端，使狡诈者无从售其欺骗技俩，则纠纷即可杜绝，产权因而确定。审查者，方可谓其尽其职责矣。

审查人选，既以富有经验、熟悉情形为选择条件，则以当地人充任，较为适宜。但服务本乡，虽自信大公无私，难免他人时来请托，未遂所求，飞短流长，亦意中事也。故厘定各项规则，以限制之，且以杜请托者之口，又须两经复核，当无徇情之处。必俟确无疑义之土地，始予公告。公告期间，又复准其提起异议，蒙混冒登之弊，自可廓而清之。

但立法虽极严密，仍当视其是否切实遵守。如过去每办一事，观其颁布之章则，非不完善，又曷尝有可訾议者？果能实事求是，又何至每次均不彻底？因其敷衍夸大，则虽有极严密、极易行、极合实际之规定，仍与无规定等，或更有甚焉。现在如其再蹈覆辙，仍然敷衍不彻底，不仅纠纷永无宁日，产权无从确定，且与整理土地之目的，亦大相径庭也。

——《地政月刊》第4卷第11期，1936年11月

平湖县之租佃制度（续完）

蒋　廉

六、业佃纠纷

从前平湖佃农，最称驯良，每于秋收之后，即赶将一年辛劳所得之农产物，上砻制成糙米出售，变成现款，依霜降头限交租栈，其较迟者亦在二限、三限内完清，极少有欠租情事。近七八年来，灾害频仍，农产物歉收，农村经济破产，佃农每日在恐慌中过生活，已缺乏缴租能力。据调查在二十二年佃户缴租成数约为六成，二十三年为五成，去年仅为三四成，甚至有完全不缴或积欠数年之久者，此种情形，真有每况愈下之势。

不能依限缴租之佃户，即由业主派人下乡催索，原来平湖业主，大都居住城市，养尊处优，足迹不常到乡间，与佃户隔离甚远。对于自己土地之所在，均不甚明了。于是产生一种中间阶级，即所谓“跑栈”，为之看管田地及催收租息。每家

租栈均雇用“跑栈”，多者七八人，少者四五人。此种“跑栈”下乡收租之时会同当地坊役（即庄书），向佃户收租，往往似狼似虎，凭藉业主势力，对佃户威胁欺诈，任意勒索，其中弊窦，不一而足。如索取额外小费，挪款自用，以多报少，或以收作旧欠等。佃户明之其非，而以慑于彼等之权威，亦只得隐忍而已。此外，业主尚有更严厉之收租方法，即如果佃户积欠租额三四年之久，业主一方面可以推出田赋，责令佃户完纳，谓之“着佃完粮”，一方面即开单连同粮串，呈请县府派催租警下乡追租，称为“差办”。各家租栈，均有印就之催租声请书，随时可以取用，呈请派警。此种催租警，名义上虽由县府派征粮警兼充，实际上均由大地主保驾，是以唯业主之命是从。彼等下乡时，其对待佃户所用之手段，较之“跑栈”尤为酷烈，佃户无不敬若神祇。盖如稍拂其意，即无宽限希望，而有立遭拘押之忧。佃农一经拘押，苟不缴清租额，则非至芒（种）前后，不得释放，受害系系。十余年前，县府租佃纠纷案件，常不多觏，近数年来，佃租纠葛讼案，渐见增多，不过业主方面，无论用何种收租方法，缴租成数，依然难有起色。盖年来农村经济破产，已为普遍现象，农民生计艰苦，事实上缺乏缴租能力也。

七、结论

综观以上各节，平湖租佃制度有以下数种缺点，为吾人所不可不注意者：（一）在残余封建式之业佃制度下，业主与佃农间之关系，日形疏远，双方已无情感之可言。业主催收租息，全凭中间阶级之“跑栈”为其代表，而此辈下乡收租，往往依势凌人，对于佃户叫嚣隳突，任意索诈。佃农积怨日深，有与业主形成对抗意识之虞。（二）平湖佃农大半享有永佃权，此项佃农往往转让其耕作权，于是产生第二业主，其承种田地之佃农，除对第一业主缴大租之外，复须对第二业主缴纳小租，因是佃农受双方剥削，负担奇重。（三）平湖农田每亩稻米收获量，在平常年份普通为二石，近二三年来，接连荒歉，收成大减，而租额照旧缴纳，竟占农产物之半数，已超过二五减租条例规定收获量百分之三七.五以上。加以折租标准，向由业主自行决定，佃农无权参加意见，只得听其宰割，其所受痛苦可概见矣。（四）平湖农村之凋敝，固由于农业生产之衰落，而农村副业之失败，亦为一重要原因。昔日藉以维持全家生活及纳租之资源为蚕桑之收入，今则丝价受外商竞争之影响，大为跌落，蚕业一蹶不振，因此农村经济愈形枯竭，农民收入既无增，而支出不能减，在平常年份生活已虞无法维持，一遇荒年歉收，更无余力缴租矣。

佃租制度既发生上述种种缺点，以占农民成份［分］绝对多数之佃农，而日夕呻吟于此种制度之下以讨生活，其成为社会上之严重问题，甚属显然。苟不及早实施有效之改革政策，则不特社会经济立见总崩溃，且将形成政治上之重大问题，苏州吴江、昆山各县佃租风潮之迭起，已成为各方面莫大之隐忧，可为殷鉴，吾人正不可以其细微而漠视之也。

——《中央日报》1936年12月1日

一日运动

平邑一日运动，业已支配就绪。兹将输捐日期，探录如下。十五日公务员，十六日教育界，十七日各团体职员，十八日商界，十九日一般民众，二十一日新闻界、律师界暨中西医，廿二日僧道尼姑云。

——《新闻报》1936年12月17日

平湖土地登记截止　年底宣告地政实验成功

（嘉兴通讯）平湖土地登记定十五日截止，县府所派之土地登记员，于十六日起，在县府集中办公，主持补行登记手续，预定年底全部完成，明年元旦，将宣告地政实验成功，闻届时当局，须变田赋制度，实行改征地价税云。

——《民报》1936年12月19日

平湖县土地调查经过情形

蒋　廉

平湖县土地膏腴，物产丰饶，一般民众生活，向称宽裕。但近数年来，农地生产问题日趋严重，农民经济日形枯竭，即城市各种工商业亦因农民购买力薄弱之故，市面渐见萧条，且此种情形，有日益加重之趋势。如果长此以往，不从速设法补救，则大多数农民之生计，既朝夕杌陧不安，整个社会经济，即将崩溃，国家基础，即难安定，其理彰彰明甚。自浙江省政府指定平湖县为地政实验区，由汪县长接办县政以来，对于农民生计问题，即非常关心，积极筹划根本救济农村方案，设法调整土地生产关系，藉谋农村经济之复兴，国民经济之繁荣。惟欲达到解决民生问题之目的，必须彻底明了全县土地状况、农村实际情形，然后以事实为根据，而拟定适合实际情形之具体施政方案。因此县政当局，决定与中政校地政学院合作，从精密调查全县土地状况入手。当于本年四月间开始举办，全部调查工作已于七月中旬结束，所有调查材料，亦经整理分析完毕，不日可有研究报告问世。作者参与此次实地调查工作，兹将调查经过情形，述之于次。

一、调查目的。此次举行全县土地调查，全部工作大别之可分为调查及研究两项，调查部分由平湖县政府担任，研究部分则由地政学院担任。调查之主要目的为彻底明了全县土地分配利用实况，并搜集其他有关农村经济之各种资料。研究目的在根据搜集之各种资料、用科学方法整理分析之后，以其结果，供实施县政时之参考，藉以早日复兴农村经济，繁荣都市，实现总理之民生主义。

二、调查范围。此次举办土地调查，系普查性质，包括全县各乡镇农家及住户两种，此外市镇工商业亦一并附带调查，按照保甲编制，挨户细查。本县土地面积约有二千一百八十四方里，全县户数有五万五千左右，故调查范围，颇为广泛。

三、调查事项。土地问题，内容包涵綦广，此次调查项目，举其最重要者，述之于次。（一）土地性质方面为地势、土壤、水利及交通等。（二）土地分配方面为各种土地之分类、农家人口之数量、地权之分配及变迁、地价之分布等。（三）土地使用方面为农作物栽培面积、农作物种类与产销状况、农作物价格、农民耕作方法与历年灾害情形。（四）土地金融方面为农业资本之数量，借贷方法、来源、利率及用途，农民借债成数，及土地典押及买卖情形。（五）土地租税方面为自耕农、半自耕农、佃农及雇农之比例，佃农缴租方法、时期与数额，捐税负担情形。（六）农家收支状况，以及农民教育程度、农村风俗习惯，与其他一切有关农村经济之一般材料，均加以调查。以上各种项目，均于事前决定，根据调查需要各项目，然后拟制农家调查表一种，以供农家调查之用。惟农家调查表，只能用以调查务农为业之民户，如对于不务农业之市镇住户及工商店户，不加以调查，则无以窥见土地分配及使用等问题之全豹，于是决定另制市镇住户调查表及工商业调查表，以供应用。此外更制定农村概况调查表一种，于进行调查时，令调查员将一村值得注意之情事，随时查填。又有乡镇概况调查表及特种情形调查表二种，令调查员于查毕各乡镇后，就农村方面之一般情况查填之，藉觇全部农村经济衰落之真相。

四、调查人员。调查员负实际调查重任，其人材之良否，影响调查结果甚大。此次举行土地调查，对于调查员之人选标准，自始即非常注意。所有各调查员，均由各乡镇遴选曾受中等教育程度，而能办事努力、态度和平、富有刻苦耐劳之牺牲精神者保送，复经县府严格甄别试验后，方始录用。于三月十日办理招考，报名者计八十余人，录取四十九人。当于十六日开办调查员训练班，加以二星期之严格训练。在训练期间内，除授以土地问题之各项知识外，并详细讲述调查之意义与重要，尤其注重查填表格之方法，及调查员自身应有之态度与修养，使对于调查工作有深刻之认识与了解。同时，拟制调查表格填写须知及调查员须知，发给各调查员，以资遵守。俾工作步骤及调查内容，可收整齐划一之效果。四月三日训练完毕之后，复领导调查员往保长训练班与来自各乡镇集中训练之保长见面，此举一方面使调查员于未下乡调查之前，与各乡镇保长得先行联络感情，以利调查时工作之进行，一方面利用保长作为实习调查对象，藉以观察调查员填写表格之技能。于实习完毕之后，即行详细审核表格内容，如发现有查填错误或记载不全之处，随即予以纠正。经如此严密考核之手续，然后分派赴各乡镇，开始实地调查工作。

五、调查方法。调查员训练完毕之后，即依照预定计划，每乡镇派遣一人，其农民户数较多之乡镇，则分派二人，前往开始工作。惟大规模之土地普查，在中国尚属罕睹，于调查进行之际，不免发生误会怀疑，是以在未举行调查之前，即由县府印发布告及告民众书，令各乡镇保甲长，切实晓谕民众，利用报纸，广事宣传。并由县长亲向正在集中受训之保长训话，严嘱各保长尽量协助。各调查员于到达指定之乡镇后，除张贴标语散发告民众书广事宣传外，并会同乡镇保甲长，召开演讲会，详述此次举办全县土地调查之意义及其重要性，俾全体民众能彻底了解调查真义。于实行调查时，复由保甲长陪同前往各农户，解释一切或有之误会，是以实际调查时，尚无困难。且调查员均为本地籍，熟悉当地情形，言语通达，毫无扞格之弊。关于调查修养方面，曾经严嘱与农民相处，态度务须和蔼诚挚，随身衣饰须简单朴素，一切生活须与农民打成一片，调查员与农民间之感情，自始至终，甚为融洽，调查员有所询问，农民均能坦白据实对答，因此工作进行，颇称顺利。

自调查员出发赴各乡镇工作以后，因人数众多，分散各乡，如何管理及监督，遂成为重要问题，于是严密规定工作进行办法数项。在调查员方面，除责令每日填写日记，每旬呈送工作旬报以资考核外，并规定每隔二星期分区召集调查员开工作检查会议，审核各员工作进行情形，并指示工作进行方针，如遇实际困难问题，随时予以解决。此外并由县长秘书担任正副督察主任，各科长、各区署长任督察员，分区担任督查工作，并有抽查员二人，逐日赴各乡镇抽查。在调查期间内，曾两次动员县府主要职员四十余人，出发下乡举行总抽查，藉以考核调查员工作成绩。复由乡镇保甲长从旁协助，联络一致进行。因有严密之组织及妥善之管理方法，调查员均能切实工作，而工作效率亦因之增高。

六、调查时间。全县应行调查之农户及住户，约有五万五千左右，原有调查员四十九名，后有二人辞职，实际上仅有调查员四十七人。在调查开始之初，每人每日能调查十五户，其后调查技术进步，方法娴熟，工作速度增加，每日平均能调查二十户，间亦有能调查三十户者。自四月四日开始工作以后，至六月初旬，即有银华、马沈、扶行、莲洙、大亭、赵顾、南墩各乡调查完竣，其后东湖、虹墅、大黄姑、圣塘、新治、褚泾各乡镇，亦相继完成。乡区各农户既经陆续查竣，遂于六月十五日左右，抽调一部分调查员，开始城区永丰、当湖两镇及乍浦、新仓各市镇住户与工商店户调查，至六月底除有少数调查员经派定担任特种情形调查略延长数日外，全体土地普查工作均告结束，全部调查时间，仅为三个月。

七、调查经费。各调查员在工作期间内，每日访问农户，不论晴雨，奔驰于各乡村间，抱刻苦耐劳之精神，努力工作不懈，而所得报酬，至于菲薄，每日仅领津贴费四角，全部调查经费连同表格费在内，不过二千五百元。此项经费，系由县府追起欠赋项下拨用，将来由登记费收入内拨还。

以上已将此次土地调查经过情形，略为叙述。调查结果，计查竣全县四十三乡镇、五百七十六保、五千七百三十六甲，因有一部分农户迁移，及一部分调查表格经审核不能应用，审查户数为五万四千六百二十三户。此外并查填乡镇概况调查表四十三份、租佃制度调查表六十余份、特种情形调查表二十余份。以调查范围如此广大，而能于预定时期内调查完成，一方面由于党政机关、各地方团体、各区署长、各乡镇保甲长及地方有识人士之热心赞助，与一般民众之能竭诚接受，一方面亦由于调查员之努力工作，有以致之。

——《地政月刊》第4卷第12期，1936年12月

拦断鱼路平湖渔民求援

平湖第四区沿海白沙湾一带居民，都藉捕鱼为生。去春，金山嘴渔民，于滩墟岛、野王盘一带越界横筑竹断，致断绝往平极[及]沿海之鱼路，该邑渔民因鱼源告绝，遂提起严重交涉。经松江县渔会代表张明光，挽请平湖绅士于凯军调解；当允极[及]于今春自动拆除。要迄今仍未履行，且将鱼纲扩大，延长计达一百四十余里，尽属浙省领海，因此群情惶恐，纷电全浙公会援助，务达拆除目的。以维数千渔民生计云。

——《海事》第10卷第3期，1936年

1937年

监使莅平

闽浙监察使陈肇午氏，于一日下一[午]二时，偕同随员陈铁庵、徐晓窗、陈培芝、沈光熊、张澄澜、傅玉麟、吴兴潮等七人及卫士等，分乘二一〇五号等专车二辆抵平。下车后，即分乘人力车进城。至县府视察。随员则分赴党政机关视察云。

——《新闻报》1937年2月4日

击退海盗

乍浦海面，四日发现海盗百余名，分乘舢板八艘，正拟登岸图劫。忽被外海公安局水警侦悉，立即驶往痛击。盗见有备，始行溃退。

——《新闻报》1937年2月6日

平湖光华袜厂停业

平湖讯　西门光华袜厂向执平邑袜业之牛耳，经、协理高琴泉、周剑青，亦先后任袜业公会主席委员。因信誉关系，资本虽仅四万元，但每年营业常在三十万元左右。最近，因时局影响，亏蚀约十九万元。故于九日停业，延请律师清理。

——《时报》1937年2月15日

兴记停业

东大街兴记绸缎号因营业失振，亏蚀甚巨，各股东无意经营，故于廿三日休业，宣告清理云。

——《新闻报》1937年2月25日

县府改组

平湖地政实验县县长汪浩，顷奉令升任鄂省土地局长，遗缺由苏省土地局秘书洪瑞坚继任。一说为祝平。闻县府将局部改组，新任地政科长为潘万程云。

——《新闻报》1937年2月28日

平湖商业概况

平湖地滨东海，居杭州湾口，与嘉兴、嘉善、海盐及苏之金山、松江相接壤，旧隶嘉兴府属，向为嘉郡繁富之区，谚有“金平湖”之称，生产以棉花及米为大宗，在海禁未开以前，该县所属乍浦，向为浙西出海门户，海舶云集，商业称盛。孙中山先生在《建国方略》中，曾指定此地建设为东方大港，并定为东南铁道网之集中点，其地位之冲要，可以想见。记者于该县居有葭莩亲，频年往返，略知梗概，爰就见闻所及，述其大要，惟走马看花，见闻有限，尚希读者指正。

交通　往昔平湖交通，仅赖舟楫，商旅往来，濡滞费时，嗣有小轮通航申禾及各乡镇，商货运输，因较便利，今则公路兴筑，已通车之沪平入禾乍两公路，均设站于邑之南门外，往来迅捷，行旅称便。

生产　农产以棉、米两项为大宗，棉产以东区各乡较丰，西区各乡，则多产米，惜以调查为难，确数无从统计。各乡农产，大都集中城区，再行转运出境，故城区商业，颇称繁盛，更以地濒海隅，兼有渔盐之利，虽为数不多，要亦足为地方润色。

商业　商业状况，以地域言，自以城区最为繁荣，城区东西两大街，为日用消费品之中心，而尤以东大街为最热闹，东门附郭一带，为各乡农产之集散市场，商贾云集，市廛辐辏，市面亦颇称盛。各业之中，范围较大者，当推米、棉、木、竹、酱园、绸布、烟纸等业。至所属乡镇，当以乍浦为最大，其次新仓、新埭，亦各有相当市面。

就各业言，则以米业为最盛。盖米为该县主要农产，民食所关，故经营此业者独多，计城区有米行三十家，各乡镇约亦有十余家。营业情形，收货方面，大多携款向各乡采购，但亦有设门庄收买乡农求售之货。所收之货，大部转运出境。各行资本，大者约一万五千至二万，小者约一万左右，营业数额，自五六万元至十余万元不等。全业合计，年约三百万元。周转资金，均赖钱业往来透支接济。每届年终，如有多货缺款情事，则向钱庄借用期款，或以存货向金融业仓库抵押，该业经营，尚称稳健，去年农产丰收，米价上涨，各行均有盈余。

其次为木竹业。该业商品，木材来自闽省及本省温、台各属，品类以松杉为多，运输全赖旧式沙船，在乍浦起卸。竹类则自内地编筏而来。木竹行家，计城区有四家，各乡约十家，其中乍浦一处，即有七八家。因该地为木材到销之总汇，故特别发达，资本大者二万，小者一万，营业额年约百余万元，其大小视年岁丰歉而定。盖去路全以乡村为主也。该业平时资金之周转，半赖金融业贷放，半则向上行拖欠，盈亏无定。

又次为棉花业。棉花产量，以东乡较多，故花行大多设在乡镇，合计约有十余家。而城区则仅两家。营业情形，与米业仿佛，资本约一万至一万五千，营业之大小盈亏，视产量多寡与市价坚疲而不一。去年棉产丰收，市价坚挺，市况大为活跃。

又次为酱园油酒业。该业货物，为日用必需，营业颇为可观。大者年可十余万，小者年约二三万〔至〕五六万。该业分布城区者六七家，各乡者四五家，资本额大者二万许，小者五六千，大多自备园场，从事制造，其中以城区之鼎丰、鼎新两园，为个中巨擘。两园历史悠久，资力雄厚，基础稳固，信用良好，其他各园，亦颇不恶，年获盈利，与金融业往来，极为密切。

又次为绸布业。该业进货，皆向沪、杭两地采购。所有货物，上身［等］花色货行销城区，普通货以乡庄为惟一主顾。该业开设城区者约七八家，均汇集于城中大街，恒泰祥执其牛耳。各乡亦约有八九家，资本一万至五万不等。每年营业，大者二三十万，小者二三万至五六万许。与金融业进出频繁，大致皆年有余利。去年农产丰登，乡账易收，羡益尤巨。

又次为烟纸业。该业以经营国产烟纸为主，卷烟洋纸，亦为附属营业。资本大者二三万，小者数千至一万，城区有大者五六家，各乡大小合计约十家。

又次为袜业。该业在七八年前，营业鼎盛，居各业之冠，每年输出价值甚巨，为平湖惟一之工业产品。其时大小袜厂，不下二三十家。讵不景气袭来，该业首当其冲，出品滞销，市价日落，金融业见此情形，不敢放款，各厂周转不灵，于是相继倒闭，几至完全濒于破产，迄今虽有若干小厂，竭力经营，冀为桑榆之收，然营业仍难乐观。

总之，内地商业，其重要主顾，端赖农村，故农产之丰歉，影响各业甚大，如前数年农村破产，各业因之俱见萎缩，迩来略有昭苏之机，各业营业，即多活跃而能获利,即其例证。

平湖之金融业,向以钱庄为主,在昔鼎盛时代,共有十七八家,嗣以市面不景气,纷纷收束,现存者城区仅余四家,新仓计有两家,共计六家。其营业以信用放款为主,分往来透支及长期两种,亦有设备仓库,兼承做押款者。贷放额自十余万至三四十万,利率存息约六七厘,欠息长期约一分一二厘,往来视季节而定,平均约在一分四五厘之谱。至于银行,尚少设立。年前大沪银行曾往开设支行,但以信用未孚,极鲜成绩,旋以申行停业,遂告闭歇。现在浙江地方银行设有办事处,并附设仓库,其业务除代理县金库外,着重仓库货物押款。此外,尚有县立农民银行一所,附设县署内,专贷款与乡村合作社,资本甚小,规模不大,如有信誉卓著之家前往开设分行,努力经营,成绩必有可观。良以该地民风淳朴,生产丰富,家有羡余,商业亦殊繁荣,足资挹注,不啻一未垦之膏腴,大可从事耕耘也。

附平湖钱庄一览表

庄　名	经　理	资　本	备　　考
同裕增记	陆镜心	五万元	设有库仓,受押农产品及各种商品,向中国银行领用钞票。放款额往来约二三十万,长期约五六万,信誉甚佳。
同裕赓记	徐筱如	五万元	与增记相仿。
志成	胡叔雍	五万元	未设仓库,余与上列两家相仿。
新盛	陈仲篪	五万元	同上。
崇裕新记	马仿眉	三万元	开设新仓,放款额约十余万。
同兴	干凯军	三万元	同上。

——《兴业邮乘》第57期,1937年3月10日

辗毙工人

东门外叙和碾米厂工人曹大官,昨日在机房间加油,偶不经心,衣角卷入皮带,致被机轮辗毙,血肉模糊,惨不忍睹。

——《新闻报》1937年3月14日

蚕户登记

平湖蚕业指导总所主任余树德，以蚕期转瞬即届，特饬各指导员分赴蚕区各乡镇，先行筹办蚕户登记。

——《新闻报》1937年3月17日

药店失慎

平湖西大街益生党药材店内房屋，于廿三〔日〕晚九时许，忽然失火。各义龙闻警赶至灌救始熄，然已毁去房屋一幢矣。

——《新闻报》1937年3月26日

拘解警长

新埭区警长金道宏，对俞姓烟案，有得贿百元嫌疑。经区署发觉，扣解县政府核办。

——《新闻报》1937年4月20日

区长易人

新埭区署长段荫寿，到任仅及月余，即向县府辞职，遗缺委周锡祯继任。周奉令后，即来平晋谒洪县长，请示一切，俾便赴新接事。

——《新闻报》1937年4月21日

筹设张平轮局

平湖至江苏张堰间，近由航商沈琴怡等，筹设张平轮局，行驶快轮，业已指派顺记快轮试航完成，定五月一日行驶售票。沿途如廊下、山塘、广陈等，均行停靠。每日上午七时由张驶平，下午一时由平回张云。

——《新闻报》1937年4月24日

平湖金融概况

本县银钱业，现有钱庄六家，去岁复有县农行之组织，地方银行亦设办事处，现浙江兴业银行亦决定于平湖设分理处，已租定房屋，不日开幕（《东南日报》四月廿八日）。

——《浙江经济情报》第2卷第13期，1937年5月1日

夜 轮 被 扣

本邑发记轮局行驶沪平线之三泰夜轮，前晚照例开沪，讵驶抵朱泾时，因在黑暗间撞毁正在建筑之洋桥桥柱，被工程处将轮扣留，司机解送金山县府。因桥方索偿三千元，尚未解决。

——《新闻报》1937年5月11日

平湖之金融商情

企　勋

平湖旧隶嘉兴府，虽一海滨小邑，因地位冲要，生产富庶，民风敦厚，商业繁盛，往昔海禁未开，其东之乍浦，为浙西出海门户，帆樯林立，商市称盛，迨通商以还，日趋衰颓，然以地势环山面海，港口阔大，仍不失其经济上之良好价值。孙总理于《建国方略》中曾定该地建为东方大港及东南铁道网之集中点也。

该邑交通，近年颇称便利，沪平之间，原有航轮日夜对开四班，其他邻邑及各乡镇间，亦有小轮汽艇定时行驶。自公路兴筑，禾乍路环城迤西而东，设站于南门外，西接苏、嘉，东联沪、杭，于是各方交通，更多捷径焉。

生产以农作物为多，棉、米两项为大宗产物，棉花以东乡近海各地，土质相宜，产量尤丰。西、北两乡则多水田，宜于禾稻，故产米特富。两地除本地消费外，尚有余额运销出境，数量以调查不易，无从统计为憾。此外，菜子、什粮亦有若干收获，各乡农产均集中城区转运各地，故商业颇形繁旺。

金融业向以钱庄为主体，在民国二十年前，堪称鼎盛时期，城区一域，已有钱庄十七八家之多，营业竞争，颇为剧烈。迨后不景气风潮来袭，并以四乡连遭荒

歉，农村破产，各业衰沉，钱庄遂多纷纷收歇，现存者只有三家，营业以信用放款为主。分往来透支及长期两种。近年则以农村复苏，商市转机，而竞争者少，经营颇称顺手。益以迩来注重抵押放款，创立仓库，尤见稳健。范围大者约三四十万，小者亦有十余万账面。至于银行尚少开设，年前大沪银行曾往设立支行，然以信用未孚，极少成绩。旋以沪行停业，遂成昙花一现。现在浙江地方银行设有办事处，并附设仓库，业务除代理县金库外，以仓库货物押款为主。其他与钱庄同，现有存放款各百万元左右。此外，尚有县立农民银行，专贷款与乡村合作社及收受农产押款，资本不多，规模较小。该地利率在昔于旧历正二月间，大都白借。余月约六七厘，放款淡月约日息四毫左右，合月息约一分一二厘。旺月六毫半至七毫半。合月息二分以上。今则存息已无白借情形，欠息亦不能超出二分以上。惟市情上落，仍视季节而定也。通常平均约合月息一分四五厘左右。兹将该地同业详情，摘要如次。

同裕增记　资本五万，经理陆镜心，自备仓库，受押农产物及各种商品承放款项约三四十万元，并向中国银行领用钞票，创立已久，信用卓著。

同裕赓记　资本五万，经理徐筱如，营业情形与增记同，亦有仓库，经营稳健，信誉亦佳。

志成庄　资本五万，经理胡叔雍，营业以信用放款为主，范围与上两庄仿佛，创设亦久，周转灵活。

崇裕新记　资本三万，经理马仿眉，开设新仓，放款额约十余万元。

同兴庄　资本三万，经理干凯军，营业情形与崇裕不相上下。

商业状况。以地域言，城区最为繁荣，东西两大街为日用消费品之中心，而尤以东大街为最热闹。东门附郭一带，为各乡农产集散市场，廛市栉比，商旅云集，市面颇形旺盛。至所属乡镇，自以乍浦为最大，余如新仓、新埭等，亦各有相当市面。

就各业言，当推米业为首。盖民食所关，又为该邑重要农产之一，故经营此业者较多。计城区有米行三十余家，各乡镇约十余家。资本大者二三万，小者一万，营业额自六七万至十余万不等。全年合计约三百余万，平日周转，有赖于钱业往来透支接济，年终如有多货缺款情事，则向金融业抵借期款，经营尚称稳健。去年农产丰收，米价上涨，各行均有盈余。

其次为棉业。棉产以东乡为多，故花行大都分布东乡一带，城区亦有数家，合计约十余家，资本约一万至一万五千，营业大小及盈亏，视产量多寡与市价坚疲而不一，去岁棉产丰登，市价坚挺，颇形活跃。

复次为竹木业。该业商品来源，木材多自闽省及本省之温台各属，品类以松杉为多，运输全以旧式沙船，过海而北，至乍浦起卸，竹类则来自武康、余杭等地，编筏而来，木竹行家计城区四家，各乡约十余家。其中乍浦一地，即有七八家，因该地为木材到销之总汇，故较他处为多。资本大者二万，小者一万，营业额年约百余万元。其大小视年岁丰歉而定，因去路以小乡村为主也。该业平时资金之周转，半赖金融业之贷放，半则向上行拖欠，盈亏无定。

复次为绸缎洋货业。该业进货皆向沪杭两地采购。上身［等］花式货行销城区，普通货则以乡庄惟一主顾。该业开设城区者约七八家，均集中东大街一带。恒泰祥执其牛耳。各乡亦约八九家，资本自一万至四五万不等。每年营业大者二三十万，小者二三〔万〕至五六万，大致皆年有羡余，去年农产大熟，乡民购买力较增，获利尤溥。

复次为烟纸业，该业以经营国产烟纸为主，现在卷烟一项亦为其大宗交易，资本大者二万，小者数千至一万，城区有大者五六家，各乡大小合计约十家。

复次为油酱业。该业为日用必需之品，故营业颇有可观。大者年可十余万，小者亦二三万至五六万。分布城区者六七家，四乡四五家，资本自五六千至二万，大多自备园场，从事制造，其中以城区之鼎丰、鼎新两园为个中巨擘。两园历史悠久，资力雄厚，基础稳固，信用良好。其他各园，亦颇不恶，年获盈利。

再有袜厂一业，在七八年前，营业鼎盛，居各业之冠，每年输出价值甚巨。为平湖之惟一工业产品。其时大小袜厂不下二三十家，讵不景气风潮光临，该业首当其冲，出口滞销，市价日降，金融业鉴此情形，不敢放款，于是各厂周转不灵，相继倒闭，几至完全濒于破产。迄今虽有若干小厂，竭力经营，图谋挽此狂澜，冀作桑榆之收，然营业仍难乐观。

总之，内地商业，其重心端在农村，故农产之丰歉，影响各业甚大。如前数年农村破产，各业因之俱见萎缩。迩来略有昭苏之机，即见生气蓬勃，活跃而能获利，即其证也。

——《钱业月报》第17卷第5期，1937年5月15日

犯警解县

驻乍盐务税警郭鸿章等三人因有贿纵盐犯嫌疑，被第一区队部扣留，解送县

司法处。经杜审判官开庭侦讯一过，谕令发押，候传证再核。

——《新闻报》1937年5月25日

并局有待

本邑邮政、电报两局早经合署办公。最近当轴因电局每月营业未满三百元，为节省经费起见，令饬电局并入邮局，定六月一日实行。但电局虽已结束，而邮局尚无专门人员接收，故今日（一日）未能合并。

——《新闻报》1937年6月3日

赌负忤母

西门外白马堰商民汪镜清，性喜赌博。昨日下午三时许，因赌负向老母索钱使用不遂，竟扭母至河埠，意图推母落河。经旁人代抱不平，汪始逸去。

——《新闻报》1937年6月10日

金平湖之过去与现在

汪梅峰

“金平湖”三字，历史相传，早已脍炙人口。何幸而得此美名？必有相当之来历。作者平湖人，虽自幼随宦东北，旅寄平津，从未有三年五载，居留平湖，对于当地情形，难免隔关［膜］。然而乡土观念，人情所同，故自民国十八年由北南旋，供职本行以来，每逢春秋假日，恒以时归省，而对于“金平湖”三字，亦曾实地加以考究。据故乡父老所言，则已不无今昔之感矣。

平湖本鱼米之乡，土地膏腴，农产丰富，而民风朴素，崇尚节俭，尤为地方富庶之主因，凡中下等人家，均有祖遗田产数十百亩。居民经商者少，习举业者多，省吃俭用，不必刻意居积，逐年均有余裕，故俗有“秀才百亩田，富贵两双全”之谣。至上等富户，其拥有巨额田产者，亦不在少数，每年田租收入，不下百数十万元，均属现金。曩昔交通未便，消息不甚灵通，邑人胆小，不敢移放外埠，多数存放本地殷实庄号，或窖藏家中，地方存金之富，为嘉属各地冠。“金平湖”之名，遂传遍遐迩矣。此三十年前情况也。年来交通便利，风气大开，沪上繁华之风，输入甚速，一变曩昔之朴素俭约，而为骄奢淫靡之习，生活程度，日高一日，小康之家，入不敷出，寻至饔飧不继，生计艰难者，亦繁有徒。但初幸农产丰收，田价逐年高涨，田租收入，随意增加，“金平湖”三字，尚不减其固有之本色；其后若干大田主大资本家习染既深，不肯安于僻陋，相率至上海做交易所、住洋房、坐汽车、出风头之勾当，由此平湖现金，源源流入上海，而“金平湖”三字，略已名不副实矣。虽然，谚有之“瘦象跌倒千斤肉”：平湖既有过去黄金之历史，近虽中落，尚足称雄。平邑素为产米之区，每年运售沪上者，不下数百万石，每届秋收登场，四乡农民来城粜米者，络绎不绝，自晨至午，拥挤非常，各米商莫不利市三倍；其次本地所产菜籽，销往浙东绍兴、余姚等处，数亦非细。东乡一带，多种棉花，产额亦不少。沪、锡各地纱厂，均派员常川驻平，按时购运。据云：按近年市价，年值亦有百余万元。本邑各乡，养蚕之家，虽不甚多，亦有相当产额。前数年因茧价狂落，养户减少，去年丝价较好，养户稍增。城乡共有丝厂五六处，每年蚕茧产量，共值数十万元，此皆平邑大宗出产。恃此各种收益，商业上亦连带活动；加以交通便利，潮流所趋，奢靡日甚，因之各种绸缎庄、化妆品店、百货公司，无不花样翻新，以投时好，由东门至西门大小两街上，五光十色，耀人眼帘，由表面视之，觉“金平湖”之豪富气概，愈形显焕。

三年前平湖尚乏银行，只有十余家钱庄，调剂市面金融。年来钱庄营业，迭遭失败，刻下全邑仅余六七家矣。而一般银行家，正在注意农村，既知平湖农产丰富，经济上亦有相当蕴蓄，航路公路，四通八达，市面当有日趋发展可能，因之颇有在此辟一新途径者：闻中国银行业已筹备就绪，即将开幕；我行亦早有成议，正在筹划进行中，日后继起者，当尚大有人在。平湖市面，经此衬托，必更有蒸蒸日上之势，作者不禁为我邑前途贺。惟平湖人有一种特性，专喜贪小利，傍风头，银行界入手之始，应于此中分别注意，因地制宜，营业方易发展。我行历史悠久，信誉卓著，最为内地人士所信仰，此番深入农村，自不难收相当成效。

本邑乡镇，以乍浦为最大。此地僻处海滨，素鲜盖藏，居民经营商业者多，来源全恃海舶。昔时糖木各业，极其兴盛。缘当初航海民船，有沙、鸟之别，沙船可进上海，鸟船则进乍浦，今则沙、鸟不分，且由轮运者多，故已群趋上海。乍浦海舶，来源日见稀少，糖船已多年不到，仅木业尚能勉占乍浦商场上一大部分。其他如板炭笋纸及鲜咸鱼类，亦均为大宗营业。惟据父老言，较之三十年前，不过十之二三耳。自公路通后，乍东之黄山一带，即划为风景区，沪杭路上，汽车往来如织，市面稍有转机。乍浦人正在兴高彩[采]烈之际，不意霹雳一声，由风景区改为要塞区，军事重地，禁绝游览，由此非特游人绝迹，即春间苏常一带来乍向蔡岐港小普渡进香者，亦被摈绝。乍市经此打击，益觉江河日下矣。现在惟一之希望，即希冀中山先生计划中东方大港之建筑，能早日实现耳。邑东有新埭镇，为平沪杭往来所必经，市面不大，商业式微，惟闻拥有巨额田产之富户，颇不乏人。新仓镇居邑之东北，市面虽不甚大，尚称热闹，大小各种商店，亦尚整齐；且有当铺两家、钱店两家；殷实富户，拥有千数百亩田产者，不下一二十家：所有田产，以荡地居多，赋轻租厚，田价亦较昂贵。霜降后，田租收入，全镇合计，约在十万以上，大概均存放本镇及城区各钱庄当铺，以备随时支用。

总之，平湖一邑，为浙西富庶之区，近虽蕴藏渐泄，而以农产丰富、运输便捷，市面日进繁荣，故外表益见富丽堂皇，"金平湖"三字，实质不免略差，而外边则犹不失当年气概也。

——《兴业邮乘》第63期，1937年6月10日

科长督征

本县田赋，收数疲滞，省府特派财政厅科员顾派天来平督征。县府除饬各区署努力查催欠赋外，并派财政科长胡冠臣，于十九日下乡前往新仓等区督征云。

——《新闻报》1937年6月23日

奸杀命案

乍浦区大黄姑乡船户顾照和与虎哨桥□妇柯张氏（即张人宝）姘居数年，讵张氏近又与某甲发生恋受［爱］，被顾撞破。顾遂与乃弟顾银奎于廿六日下午七时，拟前往柯张氏交涉。旋在三角街相遇，一言不合，发生冲突。柯张氏不敌，当场被击倒毙。该管乡长姚民选闻报，即率乡丁前往。当场拘获正凶顾照和一名，黄夜雇舟解平。于廿七〔日〕晨移送司法处暂押，定廿八〔日〕晨下乡检验尸首。

——《新闻报》1937年6月28日

盐民惨死

全公亭盐民朱春泉之子阿大，于昨日偕同伴四五人，肩挑食盐，向全公〔亭〕秤放局缴纳轻税区税款，向重税区销售一空，得意而返，讵在横码头附近，忽遇商

办盐警，该警等认为私贩，即出枪开火拿捕。阿大情急，反身图遁，致落河毙命。

——《新闻报》1937年7月5日

舞弊枝节

县府已革土地登记员冯翔、徐铭玉，因招摇舞弊，被县拘获。讵冯等复犯有嗜好，昨有冯妾筱金，携物探监，在角钞内抄获烟泡一枚。筱金遂被扣留，解送军法庭侦讯。

——《新闻报》1937年7月11日

命案复验

清司乡农民吴阿立于六月八日在韩家埭捕获一鱼，被徐阿昌认为窃盗，遂遭痛殴。经向司法处状请验伤，未予成立，谕知不起诉处分。讵阿五返家后，因伤势日重，泻血而死。尸母吴胡氏心不甘服，复状请司法处验尸申雪。司法处据状后，昨特派员前往复验。

——《新闻报》1937年7月16日

新仓罢市解决

新仓警察因拘捕同康赤膊工人，酿成全镇罢市风潮。本县党政机关据报后，即集商解决办法。县府派公安局长许竞生，县党部派执委陈恢、俞品璋，会同县商会主席张秋爽，于廿四〔日〕晚乘轮驶往劝谕。经再三斡旋，始告解决。区署方面将肇事长警四名撤职，各商店亦于廿五〔日〕晨开市。嗣后取缔赤膊，不得再至商店内拘人云。

——《新闻报》1937年7月30日

平湖遭难之同乡报告

平湖旅沪同乡会报告故乡真确消息云：本会顷因故乡邮电俱断，消息隔膜，市上传说纷纭，极少真实情况。特登报征求六日后由平乍逃难来沪同乡，供给目睹情状，俾旅沪邑人得明故乡真确消息，而免揣测不宁。

（一）

平沪轮局总经理张丰受君偕机友陈富生君报告，平沪轮局机友陈富生君，于六日晚离平湖，初该局平沪轮拟暂避于吕公桥外一里，经陈君自城内出，即上船至一里泾，下日上岸，步行至新丰宿一夜，搭米船至嘉兴转杭绍，搭宁波轮来沪。据报告情形如下：（本月四日）平湖接新仓方面警报后，有一部分商店停业。（五日）日机五六架在城区上空，竟日侦察，民众颇恐慌。有一部〔分〕逃避出城，惟是日并来投弹。（六日）下午三时起，开始自南门外汽车站至城区各地轰炸，约投弹三十余枚，据彼所知，汽车站、南河头、邮电二局、王公昌、王祥和等处，均被炸毁，其他各区未目睹，不详。

（二）

汉口路裕成昌号程选青君报告，该号职员唐君识润余社社员张鉴亭君，据张君言，该社同道某君本月初适在乍浦明景园说书，此次日机轰炸乍浦时，彼步行逃避至虹霓堰镇，搭米船经四日夜至沪。据述乍浦情形如下：乍浦南门外汽车站、大王庙、迎龙桥等处，城内三山会馆、中心小学、徐宅祠堂及西门大街，均有被炸。惟事前人民已逃出者亦不少，临时北门外吊桥因人多不胜压力下堕，颇有死伤。

（三）

存济医院医师余雷君报告，余君于六日下午，自平湖北门外步行至亭子桥，雇舟至十八里桥，再步行至嘉兴，乘夜车至杭，下日渡江至绍兴宿一夜，再渡曹娥江，六日下午三时起，日机开始轰炸平湖，彼在北门外某米行，事出后，至城门口守候家属逃出，历久不至，见出城民众拥挤，并有头破血流者。彼冲进城内，至仓桥口，遥见仓弄以东有大火，拟再前进，被壮丁阻止。因西门有大批国军进城，乃出城设法至沪。据彼所知，被炸去为南门汽车站、县政府、甘河街、南河头、方桥、恒泰祥等处。

——《时报》1937年11月14日

1938年

平湖杂纪

非　非

苏浙已陷落之各县，近来成立维持会者颇多，惟其组织分子，往往品类不一。据平湖友人谈：该县亦已设有维持会，中有三人，一诨号“大冬瓜”，以其身躯臃肿，好勇斗狠，一击之下，辄伏地不能起，故有是称。一“小冬瓜”，为“大冬瓜”之介弟。每届夏令，以运平湖西瓜至沪贩售为业。一为旅馆招待员，平日与当地士绅，颇多相识，而又熟悉下级社会情形，故亦居要员之列。此外，尚有参预政事称为绅士者二人，一系嗜好极深之破落户子弟，一则某巨室义庄之收租员，凡有说情作保等事，经其一言，如响斯应，盖此所谓二绅者，向为三要人所仰望莫及者也。

——《晶报》1938年1月28日

平湖开航

平湖航班因战事影响停航后，兹有惠通、大亚两公司筹备复航。惠通设办事处于大陆商场六二七号，并已定十四日晨八时首次复航，船靠五马路外滩。其票价分二元、三元、四元，搭客可于十四日晨在船上临时买票。惟装货则于十三日接洽装载。至大亚公司现设办事处于市商会隔壁，本定十四日晨开航，因小火轮正在修理，故须迟缓二三日云。

——《华美晨报》1938年2月14日

平湖线今日恢复搭客

惠通公司自开航上海平湖线后，所有沿途经过闵行、叶榭、松江、佘来庙、泖泾、新埭等埠，均一律停靠，往来已有十余次。途中尚称平安，日前因接通知，为慎重起见，暂停搭客，专运货物。兹以该线情况，已告安静，旅客保障，可告无虞。故决定三十日起恢复搭客,以利交通。

——《大美晚报晨刊》1938年3月30日

平湖四乡被日军焚烧已成焦土

游击队活动予日军威胁　两镇庄库房被汉奸破坏

本市消息　据十五日平湖来人述称:因华方游击部队之活动,该地已受绝大威胁,城区日军,现仅二百余人。该处城门,除老东门外,均被封闭。街头行人稀少,商店被迫开业,均属半开门式,为状殊惨。而四乡如新丰镇、虹霓堰镇、新兴镇、干巷、义路桥、长安桥、牛桥、梁庄等处,俱被施放硫磺弹,所有房屋全部焚毁。虹霓乡长袁良卿,于该镇被焚时,曾拟投火自杀未果,盖以袁之所有,已悉遭损失。平湖城内最著名之同裕增、同裕赓两钱庄,其库房已为当地维持会设法开启,闻两库房内所有库存钞票及银币、现银、黄金,以及公债等,约有六十余万之巨,尚有当地殷户寄存之金银首饰、珠翠钻石、古玩金石等,一时尚无法统计,损失实属不赀。闻簿据等狼藉满地,残缺不全,不知将来如何清理。

——《大美晚报晨刊》1938年4月17日

平湖航班停驶

上海至平湖航班,前曾因该处情形混乱,一度停航。旋由日商江浙公司单独派轮冒险开往。惟仅限搭客,沿途经过新埭、泖泾、佘来庙、叶榭、松江、闵行等处均停。连日内因各处情形转紧,乘轮来沪者甚多,生意颇为不恶。昨日该处形势更紧,航行甚为危险。故昨日航班未能开出,暂告停航。

——《时报》1938年4月18日

围平湖乍浦

本市消息　东战场游击战,华方始终占优势。各处游击队互相呼应,声势愈增。沿沪杭路一带铁道公路及重要桥梁时被破坏。渡钱塘江之华军已克复袁化、海盐,并包围乍浦、平湖,一面向硖石前进,截断沪杭交通,刻已发生激战。嘉兴、嘉善、乌镇、泖泾、严墓等处,亦时有流动战事发生。故由沪开往以上各处内河航班，均已停航。朱家角西南交通已告阻滞。吴兴、长兴、溧阳、宜兴等处，近亦由京杭国道及太湖区游击队互相交击，战事甚烈。长兴一带游击队正向杨家山猛攻，日军不敢出营门一步，恐惶万状。又浙东观海卫古窑情形安谧如常。

——《导报》1938年5月26日

平湖乍浦战事烈

新新社讯　连日活跃于乍浦、平湖之游击队，自大举包围乍浦、平湖后，急急进攻。据二十九日晨由平湖乘帆船来沪者称：日来该处游击战事，颇为激烈，终日炮声不绝，并以机关枪声不断。因游击队自得联络后，声势突振，近来颇有进展。至进攻硖石之游击队，已占领附近各要地，日军交通将受威胁。硖石克复或可成为事实云。

——《导报》1938年5月30日

平湖日船被击沉没

本市消息　平湖与松江一带游击队与日军连日发生激战。平湖方面，日前日军两船为游击队袭击，全告沉没。后大队援军驰往，游击队已四散。因此，平湖四郊因搜索游击队，民房焚烧殆尽，平民误被枪杀者数十人。现在平湖人纷纷避来上海。

——《导报》1938年6月25日

平湖松江复航

上海至内地水陆交通，因"八一三"纪念，四郊水陆要口，由日方加以封锁，交通全断后，现水路航班，已有平湖、松江线由惠通公司派轮复航，陆路汽车交通仍告停顿。

——《太安丰保险界》第4卷第17期，1938年9月1日

上海至平湖内河航班恢复

陆路交通仍被阻

上海至平湖内河航班前曾因该处形势不靖，各公司以沿途危险，所有航班先

后停驶后，陆路汽车交通亦同时被阻，致客货运输全告断绝。近来该处情势已较和缓，内河航班，已由各轮公司定九日首次派轮复航。惟陆路汽车，则因沿公路一带危险较多，各公司均不敢派车行驶，故仍被阻停顿云。

——《新闻报》1938 年 9 月 9 日

沦陷九月的平湖

去年十一月五日，在一个大雾濛濛的早晨，我方因六十二师和六十三师的调防，卫者的疏忽，混进了大批荷枪实弹的日本军队，从此向称“小上海”的平湖就沦入敌手了！

当平湖初沦陷的几天内，敌人大肆其焚杀掳掠的手段，殉难民众当然非常多，这就激起了民众的痛恨，他们纷纷起来组织游击队，时时在敌人的后方扰乱他们，这里就有几个可歌可泣的故事：

“一个天气晴朗的月夜，我们一班人预备到敌人的营里去袭击，经过一个庙，看到了门口躺着几个喝得大醉的鬼子，袒露着胸襟在睡觉，班长看到这好机会不易多得，跑上前去砍死了五六个。那时，睡在庙中的鬼子醒了，就大批人马来援助。这样，就有了一次接触，而我们的忠勇班长，就在敌人的枪下牺牲了！”

“有一个日本特务队长，他是个鸦片鬼，每天非吸十多块是不会过瘾的，而且也爱嫖堂子。后来这特务队长和我们一个游击队员认识了，二人意气非常投合。当然我们的队员是另有用意，目的是要活捉他。一天傍晚，天气很热，我们的同志和那特务队长喝完了酒，二人又同到一家售鸦片的店里去抽了十多块钱的鸦片烟。随后，我们的队员骗他去找花姑娘，不消说，特务队长是很高兴的。因此就引他到事先准备好的一家里去，到了那边，先请他揩身，发觉了他并没有带枪。那时，队员便一声暗号，四面埋伏着的人都出来了，老实不客气的［地］把特务长缚了起来。这里特务队长很从容的对大家说：‘先生，不要缚我，有话好讲的。’他讲得一口很好的上海话，那时，受他毒害很深的民众都纷纷聚集来看特务队长被捉，并且要报仇，东一掌西一掌的请这特务队〔长〕吃耳光。有的，甚至拿了刀在他腿上、身上砍。但是，这还不够出他们的气。有的把痰吐在他身上，有的小便撒在他身上。这一夜就被绑在一棵大树上，由数个游击队员看守他。第二天，送到县政府询问（设在乡间）。临刑前，他还说出他已经在中国上海干了十多年的特务工作，借着开鸦片馆做遮蔽。今年还只有三十一岁哩！”

日军在平湖的，不到一百人，他们只在城门口守卫着，至于乡下，并无敌军足迹，只是很难得的，每隔几日，排了队伍到乡下示威一次。县政府就设在乡间，借民房办公，为防恐汉奸报告，常迁东移西。我们的谍报组织非常严密，几里外的消息，可以在几分钟内知道，所以县府消息很灵，并没有多大危险。那里，也有政工队的组织，现在已有队员五十余位，分总务、特务、宣传三股，工作非常努力而技巧。所以，至今尚未遭过鬼子的毒手！

居民多半避居乡间，城内尚有一二万人，这些者是靠小本生意过活的商人，乡下没有他们立足的地方，所以只得忍痛在城内过活。在平湖设了县政府后，第一次出了一张布告，大意是：等平湖克复后，维持会的职员及挂日本旗的人民一律枪毙不赦。这布告收了相当的效果，这时，维持会人员大为恐慌，因此将原有良民证上的昭和十三年改书民国二十七年，又将太阳徽也改去，对待民众也不像从前那样的凶了。而且有几个维持会的会员暗底里帮助中国政府，掩护抗日分子，做着反汉奸的工作，这真令人兴奋！

本来平湖城内盗匪很多，常趁火打劫，老百姓恨土匪的心不下于恨鬼子。后来经政府用种种手段，将土匪头目感化过来了，就收编为游击队。可是人民负担很重，中等人家每家也得出三四十元作为彼等饷银。而土匪呢？拿了这笔钱去买很多枪炮。所以现在游击队的炮火已很充足了，尤其是由土匪收编的一部，本领很大。常常神不知鬼不觉的［地］出没在敌人后方。所以敌人只要一听到头目的名字，也会惊心的［地］退让几步！

在乡下，农民依然高高兴兴地在田里工作，和未沦陷时一样地自由自在，因为在那边，我们的游击队很多，而且乡民也很勇敢。几个日本兵经过乡下时，都会在他们手里送命的。所以日本人很怕惧，索性不敢到乡间去了！

同胞们，浙西的民众都已受过敌人的教训，而在英勇地斗争了。他们正在期待着我们的反攻，做响应我们的最有力的一群！（楚明）

——《大风》第61期，1938年9月21日

平湖附近发生游击战

萧山九日电　上月三十日，日军千余分五路犯徐步市大云寺及钟幔，在平湖之西北，与某团激战终日，共毙日军百五十余，并击毁汽艇三艘。华方亦略有伤亡。

——《新闻报》1938年11月11日

平湖元青豆到货络绎

价格逐降

黑皮绿肉豆，一称元青豆，其滋补力胜于黄青黑之普通大豆，致为食户欢迎。惟产额不丰，售价特昂。前由平湖首批装到十二包，价乃昂至十二元半。昨到二十包，价自十二元降至十一元半。盖连日到货蝉联，尚有途货可到，以后一再锐落。平湖大粒杜黄豆货稀仍坚，惟崇明沙黄豆存到两多，虽有出口帮问津，而市面终难回振云。

——《新闻报》1938年11月26日

1939年

华军夜袭平湖　日军困守待援

本市消息　总攻平湖之战事，经华方军事当局积极配备以来，顷已布置完竣，战事爆发于前夜，担任作战之华方部队，乃系夙称精锐之正规军第四十五旅等部。当乘夜进击时，日军一部分曾据守西门高地，顽强抗战。经华军奋力进攻，卒将日军逐回平湖城中，死守待援。是以日来平湖形势又为华方劲旅所包围云。

——《新闻报》1939年6月4日

平湖春茧已准外运

沪、平两地丝商，本年赴平湖所收之春茧，约为四千余担，因受华中公司阻挠，迄今搁置平湖城内，未获运沪。兹悉此项春茧，按值抽捐百分之三十，已准许外运。

——《新闻报》1939年7月30日

怀 念 平 湖

又　明

一

上海的战事已经很紧张，炮声虽已隐约可闻，但人心是非常安定，十月初一城隍庙里烧香的比平时特别热闹，所有的一切一切，都表现在平静的状态中。这原因有两个：上海两三个月来英勇抗争的战绩，所给予人们的热力，这是一点。一般的心理，觉得炮声虽然近，但就是有万一的话，总不会就近到眼前，这是又一点。

民国二十六年十一月五日，天还没有亮足的时候，东南角上的一声巨响，把人们从卧床上震醒过来。啊！这是敌人投入我们平湖的第一炮，就是这一天，敌人在全公亭登陆，平湖的苦难，就此开始，接着一天、两天、三天的下去，隆隆的炮声，就一直没有停止过。另一面从六日的一早起，敌人航空母舰里起来的水上飞机，“川流不息”地，两架、三架轮流在县城上空盘旋投弹，避难搬家的人，冒着雨，在岸上，在河里，都是拥塞不堪，谣言非常的多，一个消息来，“敌人在新仓见人杀人，奸淫放火”。又一个消息来，“我军开到，敌人已完全逐驱下海”。这里边当然有真有假，而心理上忽忧忽喜，已紧张到了极点。亲戚们常常大家关切地相询问，这情景更增加了无限的凄切。

越是乡僻的地方，越是平时没有人晓得的地方，越是平时不愿意到的地方，现在都是“满坑满谷”的住下人家来。大家都已很客气、很和善，而且都很觉得需要亲睦似的。这是前一段的情形。几天之后，就又听得客乡人都说要回原籍去了。土著的人，也说某家已搬到某地去了，某家又搬到某县去了。人事上的激动，人心上的震荡，就一直动乱得没有静止下来，这是落后一段的情形。

十四日晚上，远望平湖城里冲起的火光，更照耀得半天通红。在这火光中，葬送了人们的累代积蓄、城市的一片繁华！

“十一月五日”，是存在平湖历史上教大家沉痛纪念的一天。

二

敌人沿沪杭铁路，更先窜到嘉兴，平湖已成了被包围的形势，已成了敌人的后路。

我方的政权，就在这时，经了一度的撤退。

由政府力量所建立下来的地方秩序、民间安宁，也随着政权的暂时撤退而称其藏起来，夜神降临了平湖的大地！

三

现在我默默地想着：

平湖有着九千九百五十六方市里的土地、五万五千六百十九户的户口、二十七万八千八百二十三的人口！

平湖有着四十九万六千三百二十亩的农田，出产着米、麦、棉花、油菜、棉织品、丝茧等等的产物，有着内河的菱鱼、沿海的盐产。

平湖居着沪杭公路的中间，有着平乍、平嘉两支路。四境港湾交叉，富有舟楫之利，轮船外埠和上海、嘉兴、嘉善、海盐每天都有一班或两班的开行。内埠平湖、乍浦间，平湖、新仓间，亦都有专轮往还。乡镇间，快船民船，更是橹声相接。近年来自乡镇干道修筑完成以后，无论是水上陆上，都已成了四通八达的地位了。

平湖在二十四年份有着四十八万七千零八十二元的田赋，和十七万四千零九十六元的地方捐税收入。

平湖有着九峰三泖，有着报本寺的报本塔、五老峰，中山公园里的弄珠楼，小瀛洲上的文昌阁,又有着新民戏院、公共运动场等的游览处所。

平湖有三所中学、五六家地方报纸。

我还记得:人家传说从前汉朝的霍光,在某年的四月十八日显现神灵,却退倭寇的故事,更记得由这故事而来的,年年此日,满城张挂灯彩来纪念这事迹的热闹情形。

我甚至还明白的[地]记得那里的一草一木,记得舟中看到河水清澈,公路上趁着夕阳斜照时的神情!

战前的一切,现在都成了幻灭!战前的一切,现在都成了可纪念的回忆!在这回忆中间,更撩起了我无限的怅惘。

四

传来东鳞西爪,消息:

敌人侵入浙西,平湖首当其冲,全县二十余市集,除了新埭一镇外,悉被焚烧,一片瓦砾场,损失惨重。

在平湖,最初的时候,看见敌兵要先行礼,行得不合式,就是一掌一脚,行得太合式,就要疑为受过训练,要被盘查更至[致]抓拿去。后来敌方宣抚班开到,又改用怀柔政策,推行奴化教育,还发放伪赈款,来麻醉民众。

平湖几个有名一点的医生,都跑到上海的旅沪同乡会去了。有点名望的人,很多的流亡出来,前辈老先生,好多的死去了。

县境的乍浦,敌军在八月二十日撤退了,但到本年(二十八年)三月十日又再度东扰,重行占据。

平湖日用必需品,柴、油、布、匹、盐等价格,均倍过从前。

县境内死难民众总数达一千四、五百人,没有发觉的尚不在内,妇女被蹂躏或因而致死的,为数难以统计。民房被焚,约在一万幢以上,估价约二、三百万元,其他财产的损失,是难于估计了。灾区广袤达三十华里,灾民逾五万人。

最后,我想摘录朋友寄给我的一段诗歌,去概见其余,他是这样写着的:

"……头会箕敛皆新订,税卡林立权相并。一物重征三数回,物价腾跃超差等。小民困顿愁无垠,会长仰屋犹嗟贫。赌税烟捐尚不足,筹征田赋旧兼新。萌黎割剥斤斤较,集腋功迟期速效。喜闻珍宝共金银,深闭钱庄数库窖。司钥己奔孰与谋,千金还把技师求。电钻触处熔钢铁,囊括归来媚大酋……"

点点滴滴的一些,不问它是血泪,平湖真是在苦难中。

五

不过,我们的政权,又在二十七年六月十二日重新地建立起来。全县四十三乡镇完全在敌人势力下的，却只有四镇。

全县五百七十六保、五千七百三十九甲，在我方手里的，倒有五百零八保、四千九百三十甲。

完全小学三所，初级小学三十九所，民众学署一所，正也在推行我们的教育。

境内的公路多数破坏了。

军事上我方集队攻城，大小计在三十余次。本年二月一日同二月五日，发动了两次的围攻。

最近记得在报上又看到过我军在大通桥一带发生遭遇战、斩获无算的消息。

六

写到这里，墙外的小孩子，正哼着："东北土地是我们的！"平湖也是我们的，我们会把它收复过来。

——《战地》第3卷第1期，1939年8月13日

在战斗中生长着的平湖

盛志超

平湖是浙西的一个门户，也是国防最前线的堡垒，自从民国二十六年十一月五日，敌人于县属全公亭偷渡登陆后，就牵动了整个的东南战局。县城沦陷，原有的繁荣化为灰烬，壮丁被杀，妇女受辱，公路河流，被敌利用，人民财产，被敌掠夺，教育文化，被敌摧残，盗匪充斥，人民流离失所。种种人类历史上所不曾见的惨酷事实，都加到我们同胞的身上！但是经过了相当的时期，他的一切，不论人力、财力、物力，以及军事、政治、文化，又在被压迫、被蹂躏下逐渐复苏。

二十月来的战斗途程中，有不少事实足以证明他的战斗力是逐渐增强。抗建阵线也逐渐巩固。一切，都换了新的面目。现在分述如下：

政治方面　民国二十六年十一月十四日，党政机关随着驻军全部撤退后，乡镇机构，无形瓦解，从此秩序混乱，陷于无政府状态。而一般无耻之徒，更乘机崛起，组织各种各样的傀儡机关，为敌张目。二十七年二月一日，本县行动委员会在浙东成立，虽然隔江指挥，工作未能推进，然大部分民众，已明白了政府对他们的关怀，满拟政府早日迁临，作他们的救星！直到六月十三日县府正式恢复，县长张革非氏，秉着牺牲奋斗的精神，冲过钱塘江，在县属×××设立行署，广收当地热血青年，从事乡镇保甲组织的恢复。政治进攻，著有相当成效。今许县长莅任伊

始，又恢复区署，强化各级行政机构，组织愈臻健全，政治推进也更有成就，这是平湖在战斗中政治方面进展的情形。

教育方面　教育为立国之本，县治沦陷，校舍十九遭敌焚毁，课桌、课椅、文具、图书，更散失无遗。县政机构恢复后，即成立流动施教团。一方面把原有的乡村小学，尽量恢复。量的方面，很是可观。最近县府又招收大批小学教师，加以短期训练，那末下学期的教育成绩表现，更在我们意料之中，这是平湖在战斗中教育方面的发展。

民众武力　在沦陷区域里，要推行政治，必然要以武力来做掩护，在张前县长初到平湖时，武力极为薄弱，当地民众，虽于国军退去县境时，纷纷组织游击队，可惜缺乏训练，并因某种关系，和政府好像冰炭，经过了好久的时间，由于政府统一发饷而渐渐谈到组织他们的问题，同时运用各种方法，才一队队一个个都很愿意的[地]编成抗敌自卫军。第一、二、三三个大队，成立了县司令部，加紧训练，其间几度进攻城厢，予驻城敌军以很大的威胁，就是维护地方秩序，也有相当的功绩。最近省方为统一指挥，将我们抗敌自卫军编入省抗卫队第某支队，加以整训，提高精神与技术，预卜不久的将来，在收复杭嘉湖这一页光荣的历史上，平湖的民众武装一定有更精彩的表现！

经济方面　在长期抗战中，经济是占着极重要的一位，尤其是在我们抗战建国双管齐下的政策下，农村经济的繁荣和巩固，更为切要。平湖自从县治沦陷以后，除沪杭平台公路两旁住民，以及遭遇敌人恣意蹂躏的村落里的民众是贫无立锥、急待救济之外，大多数农民仍努力生产。战时农产物价格高涨，政府又豁免失地内一切捐税，因此他们丰衣饱食，农村经济呈繁荣。

同时，一般敌人为适应环境的需要，在钱塘江畔，南输北运，努力于调剂有无的工作，因此，平湖的商业也随着战斗逐渐发展了。

民众抗战情绪浓厚及战斗力的增强，因为政治军事配备的周密，民众除了平湖县城及乍浦被敌占据之外，其余广大的乡村，都是我们政治的活动区域。社会秩序和平时完全一样。现在避难民众纷纷回乡，参加卫国保乡的工作，更有那许多热血青年，也陆续脱离了敌伪压迫下的顺民生活，参加了我们的队伍，负起斗争的使命，这更是目前平湖的新气象哩！

总之，平湖是在战斗中生长着。

二十八年七月四日于平湖政工队队本部

——《碧湖》第28期，1939年8月15日

华军封锁平湖交通

本埠消息　华东社云，航息，航行上海、平湖间小轮，停驶已久。据闻华军现已将平湖与外间水陆交通完全封锁，除小船尚可出入外，平湖县城几与外间隔绝。传城内现有日军仅百余人，被华军围困。华军有即收复平湖可能。又闻，日军现正由嘉兴派队往援，正与华军在海盐、平湖间发生激战云。

——《新闻报》1939年9月6日

活跃在平湖

（游击区通讯）初秋的早晨，有如处子般的温静，几粒疏落的晨星，隐约地，把灰白的天宇，点缀得格外妩媚。清风一阵阵地吹拂在奔向新仓镇的健儿的身上，他们感到凉爽，他们更感到兴奋，激昂的歌声，突破了沉寂的空气。

记住耻辱　收复失地

驻军××政治部党政处，随军工作队各部分同志，在新仓街上汇合了暑讲会的员生及其他各机关同志，连成一条巨大的铁流，成千成百的民众，在后面尾随着，人潮的起伏，唤醒了沉梦未觉的人们，吓走了盘驻平湖城敌寇的灵魂！

歌声在空中扬[洋]溢着："中国不会亡！中国不会亡！"兴奋在每一个同志的脸庞上，织成了胜利的象征。火辣的太阳，灼炙地照射着，好似也在极度的兴奋哩！

一支铁流，在一个广场上，给围成一个铁团，民众潮水般涌来，遥远的隙地，都填塞得满满的。

民众大会，在新仓街尾的乡村上庄严肃穆中开始了。

沉痛的言词，在台上的一个个的口中吐出来。其中有一位的一段话，实在把民众感动得太厉害了：

"中央并没有把你们沦陷区内的同胞忘记了，他们无时不在以力量未能全部达到而抱恨终日，无时不为你们的被敌寇的蹂躏残害而忧虑。现在派了这许多游击队和我们来到沦陷区里，也就是为了保全你们的生命财产，为你们解除痛苦的。希望你们不要忘记了敌人给予的奇耻大辱！我们要军民合作，我们要为保全祖宗的坟墓和后世子孙的不做奴隶而奋斗，要为驱除倭奴、收复失地而努力！"

泪水在民众的眼眶上回漾，他们都是亲身受过鬼子凌辱的被难者，以往的烧杀掳掠又一幕幕地在脑海中掀起了。几个白发的老婆婆的呜咽的泣声，真是刺耳的炸弹，紧张的空气，给挪得更紧了。同志同胞们，虽都浸入了悲哀的深渊，但并不颓丧。愤怒之火，在每个人的心头炽烧，大家都在渴望着能啖倭肉、喝倭血为痛快。

接着到了喊口号的节目：

"……打倒日本帝国主义！中华民国万岁！总裁万岁！"声声巨雷的轰响，直冲云霄。强壮的右手高高地举起，铁杆一般，是多么的有力！这是抗战必胜、建国必成的力啊！

咬牙切齿　痛恨鬼子

礼成了。万头攒动，黑压压地由铁的一团，分成许多细流在淌着。上百个健壮的同志，仍在火伞高张下，待命出发，作扩大的宣传。汗在脸上流，衣服均给汗水湿透了。他们都不感到丝毫惫疲，他们只有一颗献给祖国的血淋淋的心在计划如何开展工作。这种伟大的精神，足以制敌的死命。虽然，敌人占领平湖城已有了两年的时间，但他们并不能起任何作用，他们终日在恐惧中挨时间。

新仓、赵家桥、虎啸桥、全公亭，划分四区，开始出动宣传。每区的带领人指挥官样在向前跃进，歌声又在空中扬[洋]溢了："父亲不怕鬓发白，弟弟战死还有哥！""中国越打越强，中国越打越强。"

人群一道一道离开这幽雅的乡村，在扬尘中隐没了，风声代替了歌声的余音。

在中午的太阳下，各队都以勇敢的姿态赶到了目的地，他们以禁烟禁毒、肃清汉奸、制止仇货、不以物品资敌做了宣传的中心，热忱地在街头开始工作了。

街头剧、漫画、通俗演讲、杂剧一幕幕地在观众的面前放映，他们咬牙切齿，痛恨鬼子，酱色的手，在空中刚健而有力的画着弧形，惨痛啮着他们的心！这时间，由各个人的喉中迸出了同一的吼声：

"打倒日本鬼子！"

紧张的空气，给这似地雷爆炸般的吼声，炸起了万丈的愤火。在愤火中，日本鬼子成群地中止了兽行的狗命。

××政治部的《汉奸的投降》的演出，给民众的印象太深刻了。当饰汉奸的同志，在人丛中冲进去握着正在演讲者的手时，无一个观众不发指眦裂，武装同志也捺上了子弹。汉奸孩子一般投入母亲的怀抱中，哭诉不该参加出卖祖国的勾当。他在忏悔了！执法队来带走了这汉奸，观众有的主张杀头示众，有的说是个有良心的汉奸,应予自首的机会。街头剧的力量,究竟是伟大的。

其他的漫画、演讲,都赚得了观众不少的眼泪,宝贵的眼泪,复兴民族的“万灵丹”。

太阳遁入了山巅,暑热似乎也敛了迹。风吹过来,一如清晨的凉爽。一群群的健儿,带着快□笑意在归途上了。

黄风写于平湖。

——《前线日报》1939年9月14日

平湖经籍志八卷

陆惟鎏纂　二十七年冬纂者家刻本　线装二册　价一元三角

平湖地处钱塘江口北岸,处明宣德析县之后,人文始盛。明天启间所修县志以迄清光绪志皆有经籍一门,惟以附志以行,网罗未免挂漏。邑人陆氏惟鎏,留意乡邦文献者有年,发愤辑其邑人撰述,勒成一编。始三国迄近世,千有余家,为书三十六卷,续录一卷,索引一卷。其例则略以人之生年为次,各人系一略传,各人撰述,再依四部排纂。著录之书,有纂者庋藏或经见者,有确知有书而未见者,有见于旧志或簿录家著录因而转引者,有其书已亡而其名可存者,比为注明出处。各书之下,著其版刻年代、序跋姓名。序跋简明者录之,文繁者著其要,其经《四库》著录之书则悉为刊载。

全书原有三十六卷,续录及索引各一卷。今编仅八卷。盖第九卷以下,以七七事变猝作,未及付梓也。计卷一著录三国吴一家、陈一家,隋唐五代无闻。宋八家,元六家。卷二至八著录明人共二百又三家,总为全书十之二三耳。

是书无签题,今案序跋之最后者,为胡士莹跋,撰于戊寅冬至,故定此书最早为二十七年冬刊刻。(毓)

——《图书季刊》第1卷第4期,1939年9月

平湖新仓镇发生激战

本市消息　今晨据讯,平湖形势现极混乱。日前大队日军突由嘉兴方面出发,袭击新仓镇,致与当地华方流动部队发生接触。双方激战甚烈,华方所派县长许敏中传于是役就义云。

——《新闻报》1939年10月15日

平湖方面形势仍紧

本市消息　今晨据平湖来客谈，谓平湖形势，刻仍紧张。城郊一带，华方流动部队依然出没无常，随时向日军逆袭，致驻平日军轻易不敢越城垣一步。南门外日军，顷亦因华方流动部队之袭击，移驻城中。乍浦北门外之林家埭镇，日前曾一度发生流动战，但旋即平复。海盐县城曾数度为华军规复，但旋即放弃。惟迩来城中日军均已抽调他去，仅沈荡镇方面，尚有少数日军驻扎云。

——《新闻报》1939年11月15日

平湖新黑豆涨价倍余

首批运沪开价三十元

平湖黑豆因新陈不接，本市绝迹已久。近以该地新货已登场，昨有首批新货运沪应市。但今庚收成较歉，且路途贩运诸多不便，因之初次做开二十五包。售价竟达三十元之巨，较前高出一倍。

——《新闻报》1939年11月21日

华军克复乍浦后包围平湖嘉善

金华二十日电　日乍浦口为华军克复后，平湖城亦完全被华军包围。城中日军，不敢出城一步。又嘉善县城，亦在华军围困中。

——《新闻报》1939年11月22日

围攻平湖城

孙蝉鸣

一月二十日，平湖地方自卫团队四百余名总攻平湖城垣。虽然予敌人以相当打击，但以各队失去联络，没有达到预期的目的。最近，探悉蛰居城垣敌仅七十余名，武器也只小钢炮二、重机枪二、轻机枪四及步枪四十余支，于是县府决定了第二次总攻：时间定于二月二日至九日这一个星期内。二日中午，我们——省直属政工大队第三队驻平湖 × 小队，看到集中新仓的各自卫队有向西开动模样，知道第二次总攻又开始了，立刻跑去见县长，要求分派到作战部队实施战斗中的政治工作，县长接受了要求，并下手谕，令各部队予以便利。当日下午，我们决定由黄、徐、韩三同志先往前线布置一切，周、朱、胡三同志及本人也于四日徒步至距城西南三里的指挥部晤攻城指挥——县府军事科长。他表示非常欢欣，而且谈话中间知道，各部队的政治指导员多不参加这次战役，我们于是更感觉到自身任务的重大。

我们先决定了工作的项目：（一）鼓励士兵作战情绪；（二）协助部队办理战时文书事宜；（三）采访战情，供给指挥部以为连［联］系；（四）侦查并防范汉奸及反动分子；（五）急救受伤士兵；（六）准备入城后安抚民众。同时，我们又分配好工作人员。本人和朱同志在指挥部，周、胡、韩三同志在第 × 中队，黄、徐二同志在第 × 中队。

为了使事前事后各项工作有一个轴心，不致临事紊乱，我们建议于指挥部，在部内组织一个临时性的政治工作机构——平湖县攻城指挥部政治组。这和军事组处于同等重要的地位。当时，我们得了指挥部的允许，即制定标语十种、告民众书一则及安民布告等，并草就组织办法，以省直属政工大队队员、平湖政工队队员及总指挥特派人员组织之。组长由本人担任，下设总务、宣慰、锄奸三股，每组设一干事，其余人员均为组员。政治组所担负的任务，除我们最初决定的几项外，并替指挥部向民间征派及借用器物，连带作对民众的宣传、组织、抚慰等工作。

五日晚七时，围城各部队已布置妥当。总攻令一下，信号枪自北门发出。该处作战部队系第 × 中队，在队的周、胡、韩三同志看到攻击已经开始，但官兵不免有畏缩模样，加以武器的拙劣又影响着士兵的前进心理。于是，以自己的高度热情来了一番激昂的鼓励，并首先率领胆壮者抵达北门城墙之下。那些落后的见到我们政工人员尚且如〔此〕勇敢，也只得冲上来。那时，担任小南门方面强袭之第 × 中队，早已闻声响应。该队中队长因故不在，指挥无人，士兵作战经验又差，不能一鼓前冲。在敌人以全力应付北门的时候完成背击的任务。当时，全赖分配在该队的徐、黄两同志，督同该队仅有的一个分队长鼓动士兵上前，直逼小南门。过百婆桥而越城河。在敌人防守队伍的猛烈火力下，徐同志立即集合血气较旺的游击队员四名，携械派城，攀越外围套城，将城门打开。一面令其他士兵截断电杆，横铺城河，只待后继援军开来，抄此捷径，破内门冲入。黄同志则星夜奔赴指挥部求援。可惜，调度未见灵便。南门部队和敌人激战至午夜十二时，弹药已告罄，援军才开到北[南]门。于是，在敌人猛烈火力压迫下，不得不后退了。除去了背部威胁，敌人又得从容击退我北门部队。这次围攻，我方仅死二人、伤二人，和徐同志共同爬城的士兵姚仁荣失了踪。我们从这次攻城的经过中，深深体验到部队政治工作的不够。凡是调度不灵、失去连[联]络、进行滞缓，以及攻击精神不高，等等，无一不与政治工作有关。第三次的总攻现正在计划中，我们政工人员要以全力来使它成功。

——《新力》1939年第3卷第1期

1940年

平湖零闻

蕴 绯

（一）居民现凭户籍证进出。照相下面，男打右食指印，女打左食指印。（二）远出领通行证，收费五角，日期限二礼拜，满期后须缴还，否则罚五元。（三）米价每石二十五元，稻柴每元百二十斤，猪油每两九分，较本市更贵。（四）商店买卖零找，均以龌龊不堪的邮票代替，中央分币券绝对没有。（五）县长许敏中，前在亭林脱险，传闻已死，实属不确。（六）游击区内，前由县政府财务委员会发行之五分辅币券，因行使日久，破碎不堪，现已收回。现新印一角、五分、一分三种。每种各一千元，业于上月十五日发行使用。（七）平湖至嘉兴，汽车亦通，车费一元，惟日期及钟点，并不规定。（八）《新闻报》《申报》携带困难，每份最便宜卖二角，有时要卖六七角，并且要隔五六天可到。（九）邮政确已恢复，局址在孟家桥塊增〈增〉祥里，惟汇兑及包裹概不收寄。（十）居民虽陆续迁回，但是不过半数，因之市面仍萧条。

——《新闻报》1940年1月19日

平湖方面发生反攻战事

日军被消耗甚巨

本市消息　自华方精锐部队，续渡钱塘江以来，钱江北岸一带之华方军事据点，力量遂益形增加，反攻平湖之战事，现亦于本月七日深晚爆发。查该处日军，惟事先已有准备，分由嘉兴及南黄浦上游调停重兵，同时复在平湖城内强拉民伕以构筑军事防御。致华军反攻，并未将平湖县城一举克复，殊可惜也。惟是役日军械弹之被消耗者，为数甚巨。当华军奋勇进扑时，日军为阻华军前进起见，分别将西门外一带民房纵火焚烧，致杨家弄竹行头一带之民房，悉数付之一炬，损害殊形惨重。

——《新闻报》1940年5月14日

华军堵塞乍浦水道

平湖形势益紧

本市消息　近两星期来，控制平湖四郊之华方流动部〔队〕，改取反攻姿态后，平湖形势紧张达于极点。该处日军恐慌尤甚，入晚即将四城紧闭。城外钟〔枪〕声四起，彻夜不绝。足征该处情势，华方殊形优越也。乍浦北门外之六里桥水道，亦为华方流动部队所堵塞。筑有极巩固之水坝，用以截断日军水道交通，致该处日军给养之运输，顷已发生严重威胁。日军企图解除是项航行威胁起见，曾用巨力弹药予以炸毁。轰然一声，遐迩俱闻。但是项水坝仅稍有损毁云。

——《新闻报》1940年6月5日

敌伪在平湖（节选）

黎　焚

平湖是浙西最先沦陷的一个城子。

二十六年十一月六日的一个晴天，敌人在全公亭登了陆，很快的敌人是向着平湖包围。一个星期我军急迫的争抗，平湖终于被法西〔斯〕的狂焰吞灭，引继着带来了嘉兴的失守，无数个哀伤的音讯！

黑暗就这样的逐走了光明，现在平湖是二个半年头失去了爱的抚慰。十二月十四日永远在人们的想念里浮现一个可怕的梦，这个梦一直要延续到美丽的国旗腊展在古老的城头。

敌寇动态

平湖陷敌以后，由于嘉湖路没有破坏，敌兵一直破了入嘉兴，现在嘉兴是敌人在浙西军事上三个重点（即杭州、湖州、嘉兴）之一了。所以，最近的平湖兵力减到了最单薄，大部的敌兵都集中在嘉兴了。

由于嘉湖路的便利，敌人军运快速，所以无形的［地］加强了平湖敌寇的防务。敌兵在平湖经常只保持一百名，有时尽［只］五十名左右，而且武器也只轻、重机枪与掷弹筒，没有钢炮。但是，防御工事相当强固，像学前韦驮桥都筑有碉堡，斜桥也筑了水泥碉楼，而且布了电网。

在××桥，敌人设了司令部，兵力大部集中南门。为了更强化点线连［联］

系，敌人一面抢修平乍（浦）公路，一面修理平善路路面及桥梁，企图构成平善乍间一个三角，取得地理上的优势，敌人而且把水线打通，便利水上活动。

现阶段敌人活动是强化了，然而水陆的军联频繁，多半是混惑我视线，去年二月曾经有一次“扫荡”南乡，包围我平湖县府，可是没有多时就撤退了！以后没有什么蠢动，而且撤兵集中嘉兴的谣传不断的［地］流播！

伪方政情

傀儡组织最先为嘉兴某校教员胡逆树芬组成伪自治会，收括捐税，献媚敌人，因此伪自治会改组为伪县公署后，胡逆仍为敌人委为伪知事。胡逆任伪知事后，益发骄横，贩卖鸦片，抽收苛捐，每日可得款千元，全饱了私囊。因此敌人不满，伪知事改换孙逆达闻登场了。

伪　职	姓　名	伪　职	姓　名	伪　职	姓　名
伪知事	孙达闻	教育兼建设科长	王蓝生	伪警所所长	周鹏飞
总务科长	周枚庵	科员	徐鉴平	勤务组长	徐舜卿
科员	吴哲夫	办事员	俞震百	所员	金问鑫
通译员	潘根圃	办事员	计雨苍	雇员	余成章
监印员	万学义	司法科长	俞森	总务组长	施颂平
收发员	张天奇	书记	夏纬钧	所员	徐雪民
庶务员	胡则民	录事	王寿康	雇员	丁企山
办事员	徐晴帆	监狱署管狱员	吴幼卿	业务组长	程纫初
财政科长	张秋爽	主任看守	朱其慎	所员	陈惠堂
科员	邹禅公	田赋征收主任	朱逢青	雇员	周公许
科员	胡景闻	司会	徐省愚	通译员	郑庆熙
会计员	俞家骥	司册	顾克成	巡官	卢慰成

伪第三科长王蓝生为一有产者，军阀时代任省议员，敌占平湖后，被敌罗致为傀儡秘书长，伪自治会撤消［销］后，任现伪职。包揽贩毒，设赌场，与张逆秋爽为潜势力的土皇帝。张逆秋爽过去为平湖志大钱庄的经理，且出任商会会长，后借款数千予胡逆，因此得为奸伪。

伪县公署成立后，经费毫无着落，去年七月份起征收营业税，设分局一所，局长由伪知事兼，征收主任为吴若渠，复强征田赋。本年又在城区设卡抽捐，名为货物搬入税，征收百分之三。并设货物搬入检查所，在东门、西门设卡，统税亦已征收，伪苏浙皖统税分局主任为赵仲济。

文化奴役

敌伪一面在政治上奴役我同胞，在文化上也不放松他们的奴化工作。伪大民会会长为徐振平，经常在敌方主使下荒谬宣传。伪县公署亦组织宣传团，宣传主任为魏元祺，作计划的毒化宣传。

伪文化团体在伪教育科策动下设立伪民教馆一所，其他伪文化会社数个。伪县公署内设平湖新报社，二十七年四月创刊伪《平湖新报》，八开铅印，主编为谢璧人、王蓝生，经费每月由伪县署拨发一百元，销路寥寥，尽五百份而已。

奴化教育方面，城区有梯云、学前二奴化完全小学，梯云小学校长为张轶材，男、女教员计十五人，学生五百三十六名，经费每月三百二十四元，每年三八八八元。学前小学校长为吴心吾，教员亦十五人，学生五百三十四人，经费每月由伪县公署拨三百二十二元，每年三八六四元。张、吴二逆均曾由伪维新政府资送岛国“游历”。现伪县署拟扩大奴化活动，拨款扩充二伪小学，伪初中亦在筹备中。伪浙教厅拨款八百元资助。但是，还没有办立起来。伪小学课程日语为必修课，又增加修身一课。其他仍如此，教科书在伪汪逆政权未成立前由伪维新政府教育部统发的。

——《战地》第5卷第6～7期，1940年6月21日

平湖往返记

建　麟

月初，为家务所迫，笔者曾赴平湖一行。小住旬日，于前日返沪。兹将所闻所遇，略志于后。

晨出门赴火车站，即遭一场虚惊。盖当夏秋雨季欲赴沦陷区者，均须持有防疫证。往昔，此项证书，可在旅馆内代打通行证处购得。此次，余亦仍守旧规。以半元代价，易得此证。不意启程之日，当取出交验时，竟谓此证系属捏造，遂被撕裂。余睹状不禁惊惶，一时无言可对。幸后备补打一针了事。登车后，据同座者称：凡旅馆内或私人诊所、医院中所发之证书，现概无效。特志于此，幸读者注意

及此。

自申赴平，目下当有三线：(一) 登内河轮直达平湖。(二) 搭沪杭车至嘉善，转乘民船。(三) 登沪杭车至嘉兴，再乘汽车至平湖。惟一线不能当日抵达。二线民船中时遭盗劫。故往来旅客，什九取道三线。笔者亦不能例外。火车八时廿分离申，十时许即达嘉兴。途中尚平安。检查亦相当宽弛。惟自嘉兴至平湖一段汽车，则麻烦多矣。盖所谓长途汽车者，全系搬场汽车。车厢之中，一无座位。旅客无分男女老少，均须站立。且每班汽车，旅客常达七八十人。肩背相依，足踵相接，而又骄阳施虐于外，热气熏蒸于内，汗酸触鼻，恶臭难当。且中途必须下车检查者，竟有五次之多。区区二十余公里之路程，经四小时而始达。旅客经此，莫不筋疲力尽矣。

车仍停于城之南门。自入南门，即觉境地与前迥异。盖昔日南门，甘河两街之石路，现已成为汽车道矣。且甘河街旁之水道，亦被填塞。初至之人，竟不知此究为昔日何地。平湖市况，现以南门、东门为盛。三步一摊，五步一台，足见失业贫民之多。西城外至徐婆桥以西，前因未遭轰炸，曾兴盛一时。然现已尽付一炬，一片荒场。睹之凄梗。门外之唯一大桥——万乘桥①，现亦被炸毁。睹今思昔，不觉有沧桑之感。

平湖之生活高度，不啻孤岛。米每石亦在五十元以上。菜类、肉类，虽似较申地为廉，然以平湖秤小，实际无多差别。鱼、虾等水族，则确较便宜。西瓜为平湖名产，战前最廉时六七角可购一担，今则须售五六元。且最贵时每担曾达九元至十元。可知其物价高涨之一斑矣。

——《新闻报》1940 年 8 月 25 日

平湖华军活跃击沉日艇

日军十余落水

本埠天后宫桥日商利济轮船公司，代理日商内河轮船公司行驶上海、平湖间之慎大丸班轮，每隔四日往来平、沪一次。在浦江上游泖泾以上，即由日海军派遣汽艇，载兵护航。十三日上午八时，班由天后宫桥码头载运平、沪各埠旅客启碇赴平，后面另拖顾雪林之货船一艘、杨杏泉之无锡快船一艘，是日午后四五时，驶抵

① “万乘桥”又称“万程桥”。

相近平湖十五里之新埭以上浦面。两岸田野间,突有华军密集机枪扫射。随轮护航之日汽艇一艘,上载日兵十余名,未及抵抗,船身立被华军轰沉。日兵死伤数名,一并落水。慎大丸班轮上,亦有子弹射到。当有二老大一名受伤,乘客一名中弹毙命。顾雪林之货船,则船身击毁,进水沉下。杨杏泉之无锡快船,伤一船伙及乘客。慎大丸已于十四日返沪。据云,该处均为华方正规军流动部队之势力圈。平湖班轮能否复航,须待明日方知。

——《新闻报》1940年10月16日

1941年

杭州湾北华军袭击平湖

苏嘉路日军被炸

浙西某地廿九日电　杭州湾北，十五日华军向平湖附近出击。华炮兵亦向平湖以南虹霓堰日阵轰击，毙伤日军甚众。将日军工事予〔以〕摧毁，营房亦起火延烧。日方损失颇重。

——《神州日报》1941年9月1日

嘉兴平湖间战况激烈

浙西某地廿日电　杭州湾以北等地日军二千余，于上月卅日进犯嘉兴、平湖间之韩家市、周家圩一带，战况激烈。迄本月二日，日军遭重伤败退。三日，日军又抽调兵力二千余，卷土重来，进犯嘉兴东南平湖以西之石佛寺、凤凰桥、新埭镇、史里桥等地，华军猛烈阻击。日军溃退。是役共毙伤日军百余。

——《新闻报》1941年9月22日

1942年

平湖西瓜好生意

仲　由

连日天气酷热，超出华氏表百度以上，一般冷饮品，遂为人们所必需。尤其是西瓜，当然更加被视为“夏季的恩物”。

各地所产的西瓜，色、香、味各有不同，而以产于平湖者，最为上品。“平湖西瓜”四字，当为一般果瓜商人所持以标榜，藉以显示其货品的高贵。近来的售价，每担要卖一百多元，还是求过于供，假使这几天天气未能转凉，售价恐怕还要上涨呢！

平湖是属于浙西的一个县份，位于嘉兴的东南，有平嘉公路可通汽车。东门外有东湖，为各乡河流汇潴之区。每年夏天，四乡的农民，纷纷的［地］把西瓜装运到平湖来批售给行商，或由一般行商亲自下乡去采办，然后再装运到平湖来。这几天，东门外沿湖一带，瓜船栉比，瓜商云集，真是热闹非常。

产量綦富

平湖西瓜以产于东南乡者为佳。平湖的西乡，是不产西瓜的。产于虹霓堰、戴家浜等处的，尤为著名。它的形状，有正圆的，有长圆形的，有像马铃形的。皮色或乌青，或淡青。瓜瓤色白的名“三白”(因其瓜〔瓤〕、瓜皮、瓜子，三者都作白色也)，有大红的，有深黄的，也有淡黄的。

每一块田地，西瓜与其他作物，是应该隔年交互种植的。譬如，今年种植西瓜的田地，明年如期仍旧种植西瓜，则其所产的瓜必作酸味。至于种植西瓜所用的肥料，是用“鸡屎灰”为最佳。所谓鸡屎灰者，就是一般养鸡的人家，把灶肚里的稻草灰，放在鸡棚里吸收潮气，日子一久，鸡屎和稻草灰混合起来，便叫做“鸡屎灰”。猪棚里的“猪屎灰”，是不能作西瓜的肥料的。据富于种瓜经验的老农说：“用鸡屎灰作肥料的西瓜，其味鲜美而甜，用了猪屎灰作肥料，酸而无味，便不好吃了。至于雨量的多寡，和瓜味的好坏，也有很大的关系。在初夏西瓜结实以后，如其雨水很多，瓜味即易冲淡。否则，便□甘甜咧。”

瓜商大忙

在两个星期以前，平湖城里的西瓜售价不过旧币一百二十元。虹霓堰和戴家浜等处，还只旧币七八十元。因为贩到上海，可售新币一百五十元之多，正有大利可图，无怪那些贩瓜客人，正在去来匆忙，挤得个不亦乐乎！

——《海报》1942年8月9日

平湖瓜（一）

仙

西瓜种类，首推浙省平湖，次则浦东之三林塘及嘉定。平湖西瓜，甜润如蜜，汁露清芬。然此非平湖人善种西瓜，实系土壤地质使然。如以平湖瓜种，播诸他乡，瓜即淡而无味矣。

平湖西瓜，瓤分大红、虎黄、雪白、麦黄诸色，以三白、马铃为上品，尤以三白为最。三白者，白皮、白瓤、白子是也。马铃则以大红为佳。平湖西瓜之销路，全以上海为大宗。战前，夏季日有百数十船。由轮驳拖带来申，集中于十六铺、老闸桥两处之水果行，加天时炎热，则贩运者获利愈厚。遂有“西瓜大少”之雅号。然平湖西瓜亦非有瓜皆美，选别之法，须以瓜上有红色小铃记者为佳。此红色铃记，系经过当地水果行所选别。此辈如伯乐识马，有甄别优劣之技也。

西瓜瓤子可食之外，皮亦可食。普遍者为酱西瓜皮，脆嫩爽口，为佐粥妙品。平湖人尚有腌西瓜皮及臭西瓜皮两种，当必别具风味。

今年的瓜价贵，半为运费、税捐关系，最大原因还是因为出产少。因为去夏平湖四乡植瓜者获利菲薄，种豆者却大获厚利，而且种瓜播植辛劳，在果实大时，需彻夜守卧田陇间，以防刺猬、兽类啮食。与其种瓜劳而无利，不如种豆为得计。因此，今年大半都改种毛豆（即黄豆），以致瓜产减少。所以，平湖当地售价，亦须老法币百元一担。贩运到申，连水脚、捐税，已合到储券六元一只。再经水果行、小贩之手，二百元一担，似非过高。

食瓜虽能解暑，多食亦足致病。时疫盛行的今年，更以少食为妙。希望一般有钱的上海人，能够少吃一担平湖瓜，将一时口腹之费，作慈善救济事业。利人利己，心头的舒适，恐怕互[有]甚于吃一只西瓜的清凉。

——《新闻报》1942年8月10日

平湖筹备清乡　积极推行县政

中央社嘉兴电　新任平湖县长郑鹏氏，以清乡工作即将开始，乃积极准备，并订定施政方针，即：（一）修理公路桥梁，计平喜公路、平乍公路，限本月底完成。（二）制定车舟通行旗帜，限制往来。（三）设立清乡总会，巩固地方治安。（四）设立招抚所，招抚散兵。（五）编练自卫团，训练人民自卫能力。（六）实施区域封锁，防止匪伪出入。

——《新崇明报》1942年9月16日

平湖举行清乡宣传

嘉兴二十日中央社电　平湖县党部宣传股，因鉴于二期清乡工作开始在即，特联合县政府、民教馆及各中小学，举行清乡扩大宣传。除于街头通衢张贴清乡标语外，并将表演戏剧、歌唱及演讲等节目。

——《新闻报》1942年9月21日

1943年

平湖至乍浦间长途汽车通车

嘉兴二十五日中央社电　平湖至乍浦间公路，前经浙清乡办事处拨款令饬平湖特区公署修筑，业已完竣，并由华商兴亚汽车公司，呈准特署间驶长途汽车，每日往返各一次。二十四日起，正式通车。

——《中国商报》1943年4月26日

嘉兴平湖一带限制菜籽出境

必申请许可方准搬出

浙江嘉兴、嘉善、平湖一带农村所产菜籽极多。近来本市商人因油价猛涨，菜籽价格亦随之昂腾。凡至上述区域采买菜籽者，无不获利甚巨。因此，本市及各地商人均纷纷前往收买，巨额搬运出境。致当地人民因榨油原料流出太多，亦感受食油恐慌。浙江省粮食局有鉴于斯，为安定民生起见，已令各县县政府禁止菜籽出境，否则必须由当地食油业同业公会向关系机关申请获得许可证后，方准搬运云。

——《新闻报》1943年7月14日

平湖西瓜廉售

平记申庄最近特派专员赴平湖，采办真正枕头西瓜。现已运抵沪上，电话聘货不取送力，一担起送。电话九五八三九、六一九五一。

——《东方日报》1943年8月1日

风雨沧桑话平湖

王小竹

这也可算是一个特色，差不多每一个浙西的城市里都有一个名胜的湖。杭州有西湖，嘉兴有东湖，而在平湖，也有一个小小的东湖。虽说它面积小，风景敌不上西子湖的艳丽；但那一湖的水却是特别的澄清，在岸上望过去，真是波平如镜，仿佛水里还微微冒起一阵青烟来。据说这个东湖是由九派之水汇合而成，光看这么一个浩浩荡荡的来源，就不敢小觑它了。

东湖在平湖东门外，湖中有耸起的洲屿三处，即报本寺、湖墩与小瀛洲。报本寺有两条石桥通到岸上，桥名东西宝塔，东宝塔桥与湖东相连，西宝塔桥则与平邑衔接。庄严嵯峨的报本寺就静静地蹲在两座石桥的中间。寺旁有报本塔，塔内题满了各式各样的诗词，在塔巅临风远眺，可以望见乍浦九峰山那一抹淡紫的山影。承平时候，常常有人在此地吃素斋。然而事变以后，报本寺就全部变成了瓦砾。报本塔里的朱栏画梁又都被无赖们盗卖一空。到现在只剩下一个报本塔的空壳、一所牌楼、几块石碑而已。

湖墩以前是中山公园，民众教育馆也设在此地。有一条钢骨水泥的大桥从东湖滩直达墩上；又有来往于湖东南廊下之间的渡船可以在此地上岸，交通很为方便。园中遍地都是碧绿如茵的草坪，栽种着各式各样的鲜花树木。并有荷花池、纪念塔等点缀物。承平时候，到这里来散步憩息的游人是很多的。事变以后，因为无人照管，园中的房屋树木都被斫卖一空。到现在也只剩下一大片荒凉的废墟了。

最近有人发起将湖墩改为商场，听说连建筑和经营的计划也草拟好了，只待地方当局核准。如果一旦开辟成功，这一个湖心商场倒大可兜揽一般顾客。而那烦嚣的市声也将划破湖上的清幽，使湖山变俗了。

小瀛洲位于湖心，从前是著名的瀛洲书院所在地，游人在此稍憩，仿佛还可想象当时那一班学生苦修时的书声朗朗然。然而到现在也成为一堆瓦砾了。

平湖城里在事变刚平下来的时候，正是疮夷[痍]遍地，满目都是凄凉的瓦砾。但不久就有一些勇敢的商人们在废墟上搭起茅蓬[篷]，做起生意来。随后秩序逐渐恢复，生意也越做越发达了。那些店家从茅屋翻作瓦房，再由瓦房摇身一变而为洋房，城市也逐渐恢复了战前的面目。

在这年头儿，有现款的人怎肯轻轻放过机会，平湖也如其他地方一样，囤货成了一时风尚。最近竟有人异想天开，囤起田地房产等不动产来，这中间尤以老式的高门宅第最为时髦，人们将它买了去，自己并不住，往往以十万、廿万的价目买进，待一二月后，房价涨了，就脱手售去。有时买主买了房子就动手拆卸，先取下木材，小的用来零售或搭屋；大的用来锯板做棺材，活人的住宅，一变而为死人的卧具，造成一种令人啼笑皆非的乱的怪现象！然而既然“人巢鬼占”，当然苦了一般租房子住的小市民，现在的平湖，一所小小的住宅就钉上五六块门牌，新搬来的简直就租不到房子。于是乎一般愁衣愁米的小市民阶级，除了担心开门七件事以外，还要担心没有房子住，真是叫苦连天了。

平湖的交通一向是很发达的，事变前有公共汽车通嘉兴、乍浦，有汽轮通上海、金山；又有快航船驶行在内地各城镇之间。事变以后，经过一度停顿，现在差不多都恢复了，但班次倒底减少了些，又兼在普通旅客中间平添了无数跑单帮生意的贩子，舟车交通更显得拥挤不堪，不出门的人乍见，仿佛又到乱世逃难的时候了。

自从汽车改装木炭引擎以后，平湖的汽车事业倒蓬勃了起来。铃芬路上满是升火待发的小包车。汽车公司有嘉平公司、大丰公司、鸿达车行等等。多来往于嘉平、平乍两路上，听说生意也十分兴隆。

东湖滩一带是米行，它们都是巨大的收买批发商，每家都有它们的“乡脚”——成天撑船的乡下人运着米粮来粜给他们。米行的“水桥”前面，差不多每天都鳞次栉比地停满着这种船只。船夫可在米行吃饭，还可以向米行拿茶票子去吃茶，只要看它们肯化［花］这么大的本钱，就可想见其赢余之一班［斑］了。

平湖没有设备较好的游艺场，事变前一座刚落成的新民戏院，已成为一堆蔓草丛生的砖瓦堆。现在只有一所屋宇狭窄、设备简陋的大利书社撑撑场面，但演戏也没有一定，京戏，绍兴戏，话剧，什么都演过，甚至有时还有断戏的日子。另外有快乐园及平厅两家书场、一个所谓“名媛招待”的俱乐部而已。

说起平湖，也许有人还记得平湖马铃瓜，现在马铃瓜已经有少许上市了，然价钱可大得吓人，要二三十块钱一只，回想事变以前只有一两块钱一担的市面，仿佛只是一个古老的梦境。

事变以来，平湖的社会人事也大大的翻动了。原来的显赫富户有的沦落为小户人家，而原来的小户人家有的却一变而为显赫富户，那些老平湖会指给你看，那一个手提竹篮、骠在行人中间买菜的女人是从前某府上的千金小姐，而另一个口衔雪茄、红光满面的大老板在六年前竟是[①]一个纸店倌。说起来，怎么不令人喟然有沧桑之感呢……

——《万象》第3卷第3期，1943年9月1日

① “竟是”原文作“是竟”。

1944年

平湖风物志

无 那

为什么叫“金平湖”？有人说：这是指地方财富而言，因为平湖比嘉善、海盐富庶，所以便有“金平湖，银嘉善，铁海盐”这句俗谚。又有人说：平湖盛产菜籽，春天菜花齐放，四郊一片金黄色，故名。有人又说：平湖的女子生得最优美，故有此称。总之，不管所指何点，平湖是个好地方，是没有问题的了。

大约浙西的平湖，很有几分与江苏的苏州相仿佛。自然环境不谈，单就“人”来讲，平湖人和苏州人同样长得清秀，同样是弱不禁风。女子同样喜欢装饰，就是乡下摇洋袜的大姑娘，上城时候也都烫了头发、涂上脂粉。可是，下面却是赤了脚，穿一条青布围裙。平湖人也像苏州人一样好吃零食，小姐奶奶，都喜欢站在门口，从小吃物担子上买了这样那样，不断往嘴里送。平湖人也像苏州乡绅似的，好用发过酵的黄米(一名冬舂米)煮饭吃。就是吃了白米饭不易消化。平湖人也和苏州人一样，爱乡心重，宁愿在府上守富，不大愿意出外干工作的。一到冬天，“家家门外送租船”，富有人家几乎每家都有租栈，有专司租务的账房先生——其他类似之点还多着。

平湖东门外有一个东湖，又称当湖。湖虽不大，而水清如酒。湖中有土墩，建一楼曰“弄珠”，因湖水支流九派如九龙，墩在水之中央如珠，故以为名。有轩曰“远山初月之轩”。廿六年前，这里是公园，每当胜日，士女三三五五到此游览的很不少。有的租一只小艇在湖里摇着，有的移了藤椅坐在柳荫下啜茗闲话。花木扶疏，楼台倒影，却是一个好所在。然而，现在是楼已无存，花树也凋零枯败得不成样子了。只有湖水，依旧和从前一样的澄澈如酒哩！

距公园不远，有一个大王庙，祀汉将军霍光。据本地人说，大王爷威灵显赫，当明朝有一次外侮侵陵的时候，大王爷大显其灵，对方的队伍将要抵达平湖城时，但见一巨人，身长十丈，直立东湖水中，因此惊恐，立即退兵。于是全城人民得免于难。所以，在四月里庙会之期，庙中香火甚盛。而城内大街之上却家家张灯结彩，争奇斗胜，不惜工本。每一店铺门首，坐着高高下下一排排的人，当然以女子为最多。他们在看街上走过的许多逛灯的人，而看灯的人则意不在灯，所注意的却是这些娘儿们。真是火树银花，城开不夜。早几年前，每年总有不少人从杭州、嘉兴等地赶来凑热闹的。

平湖人喜欢新鲜事物，有什么一件小小的新闻，立时会传遍全城。什么都爱看。据说，只有挑灰出粪除外，其余如捉奸、相尸、失火、相打等，那是最感兴趣，无不空巷来观。

境内河流纵横，故鱼虾之价极廉。乍浦滨海，鱼类尤繁。北方有全羊席，在乍浦却备出全鱼席。城中西大街刘义兴的鱼面很有名，面条是用鲜鱼捣烂和面粉擀制的，所以有特殊风味。软壳糟蛋自然是平湖名产，一小坛四个，蛋白、蛋黄匀腻如一，鲜到极处，为下酒无上妙品。

平湖人口密度甚平均，地不甚广，而出产富饶。全县可以分做三个区域，一区盛产米粮，一区盛产蚕丝，一区盛产棉花。故经济情形，比较邻县为佳。而坐茶馆这件事便成为一般人的习惯。吃早茶的，天一亮便上茶店，揩面、漱口、喝茶、吃早点。饭前回家，吃了饭，又是一壶茶。吃了晚饭，又要来闲坐几个钟点。于是，茶馆生涯[意]鼎盛，遍于全县。喝酒的当然也不少，早先酒店中凡遇客人有吃醉酒的，必打了灯笼，扶送其回到家里。有人说，平湖人不论男女，每人平均至少可以吃两斤陈酒，士绅中还有一个五斤会，要能饮酒五斤的，才有入会资格，也可算得酒国之雄了。

平湖所产西瓜颇有名，大部分运销上海，而洋袜每年的产量，亦有数百万打，销行很远。以前推销到陕、甘及关外等地，乡下人家几乎家家有摇袜机。

城里有一个藏书家姓葛，他那守先阁所藏图书，着实不少。方志搜罗之富，在东南数省居第二、三位。丛书也很有些。其他善本及历代名人书画，有很名贵的。只可惜在廿六年战乱中，全付一炬。这不仅是平湖葛氏之不幸，也是中国文化界的一重损失。

——《海报》1944年1月31日

平湖鳞爪

桐　秋

平湖之东湖中，前称弄珠墩后辟公园之大湖墩，已成一片荒地。环湖之柳一扫而空，仅剩树木二枝。湖边新建草棚，驻有警察，专收过往货船之税。

报本寺已无屋宇迹象，仅存光身一塔，甘河已填没为汽车路，松风台无台可觅，救国门用砖石填塞，业已无门。

电灯厂已数月无电，有电时每度电费计中储券一百六十八元二角。

十月份之米价为每石八千元，尚看贵。其他则为树柴每担六百元，油每斤二百五十元，肉每斤二百元，菜、虾、蟹、鱼均新鲜。

——《海报》1944年10月24日

1945年

平湖西瓜

漫　郎

西瓜业已上市，闻初上市时，每担售二十五万金，约得十二三枚，平均计之则剖瓜一枚，值二万金之谱。偶快朵颐，在昔足破中人之家矣。

西瓜产地，平湖最著。自平湖贩瓜至沪，满载一船，数可百担，获利之巨，自在意中。新埭镇属平湖县，其地亦多西瓜行。瓜亦来自平湖，现每担只售六万元。余数日前在是镇，雄啖一快。归时颇思贩瓜至沪，以售善价。然闻瓜船至沪，沿岸关卡重重，苛税犹其余半。往往一船之瓜抵沪，即无半船。偷漏豪夺，莫之能御。而且，在沪不能自行卸岸，必须售予市场。故为利亦甚仅[微]，遂作罢论。只随身携带数只，乘内河轮船而返。船中新例，西瓜每只索水脚费二百元。单帮贩西瓜众，盈筐满袋，皆是西瓜。

西瓜虽已上市，惟为时尚早，瓜多未熟，水份[分]多而甜味少，更半月后，始有佳味。今上海人之食瓜者，肯出重价，而留齿不芬，盖洋盘也。

——《东方日报》1945年7月14日

平湖轮中

漫　郎

平湖轮船所载者，几尽为贫苦之单帮客。携货之多，充斥船中，使真正旅客，伸足不得，而复恶臭钻鼻，如溲非溲，较之阿摩尼亚，犹为难闻。至于脂粉之香，可谓绝无仅有。月初，余曾有新埭之行，归来跼处船中，几十小时，虽方之十年牢狱生活，亦不为过。谚云：出门千里，不如家里。洵不我欺。被[彼]业单帮者，岂不知秽臭，而乃如群豕之杂然相处，真非人之生活也。

船上有一年轻女客，仰睡舱中，历久勿醒。当船行时，船身因受机器之震动而起微颤，女之身亦随之微颤，胸前双峰，起伏靡定，而且玉靥含笑，星眸微启。余适邻之，视线所及，必及彼身。设想移此女于席梦思上，而艳其妆饰，睹此微妙动作，宁非令人意消？惜乎眼前环境恶劣，纵有绮思，亦且成□。虽然是行可资回忆者，惟此一事而已。

——《力报》1945年7月18日

平湖惩奸记

曹　一

平湖当胜利消息传来之日，国军未到，日兵暂存观望，地方一度陷于混乱状态，宵小群乘蜂起，大肆抢掠，损失达十万万元以上，为战事以来未有之浩劫。旋国军进驻，关震东出任县长，布告安民，秩序始复归宁靖。民众连日发起庆祝胜利大会，张灯演戏，盛极一时。而同时检举汉奸工作，亦不遗余力。路上惩奸标语，迭有发现。先是有刘某等七八人，皆当地"名人"，在伪组织下颇有地位。新县长抵任后，即折柬邀集谈话，迨先后连翩莅止［此］，忽告曰："君等皆有通敌嫌疑，暂请留止。"当即加以拘留。一座骇然。时消息传出，庆祝胜利大会演剧方酣，辄有人授意丑角，借在台上演剧时告于观众，并征询民意，对于此辈赞成枪毙，抑为杀头？一时欢声雷动，皆主杀之。兹闻有数人已经讯实正法，人心为之大快焉。

——《正报》1945年9月29日

西瓜发源地

闲　云

平湖——浙西的一个小城市——是著名平湖西瓜的出产地，在上海人的耳朵里，大概不会陌生的吧！

以往有着"金平湖，银嘉善"的雅号，的确，在过去可以够得上这样的赞美，它有着富丽的戏院，漂亮的公园，优美的名胜古迹，贵族化的旅馆、饭店，"海派"的小姐们，和热闹的市街。在东城门的早市，尤为特色，每天早晨流水般的乡下人，熙攘往来，摩肩接踵，不亚于上海的日升楼畔。但是现在的金平湖，已像金罗汉退脱了金箔，只剩着灰黑的泥巴色。经过了炸弹的洗礼、敌伪的摧残，平湖大戏院化为瓦砾场，中山公园变成敌寇杀害爱国志士的魔窟，报本寺中的建筑物，为宵小流民，全部拆毁，仅一塔孑然独存，孤零零的站在腥风血雨中，旧县政府已由砖石堆辟为公共体育场，平湖饭店、金平旅馆，成为历史上的陈迹，东大街被毁民房极多，目下重筑大半为平屋，偶有楼房数幢，然建筑极为简陋。西门外一带市房烧毁殆尽，平民均以竹枝稻草与芦席，搭成平屋，以避风雨。昔日繁华，于今何在，如此情况，亦可谓惨矣。

烟、赌、娼，在胜利以后，表面上看来，可称业已肃清，虽然名为戒烟而实系售土的"戒烟所"，已随着它的主子而"投降"了，但是燕子窝仍旧在偷偷摸摸的迎来送往，维持着瘪三老枪的最后一口气。有"血"阶级的瘾君子，大多溜到上海来延医求戒，然而据说县政府中尚有六支横枪，在吞云吐雾，不可不谓禁毒声中的奇绩！岂系俗谚"只可州官放火，不许百姓点灯"之谓欤？

敌伪时期的"俱乐部"——变相赌场——已经当局取消，原址改为票房，以供正当娱乐，雀战在平湖亦属违禁，违者处以罚金或拘禁，甚至游行示众，然于"有力者"则无关，若辈仍可闲来四圈，劈拍[啪]之声，达于户外，当局亦视若无睹。娼妓在平湖，过去根本没有公娼设立，对于私娼的禁止极为严厉。自被寇军占据以后，便有专供寇军泄欲的"慰安所"设立。此后淫风渐甚，公私艳窟，为数甚夥。逆旅之中咸为藏沔[污]纳垢之渊薮，幸胜利来临，扫除一空，所遗者，不及十之一二。

这里的捉汉奸是件极有趣的事，据说当局自城外地下工作，进城正式视事以后，对于汉奸之处置，尚在"考虑"中，而当地有书香后裔高某。此人因其为人兀突，似患有神经质，故咸呼高痴者，于街头热闹处，及大庭广众之间，高呼"捉拿汉奸刘××周××""不捉汉奸与汉奸同罪"等口号，痴劲大发不已，当局认为不成体统，因之加速进行，遂以闪电手腕，使一群汉奸措手不及，结果大部落网，群众咸抚掌称快，所认为遗憾者，一批"名流"汉奸，闻已为当地绅士徐××为之保释，而目下拘于狱中者，仅一批"搁血"小汉奸而已。

当地的治安方面，在城圈以内，可说是十分安全，虽然穿便衣带木壳枪的为数不少，但总算能守纪律，与民无犯；城外则不然，盗窃的案子相当多，而武装同志中有番号者极少，军警与盗贼不易明认，乡人莫不叫苦连天。尤以距城二十余里之新埭镇为最，该镇且常为××军所盘踞，平沪航轮行经是处，时遭洗劫，人咸视之为虎窟。

物价的涨跌，完全跟着上海，布匹、药品、洋杂货等东西，只[至]少要比上海贵三四成不等，投机市场虽然没有，但在东门外的粮食茶会中的交易，完全是投机作风，粮食行情，瞬息数变，过去对于CRB的不信任，大都购囤物资，最近因为物价一度的暴涨，对于CNC的信心似乎也起了动摇状态。

只要政治能就上轨道，官吏廉洁。"金平湖"的重发金光，指顾间事耳。

——《展望周报》第2期，1945年12月8日

1946年

平湖电灯元旦放光

本县明华电厂，前因机件问题，停电已久。现该厂股东会公推邑绅陈廉斋氏，出任总经理职。业已筹借巨款，修配机件电线，购置燃料，决定于胜利元旦恢复放光。(圭)

——《新闻报》1946年1月2日

平湖横征暴敛　苦煞老百姓

平湖旅沪同乡会近以抗战胜利后关县长复治以来，苛捐杂税，层出不穷，历经该县人民检集各种捐税收据证件来沪，向该会请求转电浙省政府，迅予制止。闻该会对于此事曾邀旅沪绅商集议，当即决定电请浙江省政府及苏浙皖叶、钮两宣慰使，彻查制止。兹将该县各项捐税之情形记录如下：军米、借购公粮、县级公粮、乡级公粮，每乡每项三百担(全县计五十余乡)，每收一石，带收米五六斗不等。作为手续费，更有所谓副食费、献纳捐、山地收益捐、垫公粮、事业补助费，及其他县府暂借公粮，及部队副食补给品费，等等。名目繁多，不胜枚举。至区保甲长及经办人员之额外需索，尤难尽述。近更按亩征收地方性献捐，及上级派款等，催收之严，急于星火，稍延时日，即以拘押相威胁。其情状殊为历来所未有。

——《和平日报》1946年1月16日

平沪货轮损失千万

本县行驶平沪间之大康货班轮，日昨由沪开平，行经闵行镇西市，突被匪徒九名，驾驶驳船一艘，喝令停驶，将船中所载白糖、面粉等物，搬运一空。事后检点，损失千万以上。据情已报当局严缉。(乐)

——《新闻报》1946年3月12日

徐家埭镇被匪洗劫

县属徐家埭镇，突于四日午夜，有身穿制服、手持武器之匪徒二十余人冲入市镇，分组把守要道，并持火把，按户搜劫。全镇商铺，无一幸免。历二小时之久，始集队呼啸而去。事后该镇镇长蒋雪堂呈报当局，请求追缉。（乐）

——《新闻报》1946 年 4 月 9 日

平湖交通检查奉令撤销

县府前以萑苻遍地，劫案迭出，曾设立水陆交通检查所，以免奸匪混杂。三个月来，虽鲜特殊成效，然旅客在此期中往来，尚称安宁。顷省政府令饬限期撤销，县府奉令后，已遵限结束。（水）

——《新闻报》1946 年 5 月 28 日

平湖虽属产米乡　劫后灾民无存粮

一万五千石军米　农民负担不起

编辑先生：我们平湖是浙江的一个小县，因为“金平湖”三字，名气太好了。这次浙江采购军粮，全省共是六万五千石。我们平湖要到一万五千石。你想浙江省有〈到〉七十几个县，何以我们平湖要负担五分之一强？况且敝县首先沦陷，遭敌祸最重，近海各乡，早已粒米无存。一般农民，至今买不起耕牛，无法播种。现在又要叫他们负担巨额军粮，这样叫他们〔如何〕生活下去？就是军粮固要采办，也要请求在上者将全省通盘筹划，不要只对平湖着想，尚祈贵报披露，以代呼吁。小民幸甚！一个平湖人上。

——《时事新报》1946 年 6 月 11 日

平湖接收物资舞弊　两万担菜子无着落

平湖讯　本县县参会十四日会议中，关于本县处理敌伪物资案，有王似华等十二人提议该案全部卷宗中发现舞弊情事，菜子两万余担，不翼而飞。决议电请省府向关前县长震东清算。

——《时事新报》1946年7月21日

平湖调整警政机构

平湖通讯　浙省近正逐步推行警管制，并积极调整警政机构，以期达到千人一警的鹄的。平湖县人口有廿六万，合为一等局。过去因县财政困窘，百分之十三保安经费无法实现。近正积极整顿中，如加组保安警察队，设刑事警察，肃清烟毒等。据钟县长谈：本县警额百五十名，可能配备新式武器，最低每班可获轻机枪一枝[支]、步枪十枝[支]。今警局长已赴省具领云。(十七日寄)

——《大公报》1946年8月20日

本县清乡限期结束

县府奉省令实行清乡以来，经已三月。地方治安，渐见安谧。兹奉嘉兴专署令知，是项清剿工作，已逾规定时期，限于九月底完竣。县府奉令后，经派军事科长谭锦棠等分区负责督导，藉以如限结束。(水)

——《新闻报》1946年9月23日

肩夫苦力全体罢工

本县肩夫苦力二百余名，曾以物价高涨，要求资方增加肩力，当由资方允照原资增加一倍。时隔未久，肩夫又要求资方重行调整肩力，资方拒绝，于是肩夫乃实行总罢工，现尚在僵持中。

——《新闻报》1946年10月22日

小教怠教圆满解决

本县城区小学教员，因不满扣发经费，于本月二十一日怠教，嗣经地方参、党、团首长及教育会等奔走斡旋，当局允即发给，各校于二十二日照常上课。(水)

——《新闻报》1946年11月24日

1947年

平湖林家埭抗税罢市

本报平湖通信　本县林家埭全镇商民因不堪负担高额税款，酿成全镇罢市。该镇商民八日联名呈县参议会，转请县府要求核减税额，以苏民困。缘以本县税额实较去年邀增达四、五倍之巨。又该镇税收分处人员常使高压政策，带同警士强制各店盖章认定税额，致激动全镇商号愤怒，忍痛罢市。现正静待当局设法解决中。（正九日寄）

——《大公报》1947年3月13日

平湖农民疏浚河道

平湖通讯　本县与海盐县境相毗连之西南地区，为全县最贫瘠耕地，战前即为省县当局注意。该地之水利工程，省方曾令县府设法开始疏浚。县建科即于农闲时期，利用义务服役，着手在南顾、骑莲等乡之黄水港改动进行。历时月余，成绩颇佳。并将海盐海塘在平、盐二县边境中之土坝二座，亦一并开去。（三、十，雨寄）

——《中央日报》1947年3月17日

平湖的印象

老　凤

平湖在有明以前，属于现在海盐的盐官县的一镇，名当湖镇。不料，改县以后，平湖以水利、商业、交通关系，变为“喧宾夺主”，凌驾海盐之上，遽有“金平湖，银嘉善，铁海盐”之称，平湖亦值得自豪了。八一三战后，海盐遭敌伪九出九进，几于全县毁灭，而平湖则损失极微。加以本来富饶，东门大街一带大商店，立刻自建店屋，到现在恢复十之七八，已楚楚可观。

下走于十二日应亲戚徐世瑜君之邀，偕张季安、吴焕荪两君，乘汽车赴平观光。在埠迎候者徐世瑜、孙光祺、奚复一、冯光祖、顾鼐光诸君,下榻水弄徐律师公馆,款以盛宴。次日,参观各学校。则平湖学龄多,学校少,须每学期换读,不知确否?平湖县政府系孔庙学宫借用,孔子神位被木板隔住,黜孔子而尊县长,儒林未免减色。平湖商店装置颇有上海色彩,营业盛况为浙西各县之冠。平湖有日报四种,以《平湖日报》为巨擘,《建国日报》次之。《平湖日报》总编辑方元燦君,系地下工作健者,自设电台收取各国无线电,电讯乃为各报之冠。方君之两叔与舍弟宗良同学且义结金兰,故谈话极洽。十三日下午,晤参议会议长徐眉轩君,交换海盐、平湖两县府设政成绩参证,又访《建国日报》主笔祝静远君。十四日乘轮返沪,送行者十余人。平湖的印象,固甚佳也。

——《铁报》1947年4月19日

平湖嘉兴正式通话

平湖通讯　平湖至嘉兴长途电话,由本县单独架设路线,已全部完竣。十一日,本县钟县长与嘉兴胡县长作首次通话七分钟。声浪清晰,成绩颇佳云。(四、十一,雨寄)

——《中央日报》1947年4月21日

平湖食米大批外运　升斗小民无法生活

编辑先生:我们平湖在一周以前,曾因米价一日数涨,沿海各乡发生抢米风潮,后以处置得宜,风潮旋即平息。白米已跌至廿一二万元。近因一般奸商囤户鉴于贩沪获利颇厚,藉口春货(即菜籽)登场,资金难以周转,由商会及米业公会理事长请县长解禁,连日贩沪,为数惊人,存底日枯,米价竟出卅万大关。哀我升斗小民,将不死于病,而毙于万恶米蠹之手矣。尚希当局注意为幸。(平湖一小民)

——《大公报》1947年5月31日

平湖奇观菊花待放

本报平湖讯　平湖钱圩镇居民唐小和尚,年已八十三岁,生平酷爱菊花,是以四十年来,种植菊花,从未间歇。每届秋季菊花盛开时,慕名往观者颇不乏人。日来正值栽种菊花之时，唐某所栽之菊花中，突有一枝，忽然含苞待放，花形颇大，颜色亦美艳异常。现该菊花方兴未艾，娇艳欲滴，附近居民，均传为奇观。

——《人报》1947年6月23日

改良平湖城区饮水的商榷

玉　珍

水是生命的泉源：这真是个水的世界，地球上它占据着五分之四的面积，海洋江河、水渠，分布在每一个角落里，地下又有水层，天上又有水组成的云雾，地面上的生物和非生物都含有水份[分]，尤其是生物，不论是动物、是植物、是高等的生物、是下等的单细胞生物，都含有一定的水份[分]。水是生物的基本，靠着水，植物可以由根吸收养料而生长，动物可以由消化道吸收养料，而由大部分是水所组成的血液，运输到身体各部份[分]的细胞，再带同废物而排泄出体外，这样才可以生活、生长。我们日常如果没有水，怎样可洗澡，以除去皮肤上的污秽，怎样洗涤衣服，洗涤蔬菜肉类呢？一个人一个月不吃饭尚可以生存，但是他不能三天不饮水。所以水真是生命的泉源，没有水就没有生命。

平湖城区饮水的来源：平湖真是水乡，河道纵横，城墙内外都被河道贯通着包围着，很少人家凿井，大部份[分]人饮的是河水，少数人饮的是天落水和井水，但是平湖的井大部份[分]凿的太浅，离河道不够远，河水里的细菌和地面上的细菌仍旧可以渗透到井水里，最不好的，就是井的附近有着毛[茅]坑、阴沟，和井上没有盖。积天落水的人家比较少，天落水的照例是应该很清洁的，但是天初下雨，空气中的细菌尘埃和屋面上的污物都被流到水缸里，而且大部分缸上仍是没有盖。总之，实际上饮河水的至少占百分之九十以上。

由河道清除废物和垃圾的不合理：因为河道多，大多数人家的后门或前门靠着河边，所以大家贪便利，把扫下来的垃圾都往河里倒，小孩子的尿布上沾满了粪也往河里一拖，痰盂里充满着痰、尿往河里倾，病人的衣服用具往河里浸，最不好的习惯就是马桶在河里洗，而同时候一边可以看见有人在洗菜、淘米、挑水。河水一面是生命的泉源，一面却是废物收容所，这是多么不合理啊！有的人说河水是流动的，这些废物会漂流到别处去，但是别处的废物难道不会漂流到这里来吗？河道这样狭，垃圾漂不出去，沉在河底下，河床一天天的浅，夏天的时候，河水是臭气，我想很多人都感到的吧！有识之士在发起疏浚河道，但是原因不除去，没有多少的时候又要浚河了，这是多么荒费财力呢！所以由河道排除废物或垃圾是绝对不合理的。

河水的病原菌和寄生虫：平湖域区城区的河水中真可以说是包罗万象，寄生虫方面有日本血吸虫，有蛔虫、鞭虫、绦虫、钩虫等卵，病原菌更多，有霍乱弧菌、伤寒杆菌、链球菌、葡萄球菌、肺炎双球菌、大肠杆菌等等，不可胜数。在上海经过滤过的自来水，每西西中尚可找到出一个细菌。我们的河水中每西西内含菌，实不下数万个，想起来，真是可怕的很啊！

怎样清洁饮水：

洁净饮水可分积极的办法和消极的办法二种：

（甲）积极的办法：把垃圾倒在垃圾桶里，把废物粪便倒在粪坑里，不要倾倒在河里，马桶不要在河里洗，可以杓起水来在上面洗，洗后把积水倒在粪坑里，洗涤衣服和病人的用具，在上面洗，把污水倒在阴沟里，让水份［分］停在沟里而慢慢被地上吸收。

（乙）消极办法：用明矾研碎撒于水缸内，搅和，让细菌尘土沉淀。不食用未煮沸的水，洗涤碗筷最好用沸过的水，或者放在镬子上蒸过。

这些都是轻而易举的事，差不多的人都可以办得到，其他如用砂滤缸、药品等等，我们不讲，因为这些都是我国不能普遍应用的办法。

——《平湖医刊》第2期，1947年7月16日

乍浦外海查获机器船①

县政府于二十七日派员在乍浦外海查获机器船两艘，抄出硫磺十余大桶，及放大镜、枪械等物，即将船员全世明及账房季某解送县府侦讯。（水）

——《新闻报》1947年7月31日

平湖瓜（二）（节选）

运销到上海的西瓜，其为枕头式的一种，大抵托言“平湖南门瓜”。其实，平湖南门这地方，年产西瓜只千余只，而海上一隅，一日之间的消耗，便逾此数。那

---

① 标题为编者所拟，原题为《平湖》。

有如此之多的“平湖南门瓜”？

平湖瓜一瓜异色，着泥的一面较深，剖而食之，这一半亦较为甘芳。常品则无此异。

平湖人多为瓜贩，但贩至异地的西瓜，亦不必产自平湖。本地的产量不丰，乃乞诸其邻，人以其为平湖籍，亦不置其瓜之是否来自平湖焉。

——《光报》1947年8月5日

平湖县长之死

县府职员要求医生解释

本报平湖通信　钟树仁县长于八月廿六日病逝，因其病势突兀及致死迅速，民众们莫不猜疑，要求诊治医师张子平（卫生院长）、潘思齐、奚可阶等公开答复。廿九日，张院长散发通知单，邀请各界，以公开解释诊治经过。但又全部收回取消。县府各科主管乃于卅日下午会同医师等郑重研讨钟县长致死病因，对张院长等提出严厉质询，并将张院长所答复之各项诊断现象一一记录，以待专家之鉴定。（君八月卅一日寄）

——《大公报》1947年9月2日

乡民请愿恢复庙桥桥门[①]

四日晨，黄姑乡参议员方斌卿等率领乡长及农民二百余人来城，向县府请愿，要求将庙桥桥门恢复战前状态，以利农民灌溉。（水）

——《新闻报》1947年9月8日

平湖检查新闻

本报平湖通信　平湖新闻界采访县府新闻，初为自由采访，后经县府设员统一供给，已感不便。廿四日县府又函各报社，原函云：“查本月七日本县乡镇长座谈会讨论第三案，关于如何尊重乡镇自治人员地位、保障声誉，经议决办法第一

① 标题为编者所拟，原题为《平湖》。

项，凡涉及自治人员声誉新闻，请函各报馆先送有关上级机关依法查办，在未查实前，勿先披露”等语。此事已引起全县新闻界之不满。（岿廿五日寄）

——《大公报》1947年10月27日

平湖蟹大熟年

本报平湖通讯　又是持蟹对菊时令，本县大蟹狂市登朝。据业中人称，今年蟹产胜过往年，良因气候适度，西门外之河蟹，远胜沿江海蟹，味香肉足，惟价格远胜往昔，每斤二万元至四万元。每日运往上海者，不计其数。居住平湖者，反不及沪人食客有福，因次货多之故。（芬）

——《和平日报》1947年10月31日

“真命天子”入狱

徐　牧

平湖乡民刘有余，于今年秋间忽发异想，竟然头缠白布，画符掐诀，自称是“真命天子”，并谓有天神附身。当时号召了一般刘姓族中愚民，入山聚居岩洞中。刘自立为王，并封族人刘来顺为“军师”，居然称孤道寡，做起关门皇帝来。

不料，“军师”刘来顺，与其胞弟失和，某日经“军师”奏了一本，指其弟大逆不道。“天子”闻奏，龙颜大怒，就派了若干没有武器的御林军，将刘弟捉上山去，用石锄斫死。后来，事情闹大，平湖县民徐克球、徐全寿二人，为了反抗“朝廷”，亦被渠等用石锄斫死，经死者家属向县里告了一状，警局即派全体警士出发，登山围捕。“天子”“军师”等见状，因为缺乏勤王之师，未能“警来将挡”，只得用扫帚作法。但扫帚的法力结果终于敌不过“手枪”的威力，于是“真命天子”及一干人犯，同时在岩石洞中俯首就擒。旋即移送浙江高等法院讯办。本月廿日判决：刘有余处无期徒刑，刘来顺处有期徒刑十年，其余乡民姑念均系受愚，宣告无罪。从此平湖的冒牌“真命天子”与冒牌“军师”，都成了牢狱之囚了。（自杭州寄）

——《铁报》1947年12月23日

1948年

去年田租过高　平湖佃农痛苦

希望今年能够减低

编者先生：我们平湖县的田租，过去均由各栈（即业主）自定价格征收。大栈较低，小栈较高，没有一定的标准。佃农每亩所完的田租约糙米五斗至六斗。

战后，政府为谋业主征收合理，佃农负担平均起见，于每年霜降节前由党政机关召集地方士绅按照收获量多寡，以二五减租计算，议订租价，布告佃业双方照办，施行以来，颇得好评。

但，去年（卅六年）所订的租价似属太高了。我们拿前年（卅五年）的租价来比较吧！前年每亩最高净收三斗五升，连缴田赋一斗四升（战后田赋由佃农代付，抵解田租），每亩纳租为四斗九升，较战前稍低。去年收获量有好有差，大概相等于前年，而租价每亩提高至四斗五升，连缴田赋一斗九升四合（也比前年高），每亩所纳达六斗四升四合，较前年增加百分之廿四。这不但佃农负担加重，因而发生莫大怨愤，就是第三者也觉得异常不平。

现在事情已经过去了，补救也来不及了。不过，希望在今年议订租价的时候，能够酌予扣还，并请农会及舆论界特别注意。（邓刚）

——《大公报》1948年1月14日

县府催征田赋

县府奉令紧急催征田赋，策动全县公教人员下乡督催，按户查验出票，并限于二月二十日征足。（复）

——《新闻报》1948年1月31日

平湖清乡[①]

县府二十八日召集绥靖会议，决定自三月一日起，实施清乡。每乡镇设置清乡大队，期限暂定一个月。(复)

——《新闻报》1948年3月1日

美国农林部顾问到平湖考察农业[②]

美国农林部高等顾问罕谟尔氏，十二日晨偕同翻译四人来县。经县长范文治陪同赴南顾一带考察农业生产。下午搭原车赴嘉兴考察。

——《新闻报》1948年5月14日

桑叶价格[③]

西南乡斜桥一带春蚕，早批已大眠开业，日内可上簇。二批尚在二三眠，桑叶代价均以白米计算，每担上等米二斗。

——《新闻报》1948年5月20日

平湖行

莫高

一、褪了色的“金平湖”

“金平湖，银嘉善”，天赋的优越条件造成了浙西平原这一对宠儿。但在战后的嘉湖间老百姓说来，这名称已不堪回首地成为历史上的陈迹了。因为，一连串的战争、灾祸，使民生凋敝，生产落后，农业衰落，匪患严重。这种种都还使嘉湖人民陷于水深火热之中。这次杭市各报暨京沪各报驻杭记者发起了一次访问平湖〔的活动〕，实在是一个难得的机会，使我们实地的明了了目前江南农村苦难的生

① 标题为编者所拟，原题为《平湖》。
② 标题为编者所拟，原题为《平湖》。
③ 标题为编者所拟，原题为《平湖》。

活和艰辛的运命，是怎样在痛苦地挣扎着。

平湖之名，始于明宣德五年，朱元均称当湖，该县位于北纬三〇度四〇分，东经一二〇度五〇分，东至江苏金山，西至嘉兴，南接海盐，北至松江，西北界嘉善，东南濒于东海，全县面积达七六五五二六.一二二亩，设有廿一八乡镇，共有二八〇保、五九一六〇户，人口二十六万一千三百另［零］五人。

全县交通颇称方便，为沪杭国道所经地。省道有乍平、平嘉二线。县道甚多，有平乍、平仓等八线，水道航行，则河港交错，极称便利。与沪上邻近各县均可通航。全县乡镇电话亦已全部完成，干线有平乍、平仓、平嘉、平埭四线，并接通各县，对匪情之情报便利不小。惟县内尚乏无线电台之设备。

经济方面，由于江南平原田地颇多，全县可耕地六一九二七七.五三一亩，占总面积百分之八十.八，平均每口可有耕地二亩三七。全县物产，稻年产约七十一万担，小麦十二万担，杂粮、蚕豆等四万余担。这是战后数字，较战前减少甚多。故粮食尚不能自足，仰赖嘉兴、硖石供给。一般物价且以接〈年产〉近沪地，高于杭州，米每石已达六百八十万左右。特产除油菜籽年产九万担、中棉年产六百余斤外，澉浦尚有盐产、渔产，惟一般厂商甚少，仅电灯厂、织袜厂二家，后者尚属家庭工业。茧行全县仅二家，产茧估计可有九十万担。主要出口，即为油菜籽、中棉、蚕丝三项。自今年浙省农改所将平湖划为增粮县，并已拨给大批纯稻种、小麦，及美棉种籽，并将于城区成立四示范农场，推广增产。至于田赋，浙省各县成绩，当以平湖最佳。上年赋谷所征达百分之九十七，县公教员工，均已按谷标准发薪，基本数折谷三石，加成数二千四百倍，预算县财政可维〔持〕至十一月，与平贫县份相较，诚相差远甚。

教育方面，全县现有县师、县中、嘉师、光启等四校，学生人数达二千余人，小学有中心小学二十七所，班级一三二〔个〕，学生六九九〇人，办有成人或妇女班二十四班，一二八三人，保国民小学十四所，班数九十五〔个〕，学生五四三〇人，办有成人或妇女班二十九班、一一六九人。全县学龄儿童总数三三八三三人，[①]已入学者一二〇〇四人，未入学二一八二九人，失学占百分之六十五。至全县文盲共十万人。该县府已计划于三年内全部肃清，即利用师范毕业生暑期分组下乡施教，平湖尚有民教馆一所，实施全县民众康乐、卫生等补助教育，其他使人注意的，是国立水产学校，设在该县乍清镇，现有学生一四〇人，设有渔

① 原文儿童总数为“三三八三三八”，据后文可知，总数应为“三三八三三”人。

捞、养殖、制造三科。下学期拟增设机轮一科，并已向教部请款建筑校舍。文化方面，全县现有《建国》《正谊》《力招》《新声》等五报，沪杭各报当天均可到达。

平湖不但具有广大的平原、河滨，而且，滨海为浙省海防要地。依照国父实业计划，将来乍浦、澉浦建设成东方大港后，地形更形重要。抗战虽使平湖损失不少，甚至使“金平湖”从此“名不符实”了。然而，在未来的国防建设上，“金平湖”这名字，将非但能够“东山再起”，而且更能够发扬光大，形成更坚强而持久的海防前哨。

二、建设黄山风景区

平湖之乍浦，南滨杭州湾，有雅山、汤山、观山、西当山、陈山、晕顶山、高谷［公］山、狄山、益山等九峰为障，风景绝佳，尤以黄山一带，林壑尤美，且滨海岸，山水别具风趣。民国廿二年间，曾辟风景区。各地人士，纷纷购地建筑别墅，布置园林，绿瓦红墙，高楼飞榭，立永久工业，极一时之盛，具为中外人士所欢迎者，尤以海水浴场为最。每逢假日，游者接踵而至，车马不绝。惟因对日战事发生，金山卫敌人登陆，该地为海防重镇，曾驻军防守，禁止往来，且因战争关系，外来游客亦日见寥落，所有房屋亦均于敌伪时期损毁殆尽。胜利以还，吴淞要塞司令决定将此地改为要塞，但非绝对封锁。除对军事区域外，准人游览及营建房屋。所以，在黄山一带，沪杭游客每周不下四五百人之多。该地镇民以夏季已届，现均纷纷搭建草屋，赁予游客居住。房租价格最高者，每年约四五十万元，一切盛况已不下战前。黄山外即为杭州湾，对岸和宁波、余姚、绍兴等地遥遥相对。惟隔水相望，仅见一线而已。该山距乍浦镇东约三里，已由该县辟有公路，位诸山之中，左倚高公，右滨龙湫，山不甚高，但有二顶，西南曰大公，迤而东北曰横山，上有小普陀、中普陀二寺，大普陀则在舟山群岛。建设黄山风景区，这是该县目前吸收外资、繁荣市面唯一急要计划。且此计划之完成亦为开辟东方大港之先声。其计划纲要分为十六目，即：（一）划定区域，（二）设立机构，（三）修筑道路，（四）种植树木，（五）开辟公园，（六）架设电话，（七）筹设小型水电厂，（八）建筑海水浴场，（九）土地管理，（十）建筑物管理，（十一）户口管理，（十二）商业管理，（十三）车辆管理，（十四）卫生管理，（十五）警卫，（十六）建设经费之筹集。若能筹备有方，循序顺进，将见黄山风景区必能早日实现。记者当试目俟之！

——《前线日报》1948年6月15日

筹募绥靖经费①

本县绥靖经费五十亿，由商界负责筹募，二十日，县商会及新仓、新埭、乍浦、虎川等四镇商会商决定，自七月一日起征，每月缴解十亿元，由各商会按百分比认缴。

——《新闻报》1948年6月23日

平湖县历年人口数②

年份	人口数	男	女	年份	人口数	男	女
1	281 876	152 596	129 280	19			
2	288 636	156 232	132 404	20	280 791	152 048	128 743
3	289 694	156 858	132 836	21	269 343	143 072	126 271
4	289 822	157 261	132 561	22			
5	289 998	157 330	132 668	23			
6	257 543	139 448	118 095	24	278 823	148 659	130 164
7	257 925	139 609	118 316	25			
8	258 031	139 664	118 367	26			
9				27			
10				28			
11				29			
12				30			
13				31			
14				32			
15				33	250 180	137 193	
16				34			
17	274 521	146 523	127 998	35	253 872	126	
18				36			

——《内政统计月报》第4、5、6期，1948年6月

① 标题为编者所拟，原题为《平湖》。
② 标题为编者所拟，原标题为《浙江省各县市历年人口数：平湖县》。

平嘉乍增开汽车①

省公路局为便利平嘉乍交通，十二日起增驶对号车，自平至嘉兴，每人票价八十六万元，乍浦至嘉兴一百二十三万元。

——《新闻报》1948年7月20日

调整屠宰税②

七月份下半月屠宰税，十七日起调整，猪每头征税二百零三万元、黄牛三百二十万元、羊四十七万元。

——《新闻报》1948年7月21日

平湖发生越狱案

本报平湖通信　地方法院看守所七日〈的〉早晨三时许发生囚犯越狱事情，结果捉回一个、逃走六名。看守所的房屋原是伪县政府的办公室，墙壁单薄，守卫武力毫无。原任所长蒋忆康已调嘉兴，继任的定十日到差。目下，由一个书记官王某代理。七日〈的〉晨有判决徒刑十五年的匪犯徐阿三，判十二年的匪获柳奎生、缪金龙，十年的夏月龙和未决的盗犯刘传根、黄四根，已决十二年的毒犯俞建章等乘看守打瞌睡的光景，挖开笼子的墙壁，一同逃出，翻出北门城墙，泅水渡过城河。等到发现追赶时，他们已去远了。只有贩毒犯俞建章不会泅水，被捉回来。（珍七日寄）

——《大公报》1948年8月10日

西乡生姜产量③

本县西乡与嘉兴县属新丰镇一带，素为产姜之区。今年新姜已上市，每担金

① 标题为编者所拟，原题为《平湖》。
② 标题为编者所拟，原题为《平湖》。
③ 标题为编者所拟，原题为《平湖》。

圆〔券〕三角，产量比去年为多，估计约有二万担之谱。

——《新闻报》1948年9月13日

公 路 票 价[①]

公路局自十八日起调整票价，由平至乍浦四元三角，至嘉兴九元六角，并发售由平至沪、杭联运票，头等十五元八角五分。

——《新闻报》1948年11月22日

项爱芳案宣判

新仓女子项爱芳与奸夫李来和勒毙本夫郭英武案，地方法院十四日审结，判决项、李各处无期徒刑。

——《新闻报》1948年12月18日

① 标题为编者所拟，原题为《平湖》。

1949年

梗柴烘引擎　烧了汽车

平湖天寒插曲

本报平湖通信　田粮处新埭的一个仓库管理员马绪金和前县长范文治到差，因与县长和新埭主任有关系，串同盗窃赋谷。当时范在任时，地方人士，未敢轻言。七月间，范县长调差，新任到后盘库，发现亏空〔一〕千七百多石赋谷，主任郑介斌因此肺裂急死。马即入狱。此案现已终结，十二月卅一日宣判，马绪金处无期徒刑。

县局乍浦的沪杭公路车站五日晨一辆车开上海，因为天寒冰冻，引擎踏不出。司机自作聪明，用豆梗柴来烘。不料，引擎没有烘热，却惊动了机油，突然一声大响，火势熊熊，车身全毁。幸人手众多，未肇巨祸。(珍六日寄)

——《大公报》1949年1月9日

东乡购米换赋①

县属乍浦、瓦亭、全平、黄姑等乡，因均属旱地，所产仅棉花、蕃芋、食盐等等，无法缴纳赋谷。经该乡参议员江志荣等与县府商定，准予折价购米换赋。

——《新闻报》1949年1月17日

学　　费②

本县小学生缴付杂费，县府规定高级每人糙米七升、中级六升、低级五升；初中学杂费一百二十斤半。书籍小学高级八升九合、中级五升八合、低级三升；中学生自理。

——《新闻报》1949年2月11日

---

① 标题为编者所拟，原题为《平湖》。
② 标题为编者所拟，原题为《平湖》。

平湖县一位保长吃饱老酒强销废票

平湖县城区，为了点缀农历新年，演毛儿戏，票价每张一百廿圆。由驻在当地荣军，代销荣誉券，售三百圆。这笔利润，亦可看作津贴，均由各商铺行号允认。

但保长李某，竟捏了鸡毛当令箭。七日那晚，吃饱老酒，挨户强销六日废票。说起这位保长，功德不浅。一向不务正业，敌伪时做伪保长，气焰不可一世。近年来，抽壮丁，极尽欺诈吓骗，贪污取巧，堂堂平湖县府所在地，亦知对他有否知情？请即予刊登显露地位，促他悔改。

——《飞报》1940 年 2 月 12 日

招标修建城墙[①]

县府为巩固城防，修建城墙及水陆城门，十九日公开招标，由杭州大陆建筑公司以二十万金圆〔券〕德［得］标承包。

——《新闻报》1949 年 2 月 22 日

因 毒 自 杀[②]

豆腐商人顾关金及妻孙氏，深染白粉恶习，二十六日奔至南门外报本寺顶层，用围巾包住双眼，从顶跳下。脑壳破裂，顿即气断身死。

——《新闻报》1949 年 3 月 2 日

因赌互殴毙命[③]

三衙乡萧家宅前日张大阿龙茶店内，有赌徒张宝泉、沈锦富、金锦福等因故互殴，张宝泉被殴伤重毙命。经警察所将沈、金二人拘县侦讯。

——《新闻报》1949 年 3 月 3 日

---

① 标题为编者所拟，原题为《平湖》。

② 标题为编者所拟，原题为《平湖》。

③ 标题为编者所拟，原题为《平湖》。

平湖乍浦镇一度罢市

购物殴伤商民　业已解决复业

本报平湖讯　县属乍浦镇宏源鱼行于十四日下午三时许，有荣军二人，向该行廉价购买海蜇四斤半。嗣又要买海蜇一担，价款嘱至平湖交付。行方以无法垫付巨款，于是引起误会。行员范应耐、学徒陈大海被殴伤。全镇商民闻讯，甚为恐惧。十五日罢市，并推派代表同商民约千人，向县府请愿。时浙一区专员於树峦氏适来县视察，即邀请九八医院吕院长等商谈。吕院长因到职只三天，对此事之发生，深为疚痛。商民要求查惩凶犯，保证以后不再发生同样事件，赔偿被捣毁行内器具。结果获得完满解决，各商店于十六日上午复业。（十六日，永）

——《新闻报》1949年3月18日

城区营业牌照税征收①

三十八年度城区各商店营业牌照税，县税处稳定为总数一千八百六十万元。县商会二十六日召开会议，决定按三十七年度比例，限四月七日前交清，否则由县税处依米价调整。

——《新闻报》1949年3月30日

催缴营业税②

三月份营业税，县商会已通知各会员，在四月底前清缴，免受加倍处罚。

——《新闻报》1949年4月26日

平湖献粮

韦　鉴

有客来自平湖，据谈：平湖各界近正发起献粮运动，采平均摊派制。事经议

① 标题为编者所拟，原题为《平湖》。
② 标题为编者所拟，原题为《平湖》。

定，以名单送该地人民政府负责人审阅。见有很多人的名，因力量关系，仅三斗、五斗者，即一一圈除之。

经办人问曰："然则总数将太少乎？"曰："只要劝几个大地主多出些好了。"于此，可见新民主主义之对于小资产阶级，也是当他"小盆"看待的。

——《铁报》1949年6月8日

篇目索引

一　画

一区定期选执委　146
一日运动　269
一夜内两处被盗　185

二　画

二匪解省法办　187
二家被劫食米　187
八次全县代表大会记　196

三　画

土膏店同时闭歇　158
大批海盗被捕解县　186
大批难民临行抢劫　189
大雨影响秋收　158
大易衙前添设警所　165
上年商业概况　129
上海至平湖内河航班恢复　288
小窃戳毙事主　231
小教怠教圆满解决　324
山地交涉案近讯　116
山地租借案近讯　111
已完粮串无须缴价　138
女巨骗自投到案　105
女尼被拐之因果　101
女监中黑幕重重　101
乡民请愿恢复庙桥桥门　329
乡愚闹旱抬木偶请愿　201

四　画

王司铎热心传教　52
开化县调署平湖　5
开办平粜之办法　77
开会集议救济茧市　199
五十五团驻防平湖　139
五十年前存款纠葛　165
厅长莅平　247
厅丞将调署平湖县　13
区长易人　277
车夫罢工　187
日机窥平湖新仓　198
日领事调查内地报纸　130
日商拟控平湖县包庇花行　12
中华实业团平湖部成立　32
内河小轮均被封用　142
水巡长抢劫处女　108
水警更换枪械　106
长途电话开始通话　115

长途汽车路兴工　158
公立医院之筹备　149
公民请禁不良新剧　93
公共公廨禀沪道　11
公路票价　337
欠缴银漕布告催征　144
风雨沧桑话平湖　313
队长诈洋徒刑六月　193
劝女子急宜入学　76
书办解送平湖　12

五　画

示禁士绅干预词讼　135
击退倭寇纪念　229
击退海盗　273
去年田租过高　平湖佃农痛苦　331
甘弄内之巫山烟市　93
本司支批平湖县附生陆昌煊请给咨东渡游学禀　21
本司支批平湖县详拨用登瀛局款文　25
本司支批平湖县请援案抽收契捐充观学所经费禀　25
本司支批平湖县禀请仍以王积澄充劝学总董文　21
本司署批平湖县详报本寺住持僧秉空等组织佛教小学堂一所请立案由　27
本县清乡限期结束　324
本署司批平湖县详送本年筹设城关简易识字学塾表由　27
本署司袁批平湖求是校长高彦文禀议善堂公屋由　30
本署司袁批平湖县详送新埭新溪公立初等小学简章请立案由　26
本署司袁批平湖县详情奖励稚川高等小学堂教员由　30
本署司袁批平湖县详蒋昺奎等开办阅报社由　27
本署司袁批平湖县详廪贡程庆垕等创设阅报社由　26
平乍工潮工人押送出境　190
平民识字运动提灯大会　148
平沪交通益行便利　123
平沪快轮定期开班　124
平沪轮局成立　120
平沪货轮损失千万　322
平张将开驶班轮　159
平湖又因铜元闹事　19
平湖土地登记截止　年底宣告地政实验成功　269
平湖大火纪闻　60
平湖大帮枭匪拒捕记　56
平湖小轮船案未了　56
平湖小轮船被劫　66
平湖小学生之爱国举动　72
平湖小学举行会操　67
平湖之大王灯　69
平湖之文字狱　89
平湖之金融商情　278
平湖之教育状况　133
平湖乡愚抬偶像至县府告荒　215
平湖开航　286
平湖天主教之交涉　34
平湖天时病民记　24
平湖元青豆到货络绎　291
平湖太和典失慎赔款被毁志闻　108
平湖区教育会改选　103
平湖少爷　96
《平湖日报》将停版　146
平湖日报馆近讯　121
平湖日报馆被封　120
平湖日船被击沉没　288
平湖牛瘟之复炽　28
平湖公民请恤灾黎　82
平湖风土纪略　61
平湖风土纪略（续一）　62
平湖风土纪略（续二）　63
平湖风土纪略（续三）　65
平湖风物志　316
平湖方面发生反攻战事　303
平湖方面形势仍紧　300
平湖东门大火警　91
平湖东城又告火警　91
平湖业新公司发卖桑秧　79
平湖电气事业　72
平湖电公司来沪买机器　78

平湖电灯元旦放光　322
平湖电灯公司将开幕　102
平湖电告枭警　15
平湖电话公司之进行　81
平湖四十二浜地方有淫祠程三姑娘者曾经前任张令封闭　26
平湖四乡被日军焚烧已成焦土　287
平湖乍浦又有枭匪滋扰　14
平湖乍浦战事烈　288
平湖乍浦镇一度罢市　340
平湖瓜（一）　311
平湖瓜（二）　328
平湖令关心路政　28
平湖议员行将引渡　95
平湖永通电话公司调查报告　87
平湖民军助饷会启　28
《平湖民报》被封　245
平湖发生选举风潮　121
平湖发生越狱案　336
平湖老天主堂考　141
平湖西瓜　319
平湖西瓜好生意　310
平湖西瓜到沪　70
平湖西瓜廉售　313
平湖百多　32
平湖至乍浦间长途汽车通车　313
平湖师范学堂之革命谣　9
平湖光华袜厂参观记　125
平湖光华袜厂停业　273
平湖同乡会之进行　39
平湖同乡会选举　38
平湖同业调查　134
平湖华军活跃击沉日艇　307
平湖行　332
平湖创办孤儿教养院　35
平湖杂忆　99
平湖杂纪　286
平湖杂谈　243
平湖交通检查奉令撤销　323
平湖灯市　2
平湖灯兴纪略　57
平湖灯影　86
平湖农民疏浚河道　325
平湖设厂施粥　7
平湖设学　3
平湖观灯纪　137
平湖抢米案之连累　78
平湖两钱庄倒闭　229
平湖连劫九家之巨案　59
平湖连劫巨案　66
平湖时疫近讯　75
平湖助饷会简章　29
平湖县一月之历史　10
平湖县一位保长吃饱老酒强销废票　339
平湖县土地调查经过情形　269
平湖县土地银行组织大纲　245
平湖县大易区学校状况报告书　46
平湖县之契据审查　262
平湖县之租佃制度　247
平湖县之租佃制度（续）　248
平湖县之租佃制度（续完）　267
平湖县历年人口数　335
平湖县长之死　329
平湖县乍浦区学校状况报告书　48
平湖县立高小学毕业志盛　58
平湖县永弭枭患之计画　15
平湖县地政实验概说　254
平湖县设立迁善局　6
平湖县库书卷吞公款　31
平湖县纳妾被控　9
平湖县知事之履新　117
平湖县征收田赋应行调查事项报告　220
平湖县学董上浙抚张禀　8
平湖县准加灾歉　14
平湖县请增灾歉分数　14
平湖县教育会有解散说　101
平湖县教育会改选风潮　100
平湖县教育会禀请取缔私塾　43
平湖县商况概略　79
平湖县新仓区学校状况报告书　53
平湖县整顿田赋意见书　222
平湖县整理田赋会议审查报告　219
平湖附近发生游击战　290
平湖现状谭　122
平湖林家埭抗税罢市　325
平湖松江复航　288

平湖杭平路将达南门　204
平湖奇观菊花待放　326
平湖轮中　319
平湖国民大会电　75
平湖明华电厂组织经过及现在状况　208
平湖购米预备平粜　9
平湖知事驳覆议事会强占学校　36
平湖知事莅任　78
平湖的女子　200
平湖的印象　325
平湖的妇女生活　132
平湖的妇女状况　211
平湖的租佃制度和二五减租　238
平湖往返记　306
平湖金融概况　278
平湖命案三志　45
平湖命案再志　44
平湖法教士擅筑教堂案　193
平湖学界电许教育局长　102
平湖官吏之恐慌　10
平湖视察简报　202
平湖建造国耻纪念碑坊　76
平湖线今日恢复搭客　286
平湖组织旅沪同乡会　34
平湖经籍志八卷　299
平湖春茧已准外运　292
平湖虽属产米乡　劫后灾民无存粮　323
平湖保路协会纪念会　20
平湖食米大批外运　升斗小民无法生活　326
平湖将办土地登记　242
平湖将建大规模戏院　166
平湖疫势又炽　201
平湖疫症盛行　75
平湖洋土药之调查　19
平湖洋广货业同人上曾观察书　6
平湖举行清乡宣传　312
平湖统捐局滥扣麸船　74
平湖班小轮中之诱赌　70
平湖班小轮失事　31
平湖班轮船发售来回票　204
平湖获匪　4
平湖监犯又越狱　184
平湖钱业调查　91
平湖钱庄业调查　166
平湖航班停驶　287
平湖航船途经闵行遇盗记　87
平湖旅外学生联合会简章　73
平湖旅沪同乡会纪事　57
平湖浙路众股东公启　16
平湖消息三则（一）　122
平湖消息三则（二）　123
平湖海盐因枭患请兵要电　14
平湖袜厂罢市　198
平湖调查记　229
平湖调整警政机构　324
平湖通信　24
平湖教员养成所之腐败　36
平湖教育会呈请维持教育费　41
平湖教育参观团来锡　75
平湖教堂案县长查勘后令饬严制止　194
平湖接收物资舞弊　两万担菜子无着落　323
平湖检查新闻　329
平湖铜币作九已酿巨祸　22
平湖银钱业之沿革与近状　155
平湖第三科长误人子弟　37
平湖船查获烟土　120
平湖康大庄来函　141
平湖盗卖山地　省委决定清丈　205
平湖商业概况　274
平湖商团退伍纪盛　34
平湖商团请领枪械　31
平湖商会电差误原因　73
平湖商会禀沪道饬英廨解送串日商图诈之毕姓　16
平湖清乡　332
平湖清乡办法　15
平湖淑英女学校之成绩　36
平湖淑英女校之训词　42
平湖淫祠恐难封禁　21
平湖婢女来投济良所　58
平湖联合仓库开幕　227
平湖棉花虫之研究　82
平湖暑校来沪聘讲师　116
平湖最近之奇闻　58
平湖惩奸记　320
平湖游记　114

平湖游记(续) 114
平湖编查店屋捐 227
平湖献粮 340
平湖禁烟员被控 48
平湖禁烟局之怪状 32
平湖零闻 303
平湖筹设农工银行 93
平湖筹备清乡 积极推行县政 312
平湖简讯五则 123
平湖新仓镇发生激战 299
平湖新任县长接事 205
平湖新埭之援助运动 119
平湖新黑豆涨价倍余 300
平湖慈善会注重火政 92
平湖福音堂志盛 67
平湖嘉兴正式通话 326
平湖遭难之同乡报告 284
平湖增加教育费争执 102
平湖横征暴敛 苦煞老百姓 322
平湖稻作歉收 238
平湖缴股踊跃 16
平湖缴股踊跃 16
平湖糟蛋 89
平湖警官之威福 23
平湖警察现形记 24
平湖蟹大熟年 330
平湖鳞爪 317
平嘉乍增开汽车 336
东乡购米换赋 338
东乡命案迭起 231
业主伤害佃户之诉究 109
旧电灯厂遵令停办 111
电灯风潮平息 112
电请杭道饬平湖县遵办 10
兄弟争夺遗产涉讼 136
乍山地不准卖买 211
乍沪汽车路之筹拟 137
乍金公路开始测量 199
乍浦山地案之省令 122
乍浦电灯厂放光 127
乍浦外人盗卖山地 205
乍浦外海查获机器船 328
乍浦发生抢米案 219
乍浦有日舰发现 203
乍浦交涉案近讯 115
乍浦设立沙田处 204
乍浦启明学堂毕业补志 18
乍浦学务情形 18
乍浦钱庄倒闭 195
代表大会开幕 233
令准试办平湖初级中学 149
令催电灯厂开办 104
印花税支处成立 151
犯警解县 280
外海巡舰将来乍防护 157
记日人在平湖私售军火被获事 35
记平湖之游(一) 161
记平湖之游(二) 162
记平湖之游(三) 162
记平湖之游(五) 164
记平湖之游(六) 164
记平湖之游(四) 163
记平湖谷价 28
发生抢米风潮 77
发起沪平轮船 118

六　画

寺僧卷款逃脱 183
扩充警察增加经费 109
地政学院在平湖实验土地政策 235
地保畏罪自尽 152
过塘行倒闭 131
再议公债仍无结果 105
西人售烟护送出境 104
西乡生姜产量 336
西瓜发源地 320
西巷鱼市停市半日 136
在战斗中生长着的平湖 295
夺田面酿成命案 128
师长莅平视察 235
因米贵采购客米 126
因毒自杀 339
因赌互殴毙命 339
华军克复乍浦后包围平湖嘉善 300
华军夜袭平湖 日军困守待援 292

华军封锁平湖交通 297
华军堵塞乍浦水道 304
全县代表大会 165
会勘乍风景区 232
会衔布告严禁恶习 144
各区款产委员发表 150
各地草子市价步涨 158
各地新闻事业之沿革与现况·平湖 228
各校筹商索薪 234
并局有待 281
米价飞涨贫民叫苦 159
米价涨至十四元 182
米价暴涨未已 130
米荒声中饿殍多 77
米贵声中之所闻 133
灯市纪闻 147
江浙公路国庆通车 201
江浙两省会剿平湖枭匪 12
兴记停业 273
论平湖钱业之近况 118
农民借贷所与合作社之关系及平湖农民借贷所之概况 223
农民银行开始筹备 159
农米加息标准发表 160
农佃仲委宣誓就职 153
防止闹米风潮 144
防空演习 247
奸杀命案 283
妇女解放协会成立会纪 144

七 画

戒烟所已结束 233
戒烟所撤销 128
戒烟药品店设五家 155
折城筑路案之进行 154
抢劫平湖商轮案破获 66
报荒险酿风潮 68
严催欠赋 141
两报同日停版 160
旱灾酿成 秋收无望 215
呈请豁免土布税 201
县长免职另委 145
县长奉委到任 143
县长赴杭任务 185
县长集议募修公园 192
县公署招募民夫 140
县市乡农会取销 145
县议会开会纪 112
县执委定期接事 146
县知事厉行烟禁 94
县知事更换 142
县府劝募公债会议 154
县府改组 274
县府捕捉野犬 242
县府裁局增科 230
县府催征田赋 331
县府解散公会 230
县府辟侦查庭 241
县参议员选出 226
县政府设问事处 159
县党部之新职员 149
县党部委员交替 147
县教育会改选职员 45
县款产会常委之更迭 157
县署委员勘荒 121
围平湖乍浦 287
围攻平湖城 300
围剿平湖股匪 193
财厅委员查提税款 110
私进日货限交游街 199
私运布料被获 190
私带邮件之取缔 135
饬县整顿学务 45
闵南局添开早晚轮 127
沦陷九月的平湖 289
没落中的金平湖 206
沪平内河又添快轮 151
沪平轮船竞争颇烈 126
沪平夜轮被劫 190
沪平航线恢复 147
沪道催平湖县速解要犯 10
怀念平湖 292
局长被控 254
改进平湖合作棉场之意见 215
改良土丝之进行 131

改良平湖城区饮水的商榷　327
陆军第二师第三旅第五团驻扎平湖　139
陈愚泉传　1

八　画

奉令逮捕顾建中等八人　148
奉令禁运劣辅币　146
拆城筑路案之近讯　152
拆除双塔案之反响　185
拘解警长　277
拦断鱼路平湖渔民求援　272
招标修建城墙　339
招雇民夫　140
拨款修葺小瀛洲　111
茂修女中令停招生　195
杭平公路工潮之弹压　188
杭州湾北华军袭击平湖　309
轰动全邑之解除婚约案　148
虎立拉症又发现　138
国货流动展览会　202
明华电灯已开灯　106
典业劳资纠纷解决　152
罗知事莅新　113
知事又催募省公债　108
知事四次促募省债　110
知事更调　116
知事请停习艺所　105
知事接任消息　124
征收戏捐办法　160
金平会剿股匪　186
金平湖之过去与现在　281
金平湖的写真　203
金融界之新消息　153
命案开棺验尸　232
命案犯误捉原告　107
命案复验　284
周女士贞节可风　69
鱼市状况纪略　138
店屋塌坍压伤七人　94
夜轮被扣　278
怡和袜厂倒闭　188
学务委员更委志闻　38
学费　338
实行检查邮件　105
肩夫苦力全体罢工　324
视察省委同时莅临　187
屈使巡视平湖记闻　46
函催平湖县提案　44
参选舞弊停选举　226
组织大成钱庄　131
组织当湖工业社之先声　82
组织选举纠察团　79
组织闽乍海轮公司之筹议　139
织袜工厂缓期开工　142

九　画

春瘟盛行　130
项爱芳案宣判　337
城区民党成立第一区分部　120
城区营业牌照税征收　340
城区添设路灯　194
城厢发现巨窃案　106
城隍会奉令禁止　145
带征特捐　153
荡田业户摊募库券　154
南厂停电纪闻　111
南门医院开幕　162
南货业要求加薪　127
药店失慎　277
药品带征教育费　150
查究青白党及佃业协会　160
省委查讯破坏传教　117
虹霓镇瓜汛开专轮　157
科长督征　283
复平湖教育会函　52
保卫团抄获著匪二名　194
保卫团缉获三逃女　198
保安队枪决盗匪　185
疫势猖獗三小时即死　199
美国农林部顾问到平湖考察农业　332
活跃在平湖　297
诱拐聘妻之诉究　112
除夕枪决盗匪　129
统捐局长易人　153

统捐新局长接任　143

十　画

蚕户登记　277
蚕桑近讯　113
蚕桑菜子之行市　113
匪徒白昼劫米　232
起征平粜捐　188
起征抵补金　117
盐民惨死　283
捉赌拒捕发生风潮　195
捐资兴学　69
挽留平湖警佐　72
“真命天子”入狱　330
格格不相入之平湖农村建设　235
破获匪窟擒匪五名　188
致平湖县知事请调停储金事函　51
监犯作工乘间脱逃　192
监使莅平　273
党部反对催租旧制　151
钱庄宣告停业　206
敌伪在平湖　304
租借山地案近讯　113
租借山地案重开谈判　110
笋纸船在洋面遇盗　110
徐月璘等释放回平　148
徐家埭镇被匪洗劫　323
部长莅乍游览　234
旅馆内之赌案　184
浙西各县工商业之一瞥·十三（平湖）　182
浙江平湖分场　196
浙江平湖农业调查报告　167
浙江平湖进行会分支部成立史　40
浙江平湖县王司铎来函　39
浙江平湖县商埠市面之概况　90
浙江平湖的蚕桑业　217
浙抚冯附奏平湖县监生黄河清捐助学费请奖同知衔片　20
浙省平湖县工厂调查录　88
悍匪被捕解县　191
家庭口角投江自杀　94
家庭惨变之不幸　101
请办清乡　116
袜业公会开会纪　130
袜业纱线被扣　182
袜业商协会选举委员　147
调整屠宰税　336
通令严禁彩票　143
通缉平湖劫案逸盗　56
桑叶价格　332
验兑平湖漕米　23

十一画

教员无术挽留　44
教员讲习所之毁言　39
著匪解平归案　194
梗柴烘引擎　烧了汽车　338
盛案业已宣判　192
盛案定期宣判　192
盛案复审情形　191
盗案破获消息　128
商号改组消息　107
商会选出委员　238
商界议停付警捐　106
商界请愿减团捐　226
清丈处已成立　211
清理平湖积案　207
淑英女学校之发达　35
淑英女学校毕业志盛　38
屠宰税按头征收　107
婚变案审律师　242
婚姻不自由之一幕　154
婚姻不自由之苦痛　95

十二画

款产会编造县预算　150
款产委员会成立　150
提灯宣传禁烟　244
喜出望外之秋收　225
彭司令函查垫费　118
联军进驻平湖　140
董良史团离开平湖　139
鼎元绸布号停业　129

赌负忤母　281
税司覆道平湖县运漕无须给发专照　23
集议公债无结果　104
善后公债分别还本付息　131
缉私三四营合并　129

十三画

禁止代人缮状　115
禁止外人在山地建筑　134
禁止迎神赛会　145
筹设土地银行　244
筹设行政区署　241
筹设张平轮局　277
筹设浙地分行　231
筹募绥靖经费　335
催征赋税之严厉　126
催租处难望撤销　152
催缴营业税　340
衙前区又出盗案　128
新仓戒严　189
新仓屈圩迭遭盗劫　127
新仓罢市解决　284
新任承审接事　234
新运演剧筹款　231
新知事将莅平　124
新知事接事纪　126
新统捐局长接差视事　109
新埭浚河情形　133
新银楼定期开幕　136
慈善界醵资办平粜　77
滚木工罢工问题解决　107

十四画

嘉平交通恢复　141
嘉兴平湖一带限制菜籽出境　313
嘉兴平湖公路元旦通车　205
嘉兴平湖间战况激烈　309
辗瓱工人　276
舞弊枝节　284
漂染业大会记　247
演剧筹款加演清串　136

十五画

增加车租车夫罢工　191
增设丝厂不准　128
蓄芋税主任被辱　183
暴徒劫犯掳警　234
潜逃经理被获　233

十九画

警队出发剿匪　233
警所取缔旅馆业　155
警匪激战　190
警察捉赌酿成巨潮　98
警察肇祸案轻轻了结　98
警察藏土　判处徒刑　189

后　记

多年来，平湖市档案馆一直与华东师范大学合作开展平湖老鼎丰酱园档案的整理与研究工作。至2021年，已经完成“平湖老鼎丰酱园档案整理丛书”19种、“平湖老鼎丰酱园档案研究丛书”6种。自2020年起，双方继续合作整理平湖历史档案，收集并整理平湖地方历史文献，编纂和出版“平湖历史文献整理丛书”，已经出版《平湖针织业文献选辑》(2020年)、《近代平湖土地文献选辑》(2021年)、《〈申报〉平湖文献选辑》(2022年)，这本《近代报刊中的平湖文献选辑》为该丛书的第四种。

这项工作得到了浙江省档案局、浙江省档案馆、嘉兴市档案局、嘉兴市档案馆、中共平湖市委和市政府、华东师范大学马克思主义学院的指导，还得到了华东师范大学图书馆、浙江省图书馆、平湖市图书馆等机构的大力支持。初稿完成后，陆保林、杨海明、曹越、黄艳、沈俊审校全稿。上海辞书出版社杨丽萍老师提出了修改建议。感谢所有关心、支持和帮助项目研究，以及为此书出版付出辛劳的各位老师！

作为“平湖历史文献整理丛书”的成果之一，不足之处，祈望得到读者的批评指正！

编　者

2023年5月

图书在版编目(CIP)数据

近代报刊中的平湖文献选辑 / 董建波编. — 上海：上海辞书出版社，2023
(平湖历史文献整理丛书 / 董建波，陆保林主编)
ISBN 978-7-5326-6165-7

Ⅰ. ①近… Ⅱ. ①董… Ⅲ. ①平湖—概况—近代
Ⅳ. ①K925.54

中国国家版本馆CIP数据核字(2023)第226577号

平湖历史文献整理丛书
董建波　陆保林　主编
近代报刊中的平湖文献选辑
董建波　编

责任编辑　杨丽萍
装帧设计　姜　明
责任印制　王亭亭

出版发行　上海世纪出版集团
上海辞书出版社®(www.cishu.com.cn)
地　　址　上海市闵行区号景路159弄B座(邮政编码：201101)
印　　刷　苏州市越洋印刷有限公司
开　　本　720毫米×1000毫米　1/16
印　　张　22.75
字　　数　384 000
版　　次　2023年12月第1版　2023年12月第1次印刷
书　　号　ISBN 978-7-5326-6165-7/K·1257
定　　价　158.00元